HASSO HOFMANN

EINFÜHRUNG IN DIE RECHTS- UND STAATSPHILOSOPHIE

DIE PHILOSOPHIE

Einführungen in Gegenstand, Methoden und Ergebnisse
ihrer Disziplinen

HASSO HOFMANN

EINFÜHRUNG IN DIE RECHTS- UND STAATSPHILOSOPHIE

5. Auflage

Die Deutsche Bibliothek verzeichnet diese Publikation
in der Deutschen Nationalbibliografie;
detaillierte bibliografische Daten sind im Internet über
http://dnb.d-nb.de abrufbar.

5., überarbeitete und erweiterte Auflage

1. Auflage 2000
Die Herausgabe des Werkes wurde durch die Vereinsmitglieder der WBG ermöglicht.
Satz: Janß GmbH, Pfungstadt
Umschlaggestaltung: schreiberVIS, Seeheim
Gedruckt auf säurefreiem und alterungsbeständigem Papier
Printed in Germany

Besuchen Sie uns im Internet: www.wbg-wissenverbindet.de

ISBN 978-3-534-24305-1

Elektronisch sind folgende Ausgaben erhältlich:
eBook (PDF): 978-3-534-71890-0
eBook (epub): 978-3-534-71891-7

Inhalt

ZWEITER TEIL
UNGERECHTES RECHT DES STAATES UND DAS VON NATUR RECHTE

DRITTER TEIL
NOTWENDIGES RECHT DER FREIHEIT AUS DER SELBSTREFLEXION DES INDIVIDUUMS

Vorwort

Nachdenken über das Recht ist Teil des Nachdenkens über die gute, den Menschen zuträgliche Ordnung des Gemeinwesens. Deshalb behandelt der folgende Text die Anfangsgründe der Rechtsphilosophie im Kontext staatsphilosophischer Fragen. Als Einführung gedacht, sucht er den Zugang statt in einer bloßen Abfolge einzelner Gesichtspunkte durch einen Gedankengang zu vermitteln, der das Problemfeld abschreitet und dabei Aus- und Rückblicke eröffnet. Diese Verkettung von Überlegungen vermag mithin weder einem strikt historischen noch einem bestimmten systematischen Schema zu folgen. Vielmehr soll sich zeigen, dass die systematischen Entwürfe auf Fragen antworten, die – einmalig oder in historischen Variationen – aus konkreten geschichtlichen Erfahrungen resultieren. So entspringen, um nur ein Beispiel anzusprechen, die immer dringlichere Forderung unserer Tage nach sozialer Gerechtigkeit und die dazu entwickelten Theorien gewiss nicht einfach einer Selbstbewegung des Denkens.

Dank schuldet der Verfasser seiner Sekretärin: Frau Edith Rotscholl hat über Jahre die vielen (immer noch ein bisschen kürzeren) Fassungen dieses Büchleins mit bewährter Geduld und Zuverlässigkeit in eine lesbare Form gebracht. Herr Rechtsreferendar Thomas Osterkamp wurde nicht müde, kritische Rückfragen zu stellen, denen der Text viele Verbesserungen verdankt.

Berlin, im August 1999 H. H.

ERSTER TEIL
DAS RECHT UND DAS RECHTE

Erstes Kapitel
Was ist Recht?

§ 1 Die Verdoppelung der Frage

I. Kant und der Positivismus der Juristen

Alle über die Bedürfnisse der Rechtspraxis hinausgehenden Beschäftigungen mit dem Recht umkreisen zwei Fragen. Entweder will man genauer wissen, was das Recht eigentlich, seinem Wesen nach ist, was Rechtssätze von anderen Sätzen unterscheidet. Oder es werden jene Maßstäbe verhandelt, nach denen das von irgendwelchen Autoritäten gesetzte Recht seinen impliziten Anspruch erfüllt, *recht*, d. h. richtig und gerecht zu sein.

Was das „Wesen" des Rechts betrifft, so liegt es nahe, von der alltäglichen Erfahrung autoritativer Anordnungen der verschiedensten Art auszugehen, von Maßnahmen der Polizei im Straßenverkehr über strafgerichtliche Urteile bis zu gesetzlichen Steuererhöhungen. Demgemäß kann man das Recht als ein System von Verhaltensbefehlen, von Imperativen oder Sollenssätzen, von vorschreibenden statt beschreibenden Sätzen begreifen und aus der Wissenschaft vom Wesen des Rechts am Ende eine Wissenschaft bloß von Struktur und systematischem Zusammenhang der Rechtsnormen als Sollenssätzen machen (§ 2). Dabei wird die Unterscheidung von rechtlichen und moralischen Imperativen vorausgesetzt (dazu § 1 II). Andererseits lässt sich das Rechtswesen, wie es in Gestalt bestimmter Einrichtungen, Handlungszusammenhänge und Verfahren begegnet, auch schlicht als Tatsache des sozialen Lebens auffassen. Deren Eigenart gegenüber anderen sozialen Phänomenen können wir sozialwissenschaftlich, historisch oder kulturwissenschaftlich betrachten und beschreiben (§ 3). Und so wie die normative Betrachtung die Rechtsnormen von den Moralnormen trennt, ist auch das Recht als Tatsache unter anderen Kulturtatsachen in seiner faktischen Besonderheit zu sehen (§ 4). Indessen treffen alle diese möglichen Unterscheidungen nicht den Gegensatz, in dem das Recht sich gewissermaßen selbst sieht, und das ist die Antithese von Recht und Unrecht (§ 5). Von dieser Unterscheidung heißt es, dass sie teils „gefunden", teils „gesetzt" wird (§ 6).

Der andere große Fragenkomplex hat sein Zentrum in der rechtsphilosophischen Urfrage nach der Richtigkeit, Gerechtigkeit oder Rechtlichkeit des Rechts. Eine klassische Formulierung des Problems findet sich bei Immanuel Kant (1724–1804). In der Einleitung seiner *Metaphysischen Anfangsgründe der Rechtslehre* (§ B) heißt es:

> „Diese Frage möchte wohl den *Rechtsgelehrten*, wenn er nicht in Tautologie verfallen, oder statt einer allgemeinen Auflösung auf das, was in irgend einem Lande die Gesetze zu irgend einer Zeit wollen, verweisen will, eben so in Verlegenheit setzen, als die berufene Aufforderung: Was ist *Wahrheit*? den Logiker. Was Rechtens sei *(quid sit iuris)*, d. i. was die Gesetze an einem gewissen Ort und zu einer gewissen Zeit sagen oder gesagt haben, kann er noch wohl angeben: aber ob das, was sie wollten, auch recht sei, und das allgemeine Kriterium, woran man überhaupt Recht sowohl als Unrecht *(iustum et iniustum)* erkennen könne, bleibt ihm wohl verborgen ...“

Eine „bloß empirische Rechtslehre“ bezeichnet Kant deshalb rundheraus als hirnlos. Dieser harsche Vorwurf zielt auf die ausschließliche Identifikation des Rechts mit dem, was die jeweils gegebenen (und in diesem Sinne „positiven“) *Gesetze* der jeweiligen Machthaber sagen. Eine solche Auffassung nennt man daher *Gesetzespositivismus.* Ihn vertritt heute freilich niemand mehr. Denn was an einem bestimmten Ort zu bestimmter Zeit nicht nur abstrakt und allgemein, sondern in diesem oder jenem konkreten Fall „Rechtens sei“, das lässt sich wegen des allemal unvermeidlichen Problems der Vermittelung zwischen abstrakt-genereller Norm und historisch einmaligem Sachverhalt nicht einfach aus den Gesetzbüchern und den Sammlungen sonstiger Rechtsvorschriften wie der vielen Ausführungsverordnungen oder kommunalen Satzungen ablesen. Man muss auch nachsehen, was die Rechtsprechung, genauer: die Obergerichte, in ihren immer neuen Einzelfallentscheidungen aus diesem Rechtsstoff gemacht haben. Mag über den Umfang dieser Richtermacht auch gestritten werden: Grundsätzlich ist diese – bei jeder richterlichen Rechtsanwendung faktisch ganz unvermeidliche – Entwicklung und Fortbildung des positiven Gesetzesrechts durch Richterspruch kraft verfassungsrechtlicher Einsetzung der Justiz und prozessgesetzlichen Auftrags an die Obergerichte ohne Zweifel „Rechtens“. So schließt nicht nur das angelsächsische Fall-Recht *(Case Law)* eine Menge höchstrichterlicher Einzelfallentscheidungen als Vorentscheidungen („Präjudizien“) für künftige Fälle ähnlicher Art ein, sondern auch jedes auf die systematische Sammlung („Kodifikation“) des Rechts in Gesetzbüchern bauende Ordnungssystem. Zu denken ist hier weiter an die in einer Rechtsgemeinschaft über die geschriebenen Regeln oder über deren spezielle und partikuläre gesetzliche Ausprägungen hinaus anerkannten allgemeinen Rechtsgrundsätze, etwa das Gebot der Vertragstreue oder das Verbot widersprüchlichen Verhaltens. Und zu alledem tritt als Quelle der Rechtserkenntnis die bewährte Lehre der Jurisprudenz hinzu, wie sie sich in den führenden Gesetzeskommentaren und Lehrbüchern der verschiedenen Rechtsgebiete niederschlägt.

Indessen trifft Kants Kritik nicht nur den überlebten Gesetzespositivismus, sondern weithin auch den gängigen *Rechtspositivismus*, der Richterrecht in seinen Rechtsbegriff ebenso einbezieht wie das Gewohnheitsrecht und jene in der Praxis anerkannten allgemeinen Rechtsgrundsätze. Denn viele Rechtspositivisten beschränken sich nicht darauf, das Recht inhaltlich neutral, d. h. formal, ohne Einschluss moralischer Bewertungen, ohne Bezug auf moralische Maßstäbe wie gut, nützlich, gerecht oder gemeinwohldienlich zu definieren, um so über einen eigenständigen rechtswissenschaftlichen Begriff des Rechts zu verfügen.[1] Vielmehr verknüpfen sie diese positivistische „Trennungsthese", wie das sachlich nahe zu liegen scheint (obwohl kein zwingender logischer Zusammenhang besteht), mit der These des „Wertrelativismus". Sie besagt, dass die Maßstäbe richtigen Rechts allemal subjektiver Natur seien. Alle „moralischen" Aussagen darüber, wie das Recht sein sollte, sind danach „nonkognitive", also beliebige Ausdrücke von Gefühlen, Willensentscheidungen, Wünschen, Einstellungen oder Präferenzen und folglich nicht rational begründ- und beweisbar. Kants Frage, ob das Recht, also jenes (die Anwendungsakte einschließende) System zwangsbewehrter Normen, die in bestimmten Verfahren ordnungsgemäß gesetzt (oder im Fall des Gewohnheitsrechts und der allgemeinen Rechtsgrundsätze: anerkannt) sind, „auch recht sei" und an welchem allgemeinen Kriterium man überhaupt Recht und Unrecht erkennen könne, wird damit als unwissenschaftlich verworfen. Mag das auf den ersten Blick auch verblüffen: Kant hatte für diesen *juristischen* Standpunkt volles Verständnis. Sagt er doch zum Kummer mancher Interpreten im *Streit der Fakultäten,* wo es um das Verhältnis von Philosophie und Jurisprudenz geht (AA VII 24 ff.[2]): Um alle Unsicherheit und Störung der öffentlichen Ordnung zu verhindern und die Staatsautorität zu wahren, machten erst die staatlichen Anord-

[1] Dazu R. Dreier, Recht–Staat–Vernunft, 1991, S. 108 ff.

[2] Kants Werke werden nach der sog. Akademie-Ausgabe (AA) der Preuß. Akad. d. Wissenschaften nach Bd. und Seite zitiert.

nungen, „daß etwas recht ist, und nun nachzufragen, ob auch die Verordnungen selbst recht sein mögen, (müsse) von den Juristen als ungereimt geradezu abgewiesen werden". Nun eben: von den Juristen, aber nicht von den Philosophen. Im Gegenteil: Deren Aufgabe bleibe es, die Herrscher über ihre moralische Pflicht zu belehren, die Staatsverfassung im Einklang mit der geschichtlichen Entwicklung nach dem Prinzip dessen zu reformieren, was eigentlich „recht" ist. Insoweit bekräftigt Kant seine Unterscheidung zwischen dem, was Recht und was richtig, was „Recht" und was „recht" ist.[3] Für diese Verdoppelung der Frage wird im Folgenden nach griech. *nomos* für Gesetz und Recht der Ausdruck „nomologische Differenz" verwendet.

II. Die philosophische Trennung von positivem Recht, Vernunftrecht und Moral

Und wie findet der philosophisch Fragende jenes allgemeine Kriterium des Rechten, das dem Juristen, der sich nur an das staatlich gesetzte Recht hält, verborgen bleibt? Kant fährt fort, er müsse wenigstens eine Zeitlang „jene empirischen Prinzipien [verlassen], die Quellen jener Urteile in der bloßen Vernunft [suchen] (wiewohl ihm dazu jene Gesetze vortrefflich zum Leitfaden dienen können), um zu einer möglichen positiven Gesetzgebung die Grundlage zu errichten". Das heißt an die produktive Kraft der Selbstreflexion des Menschen als eines Vernunftwesens glauben, dessen Vernunftvermögen sich aus sich selbst ins Allgemeine zu erheben vermag. Nach der empirisch gestützten Stufentheorie der moralischen Entwicklung des Menschen von der kindlichen Egozentrik bis zur eigenen Prinzipienbildung, wie sie der amerikanische Psychologe Lawrence Kohlberg modelliert hat, ist das nicht nur eine abstrakte moralische Forderung.[4] Durch Selbstbetrachtung vermag nach Kant die Vernunft vor aller Erfahrung *(a priori)* sowohl Erkenntnis ermöglichende wie handlungsleitende Begriffssysteme hervorzubringen. Von allen zufälligen historischen Erfahrungen angeblich unabhängig, erheben sie den Anspruch, denknotwendig richtig und damit überindividuell und überzeitlich gültig zu sein. Solche nicht auf sinnlicher Erfahrung be-

[3] Zum Doppelsinn des Wortes Recht F. Somló, Juristische Grundlehre, ^{2}1927, S. 121 ff.; Teilabdr. in: Begriff und Wesen des Rechts, hg. v. W. Maihofer, 1973, S. 421 ff.

[4] Dazu G. Lind/J. Raschert (Hg.), Moralische Urteilsfähigkeit, 1987, S. 25 ff.

ruhende Erkenntnis rein aus der Vernunft nennt Kant im Anschluss an eine auf Aristoteles zurückgehende Tradition „Metaphysik" (wörtlich ursprünglich „das, was nach der Naturlehre kommt"). So trägt sein Alterswerk von 1797 über die Regeln richtiger Praxis den Titel *Metaphysik der Sitten* (MdS). Deren erster Teil behandelt die „Metaphysischen Anfänge der Rechtslehre" (woraus die zitierte Frage nach dem Recht stammt), der zweite die „Metaphysischen Anfangsgründe der Tugendlehre". Aus solchen reinen Vernunftprinzipien glaubt Kant Grundsätze des Sachen- und Schuldrechts, des Ehe-, Familien- und Urheberrechts, ferner des Staats-, Straf- und Völkerrechts bis hin zu einem Weltbürgerrecht entwickeln zu können. Sie waren dazu gedacht, „einer möglichen positiven Gesetzgebung" zur Verbesserung der Verhältnisse als Grundlage zu dienen. Kants Lehren sind viel umfassender und zugleich konkreter als alles, was Fachphilosophen heutzutage über das Recht zu äußern pflegen, resultieren freilich auch schwerlich aus bloßer Selbstbespiegelung der reinen Vernunft. Doch hat Kant ja selbst gesagt, dass die positiven Gesetze der „bloßen Vernunft ... vortrefflich zum Leitfaden dienen können". So benutzte er offenkundig sowohl die revolutionären Verfassungen Nordamerikas und Frankreichs der Jahre ab 1776 wie das Preußische Allgemeine Landrecht von 1791/94 und die im 18. Jh. mithilfe der Denkfigur eines vorstaatlichen Naturzustandes entwickelte Idee eines natürlichen Privatrechts der isolierten Einzelnen als Folie (dazu später § 23). Umgekehrt konnte seine metaphysische Rechtslehre so wieder in die Entwicklung des positiven Rechts eingehen und dessen Verallgemeinerung und Systematisierung fördern, wie das etwa an dem Epoche machenden Allgemeinen Bürgerlichen Gesetzbuch für Österreich aus dem Jahre 1811 abzulesen ist, das der Kantianer Franz von Zeiller entworfen hat.

Wie immer man Kants Rechtsmetaphysik beurteilen mag: Offenkundig ist dieser Versuch, die Frage nach dem Rechten zu beantworten, nicht einfach ein Rückgriff auf (angeblich subjektiv beliebige) moralische Grundsätze des Guten, Gerechten oder Gemeinwohldienlichen, wie ihn die Rechtspositivisten allen „Nicht-Empirikern" unterstellen. Vielmehr unterscheidet Kant selbst scharf zwischen der „Rechts-" und der (wie er sich ausdrückt) „Tugendlehre". Mit seiner Lehre vom Recht, wie es aus Vernunft sein soll, stellt er der positiven Legalität Sätze gegenüber, die gerade nicht aus der Morallehre stammen. Auch sie betreffen in einer spezifischen Weise nur das äußere, sozial wirksame Handeln und nicht Handlungsmotivationen oder Handlungszwecke und bilden insofern ein zwar nicht wirkliches, aber kraft seiner Vernünftigkeit doch wenigstens „provisorisches" oder „präsumtives" Recht, das in einem ständigen Aufklärungsprozess auf Verwirklichung durch staatliche Sanktionierung drängt. Auch dieses bloße *Vernunftrecht* versteht sich mithin als eine Art von Recht. Es ist zwar nicht ohne weiteres wirklich, sondern nur möglich, dafür aber nicht historisch zufällig, sondern angeblich denknotwendig, besteht also aus Sätzen notwendig möglicher Verbindlichkeit.[5] Und gerade mit diesem Vernunftrecht hat Kant nach seinem Selbstverständnis die philosophische Trennung von Recht und Moral vollendet.

Erst die philosophische Diskussion des 18. Jh. steigert nämlich die Unterscheidung und Trennung von Recht und Moral zu einem Gegensatz. Eine solche Opposition der Maßstäbe richtigen Handelns hat es in der praktischen Philosophie bis dahin nicht gegeben, obwohl man in Theorie und Praxis zwischen Recht und Moral durchaus unterschied. Insbesondere wusste die Kirche moralische Verfehlungen, die mit Kirchenbußen geahndet wurden, und weltlich zu strafende Rechtsverletzungen auseinander zu halten. Doch erst in der Aufklärung gewinnt die Trennung von Recht und Moral unter dem Aspekt der sittlichen Autonomie des Individuums fundamentale Bedeutung.

Nicht mehr auf die Offenbarung oder die „natürliche Theologie", sondern auf den „common sense" *(sensus communis)* sich stützend, hat zuerst Christian Thomasius (1655–1725) in seinen *Grundlehren des Natur- und Völkerrechts (Fundamenta Iuris Naturae et Gentium)* von 1705 mit einer bis dahin beispiellosen Ausführlichkeit und Konsequenz eine systematische Unterscheidung von Rechtslehre und Moralphilosophie unternommen, ohne indes deren inneren Zusammenhang schon aufzugeben. Der von den Leipziger Theologen 1690 nach Halle vertriebene Aufklärungsphilosoph ging allerdings gemäß seiner für die frühe Neuzeit charakteristischen, weil psychologisierenden Affektenlehre von der Unfreiheit des menschlichen Willens aus. Zur Verwirklichung des Guten – dieser traditionelle Gesichtspunkt hält die praktische Philosophie noch zusammen – müsse der menschliche Wille durch die Strafdrohungen des Herrschers zur Rechtlichkeit *(justum)* gezwungen und durch die Ratschläge des Weisen zu Ehrbarkeit *(honestum)* und Anständigkeit *(decorum)* geführt werden. Trotz aller Komplikationen und begrifflichen Unklar-

[5] MdS: Einleitung, IV = AA VI 221 ff.; dazu J. v. Kempski, Recht und Politik, 1965, S. 13.

heiten aus Überschneidungen ist die Tendenz eindeutig: Unterscheidung von rechtlichen und moralischen Normen nach dem Kriterium des Zwangs. Das pflegt man Thomasius bis heute nachzurühmen, verfehlt damit aber die Pointe: Sie liegt in der Verknüpfung dieser Unterscheidung mit der Opposition von „Außen" und „Innen", der Veräußerlichung des Rechts und der Verinnerlichung der letztlich eben nicht erzwingbaren Moral (s. später § 24 I). Die politische Perspektive der Lehre ist offenkundig das bürgerliche Leben im aufgeklärten Absolutismus. Dies wird deutlich, wenn Thomasius sagt, dass Herrschaft ohne den Rat des Weisen in dem, was sich nicht erzwingen lässt, zu Tyrannis wird, und wenn er den Rechtszwang mit dem gesellschaftlichen, „äußeren" Friedenszustand als dem höchsten Ziel in Verbindung bringt und neben den innerlichen Frieden (der Gemütsruhe) stellt.[6]

Am Ende des Jahrhunderts der Aufklärung spitzt Kant die Diskussion über notwendig rechts(zwang)freie Handlungsräume zu, indem er zwischen Rechts- und Tugendpflichten unterscheidet. Im Gegensatz zur Rechtslehre, die es mit den Regeln der *äußeren* Handlungsfreiheit zu tun hat, stellt die Tugendlehre die *innere* Freiheit der Selbstbestimmung, die Freiheit der eigenen Motivation unter moralische Gesetze, welche ausschließlich mit „Selbstzwang" verbunden sind (MdS: Tugendlehre, Einl. I u. II). Auch insoweit handelt es sich indes um Pflichten, weil sie Zwecke verfolgen, die als vernunftnotwendig vorgestellt werden und deswegen Pflichten heißen. Aber niemand anders als ich selbst kann den Zweck bestimmen, um dessentwillen ich etwas tue, und niemand als ich selbst, auch ein Gott nicht, kann mir diesen Zweck zugleich als vernunftnotwendig vorgeben – wenngleich ich natürlich gezwungen werden kann, äußerlich in dieser oder jener Weise zu handeln. Diejenigen Zwecke nun, die, weil vernunftnotwendig, zugleich Pflichten sind, heißen „eigene Vollkommenheit" und „fremde Glückseligkeit", nicht etwa – wie bei allen Menschheitsbeglückern – eigene Glückseligkeit durch fremde Vervollkommnung. Rechts- und Tugendpflichten bezeichnen mithin zwei grundsätzlich verschiedene Arten von Verbindlichkeiten. Rechtspflichten betreffen ausschließlich die äußeren Beziehungen zwischen Personen und ergeben sich Kant zufolge nach dem Prinzip gleicher Freiheit aller zu einem guten Teil aus reiner Vernunft, aktuell aber und inhaltlich vielfältiger aus der jeweiligen positiven Ge-

[6] Dazu W. Schneiders, Naturrecht und Liebesethik, 1971, S. 239 ff., 265 ff., 277 f.

setzgebung. Die Tugendpflichten dagegen regulieren sowohl die Innenseite menschlichen Handelns wie in mancher Hinsicht äußeres Verhalten, werden aber ausschließlich – und das ist der springende Punkt – durch die innere, „ethische“ Gesetzgebung der Einsicht in das Vernunftnotwendige erzeugt und durch Selbstzwang sanktioniert, können also deswegen *unmöglich* Gegenstand positiver Gesetzgebung und des Rechtszwangs sein. „Die Tugendpflicht ist von der Rechtspflicht wesentlich darin unterschieden, daß zu dieser ein äußerer Zwang moralisch möglich ist“, d. h. zum Prinzip der freien Selbstbestimmung nicht in Widerspruch steht, „jene aber auf dem freien Selbstzwange allein beruht“ (MdS: Tugendlehre, Einl. II). Die bisweilen mit diesem Gegensatz identifizierte Antithese von Moralität und Legalität hat bei Kant indessen eine andere Bedeutung: Sie zielt auf die Motive des Handelnden. Handeln allein aus Pflicht ist immer moralisch, auch wenn eine Rechtspflicht erfüllt wird, während eine das äußere Verhalten betreffende Tugendpflicht auch auf legale Weise erfüllt werden kann, wenn ihr nur aus äußeren Rücksichten genügt wird (MdS: Einl. III). Die politische Bedeutung dieser Lehre liegt auf der Hand: Sie statuiert die prinzipiell gleiche Kompetenz aller in moralischen Fragen und entzieht diesen Bereich der staatlichen Reglementierung.

§ 2 Recht als Sollen

I. Der logische Gegensatz von Sein und Sollen

Vor diesem Hintergrund erweist sich die rechtspositivistische Gegenüberstellung von objektivem Recht und subjektiv beliebiger Moral in ihrer Schlichtheit – sagen wir es modisch – als etwas „unterkomplex“. Indessen gibt es noch einen anderen Grund, der uns Kants metaphysische Lehre notwendig möglicher Rechtssätze näher bringen kann. Denn wer etwa Menschenrechte auch dort als *universelle Rechte* einfordert, wo sie nicht durch die staatliche Gesetzgebung positiviert und durch Rechtsprechung gesichert, also nicht empirisch-wirklich sind, der operiert mit der Behauptung solcher Sätze notwendig möglicher Rechtsverbindlichkeit – sofern er nicht ein religiös fundiertes oder soziobiologisches „Naturrecht“ beschwört (dazu später § 18) oder sich bloß auf eine völkerrechtliche Verpflichtung des Staates zur Gewährung der Menschenrechte beruft. Solche Sätze notwendig möglicher Rechtsverbindlichkeit machen den Kernbestand des Rechts aus, wie es sein (oder werden) *soll*, auch wenn es nicht (oder noch nicht) wirklich so *ist*. (Was nicht ausschließt, dass das Recht in mehr oder minder großem Umfang schon so ist, wie es sein soll.)

Angeregt durch den bedeutendsten der englischen Aufklärungsphilosophen, den schottischen Historiker und Diplomaten David Hume (1711–1776),[7] hat Kant viel Mühe darauf verwandt, diesen Gegensatz von Sein und Sollen samt seinen Konsequenzen zu begründen und die daraus folgenden Antinomien aufzuarbeiten. In seiner *Grundlegung zur Metaphysik der Sitten* (1785) zeigt er, dass der Maßstab des sittlich Guten nicht aus Beispielen guten Handelns gewonnen („entlehnt") werden könne, weil jedes derartige Beispiel doch selbst „nach Prinzipien der Moralität beurteilt werden (müsse), ob es auch würdig sei, zum ursprünglichen Beispiele, d. i. zum Muster, zu dienen" (AA IV 408). Solche Prinzipien, die uns sagen, „daß etwas zu tun oder zu unterlassen gut sein würde" (ebd. 413), erscheinen als Imperative in Gestalt von Sollenssätzen. Deren Eigenart hat Kant in seiner *Kritik der reinen Vernunft* (^{2}1787) ausgearbeitet:

> „Das Sollen drückt eine Art von Notwendigkeit und Verknüpfung mit Gründen aus, die in der ganzen Natur sonst nicht vorkommen. Der Verstand kann von dieser nur erkennen, was da ist oder gewesen ist oder sein wird ... Das Sollen, wenn man bloß den Lauf der Natur vor Augen hat, hat ganze und gar keine Bedeutung. Wir können gar nicht fragen, was in der Natur geschehen soll; ... sondern was darin geschieht. Dieses Sollen nun drückt eine mögliche Handlung aus, davon der Grund nichts anderes als ein bloßer Begriff ist ..." (AA III 371).

Also bezeichnet das Sollen die innere Nötigung, eine tatsächlich mögliche Handlung allein aus der Vorstellung eines Vernunftgrundes („Begriff") heraus vorzunehmen.[8] Durch solche Vorstellungen mache „die Vernunft ... sich mit völliger Spontaneität eine eigene Ordnung nach Ideen, in die sie die empirischen Bedingungen hineinpaßt ..." (ebd. 372) – eben so, wie Kant das in seiner metaphysischen Rechtslehre in Annäherung an ein vollständiges System mit der empirischen Rechtspraxis getan hat. Die auf diese Praxis sich beschränkende empirische Rechtslehre hingegen beschreibt Kant zufolge lediglich, was nach den Quellen des positiven Rechts jeweils „Rechtens ist", d. h. als sozial wirksames Recht festgestellt werden kann.

[7] S. v. a. An Enquiry Concerning Human Understanding, 1748; dt. Über die menschliche Erkenntnis, 1755.

[8] Dazu U. Wolf, Das Problem des moralischen Sollens, 1984.

Nun ist die Differenz von beschreibenden (deskriptiven) Sätzen, die wahr oder falsch sein können, und vorschreibenden (präskriptiven) Sätzen oder Imperativen, von denen man allenfalls sagen kann, ob sie verbindlich sind, also gelten oder nicht, die aber weder wahr noch falsch sein können, so schwer nicht einzusehen. Auch ist klar, dass Sätze der einen Art aus Sätzen der anderen Art logisch nicht abgeleitet werden können. In diesem Sinne ist der Gegensatz von Sein und Sollen in der Tat unüberbrückbar, wie schon die einfachste Form des Schlussverfahrens zeigt: Enthält der Obersatz eine Aussage, kann im logischen Schluss nicht plötzlich ein Sollenssatz erscheinen.[9] Das wäre ein logischer Fehler, ein „naturalistischer Fehlschluß" *(naturalistic fallacy),* wie man seit G. E. Moores Kant-Kritik gerne sagt.[10] Aber erlauben diese Regeln der Logik auch keine umstandslose Deduktion von Sollenssätzen aus Seinsaussagen, so vermögen sie doch selbstverständlich nicht auszuschließen, dass Genese und faktische Gründe eines Imperativs beschrieben und erläutert werden und dessen Inhalt auf diese Weise praktisch bis zur Überzeugung von der Notwendigkeit plausibel gemacht wird.

II. Vernunftrechtlich-„natürliches" und positivrechtliches Sollen

Hier gibt es nun eine Komplikation. Gegenstand von Kants metaphysischer Rechtslehre sind Imperative, also Gebote und Verbote, die für den äußeren, sozialen Tätigkeitsbereich des Menschen sagen, „wie gehandelt werden soll", und zwar allein kraft des von empirischen Motiven zwar anregbaren, aber nicht kausal bestimmten und insofern freien Vernunftvermögens des Menschen. Dies besteht darin, die selbst gestellte Frage „Was soll ich tun?" auch selbst in einer prinzipiellen Weise beantworten zu können. Dem üblichen Sprachgebrauch folgend, nennt Kant diese Sollenssätze „Gesetze", und zwar (im Gegensatz zu den Naturgesetzen) „moralische", zur weiteren Unterscheidung von der die Motivation der Handlung einschließenden Ethik „juridische" und im Unterschied zum staatlichen positiven Recht „natürliche" Gesetze. Sie gelten ihm als verbindlich, „insofern sie als *a priori* gegründet und nothwendig *eingesehen* werden können" (MdS AA VI 215).

Andererseits streitet Kant den erfahr- und beschreibbaren positi-

[9] Dazu R. M. Hare, The Language of Morals, 1952, dt. 1983, S. 53 ff.
[10] Dazu H. Hofmann, Legitimität und Rechtsgeltung, 1977, S. 42.

ven Gesetzen Verbindlichkeit nicht ab, mag sie auch bloß äußerlich sein, weil sie nicht „natürlicher“ Selbstgesetzgebung, sondern fremder Festsetzung entspringt. Denn auch sie zeitigt eben ein Gesetz, d. h. einen Imperativ, der eine Handlung oder Unterlassung zur Pflicht macht. Folglich hat es auch der „empirische“ Rechtswissenschaftler mit präskriptiven Sätzen, also geltenden Vorschriften, mit einer Art von Sollenssätzen zu tun. Sie kann man zwar beschreiben, und muss es als Rechtswissenschaftler auch tun, aber das reicht in Wahrheit nicht hin, um hier und jetzt zu sagen, was in diesem oder jenem Fall „Rechtens sei“. Dazu müssen jene Sollenssätze als solche, d. h. in ihrer auf Befolgung und Anwendung gerichteten Tendenz, durch die sie das ganze Ordnungsgefüge zusammenhalten, weiter- und ausgedacht, müssen daraus und darüber hinaus nach Maßgabe der Vorstellung eines systematischen Zusammenhangs übergreifende, vermittelnde und differenzierende Sätze („Dogmen“) gebildet werden. Denn nur so können Unklarheiten behoben, Unsicherheiten beseitigt, Widersprüche bereinigt und Lücken geschlossen werden. Und allein ein solches unabschließbares Bemühen vermag den Rechtsstoff einigermaßen durchsichtig und konsistent zu machen und zu halten und dadurch die gleichmäßige Handhabung des Rechts zu fördern wie dessen systematische Lehrbarkeit sicherzustellen. Je komplexer und differenzierter die gegebene Rechtsordnung ist, umso diffiziler und selbstgenügsamer wird dieses Geschäft, welches – seit der Geburt der europäischen Rechtswissenschaft in Bologna vor 900 Jahren – als ein eigenes „sinnkonstituierendes Medium“[11], als eine Art Meta-Recht über die bloße Beschreibung von Norminhalten immer weiter hinausgeht.

Nun wird eine positive Rechtsordnung stets in einem gewissen Umfang „natürlichen“, also vernunftrechtlichen Gesetzen i. S. der kantischen Rechtslehre entsprechen. Aber Kant räumt ein, dass im Grenzfall eine staatliche Gesetzgebung gedacht werden könne, die ausschließlich zufällige positive Gesetze enthielte; „alsdann aber müßte doch ein natürliches“, d. h. ein nicht-positives „Gesetz vorausgehen, welches die Autorität des Gesetzgebers (d. i. die Befugniß, durch seine bloße Willkür andere zu verbinden) begründete“ (MdS AA VI 224). Dieser Schlüsselsatz wird uns noch beschäftigen. Fürs Erste lehrt er, dass die Unterscheidung zwischen dem Recht und dem Rechten, genauer: die dadurch konstituierte Frage, ob das Recht auch recht sei (hier wie erinnerlich *nomologische Differenz*

[11] Th. Schlapp, Theoriestrukturen und Rechtsdogmatik, 1989, S. 71 ff.

genannt), statt auf die einzelnen Rechtsnormen auch auf die Gründung des Rechtssystems im Ganzen bezogen werden kann, zumindest aber in dieser Form unumgänglich ist.

III. „Reine Rechtslehre"

Insofern Kant jene grundlegende Norm als natürlich-moralisch-juridisches (d. h. überpositives, aber weder physikalisches noch individualmoralisches) Gesetz gedacht hat, ist sie gerade auf der Grundlage einer neukantianischen Erneuerung des strikten Gegensatzes von Sein und Sollen im Namen einer wahrhaft wissenschaftlichen, soll heißen: positivistischen Lehre vom positiven, mithin „empirischen" Recht verworfen worden. Positivistisch Wissenschaft betreiben heißt nach dem Wissenschaftsbegriff der neopositivistischen analytischen Philosophie: außer den formal zwingenden Sätzen der Logik und Mathematik nur empirisch beweisbare Sätze als wahr und damit als mögliche Gegenstände von wissenschaftlicher Erkenntnis anerkennen (s. Haller, *Neopositivismus,* 1993). Eine Theorie der Rechtsnormen nach dem Maßstab dieses naturwissenschaftlichen Wissenschaftsverständnisses schließt jeden *wissenschaftlichen* Rekurs auf überpositive Normen ebenso aus wie den Wissenschaftsanspruch rechtsdogmatischer Beschäftigung mit den historisch allemal zufälligen, von Politik, Moral, Ökonomie oder Theologie bestimmten Inhalten der jeweils wirksamen Rechtsnormen, sofern sie über deren bloße Beschreibung hinausgeht. Als Hauptgegenstände einer streng rechtswissenschaftlichen Analyse und Deskription bleiben mithin nur die formale Struktur der Rechtssätze und deren funktioneller Zusammenhang. Dabei wird das gegebene Recht als ein sprachliches Bedeutungsgefüge von Begriffen und dieses spezielle Sprachgewebe als relativ selbstständiger Teil der sozialen Wirklichkeit aufgefasst.

Exemplarisch für ein solches Verständnis von Rechtswissenschaft ist die *Reine Rechtslehre* (1934, ^{2}1960) Hans Kelsens (1881–1972).[12] Sie ist in doppeltem Sinne „rein": Zum einen abstrahiert sie als Strukturlehre des Rechts von allen Rechtsinhalten, überlässt als Wissenschaft von Normen – genauer von der Normativität, dem Sollenscharakter der Rechtsregeln – die Behandlung der gegebenen Rechtsordnungen in ihrer konkreten historischen Realität den Wirk-

[12] Zum Folg. A. Carrino, Die Normenordnung. Staat und Recht in der Lehre Kelsens, 1998.

lichkeits- oder Seinswissenschaften, also der Geschichtswissenschaft und namentlich der Rechtssoziologie. Denn bei Erfüllung der formalen Bedingungen „kann jeder beliebige Inhalt Recht sein“, heißt es in der *Reinen Rechtslehre* (201). Zum anderen ist sie „methodenrein“ insofern, als sie alle Wertungen ablehnt und sich auf Analyse und Beschreibung positiver, d. h. in bestimmter Weise gesetzter und im Großen und Ganzen sozial wirksamer Rechtsordnungen als Systeme von befehlenden, erlaubenden und ermächtigenden Normen beschränkt. Das heißt: Sie rekonstruiert die gegebene zwangsgestützte Ordnung als gestuften Normerzeugungszusammenhang von der jeweiligen Verfassung über die Gesetze und Verordnungen bis hin zu den konkret-individuellen Imperativen der Administration und Justiz in Gestalt von Verwaltungsakten und Urteilen: Die Rechtsfolgeanordnungen der „höheren“ Normen (z. B. eine Kompetenzzuweisung) werden in diesem „Stufenbau der Rechtsordnung“ rechtswissenschaftlich als Tatbestandsvoraussetzungen für das Urteil über kompetenzgemäßes Handeln begriffen. Indem diese Rechtslehre die Normen einer gegebenen Rechtsordnung solcherart durch ein kohärentes System wissenschaftlicher Rechtssätze nach dem Wenn-dann-Schema von Tatbestand und Rechtsfolge beschreibt, können die Rechtsvorschriften als normatives Deutungsschema für tatbestandsmäßiges Handeln dienen: Wenn in dieser Rechtsordnung der Fall T vorkommt, soll gemäß allen den Fall T tatbestandsmäßig erfassenden materiell- und verfahrensrechtlichen Rechtsnormen die Rechtsfolge F eintreten. Die *Reine Rechtslehre* ermöglicht so, einem bestimmten faktischen subjektiven Wollen (wie dem Willen der Parlamentarier, den Befehlen von Polizisten, den Entscheidungen des Justizpersonals oder den Willensakten Privater) gemäß bestimmten positiven Rechtsnormen in einer ganz unpersönlich-objektiven, weil formalen Weise den Sinn von Sollen zuzuschreiben. Tatsächlichen Vorgängen des sozialen Lebens wird damit ohne jede Wertung das Prädikat der Rechtsverbindlichkeit oder der rechtlichen Unverbindlichkeit zugeordnet.

Solche Zuschreibungen („Zurechnungen“) setzen freilich voraus, dass die höchste wirklich geltende Rechtsnorm eines Rechtssystems, in der Regel also die Staatsverfassung, Rechtsverbindlichkeit begründet, obwohl ihre Anordnungen nicht mehr als Rechtsfolgen einer noch höheren Norm gedeutet werden können, kurz: weil keine höhere *positive* Norm mehr vorhanden ist, die den Anordnungen der Verfassunggeber (einem Faktum) den Sinn von Sollen verleiht und sie damit für verbindlich erklärt. Dafür ist nach Kelsen folglich eine entsprechende erkenntnistheoretische Voraussetzung, eine die Wissenschaft erst ermöglichende („transzendental-logische“) Annahme nötig, um so die Fülle der faktisch gegebenen rechtlichen Imperative wissenschaftlich als ein kohärentes normatives System von Sollenssätzen begreifen zu können. Kelsen nennt diese Voraussetzung nicht ohne Gefahr des Missverständnisses „Grundnorm“. Anders als Kants „natürliches Gesetz“, welches die Autorität des Gesetzgebers fundiert, ist Kelsens Grundnorm folglich kein Gesetz, weder ein positives noch ein natürliches. Außer der durch sie eröffneten gedanklichen Möglichkeit, dem tatsächlichen Wollen des Verfassunggebers den Sinn von Sollen zuzuschreiben, hat sie keinen Inhalt, bietet keine Rechtfertigung und begründet keinerlei Befolgungspflicht. Als erkenntnistheoretische Hypothese ist sie für den methodenrein und systematisch arbeitenden Normwissenschaftler, aber auch nur für ihn, notwendig. Über die Befolgungswürdigkeit der Rechtsordnung dagegen kann und muss jeder Betroffene wertend selbst entscheiden.

Kelsens gedankliche Konsequenz ist bestechend, sein wissenschaftliches Ethos ebenso bewunderungswürdig wie seine Gelehrsamkeit und seine demokratische Haltung. Das alles ändert aber nichts daran, dass seine „Reine Rechtslehre“ das Rechtsdenken gleich doppelt amputiert: Sie negiert nicht nur die Frage nach dem „Recht des Rechts“, wie der große Soziologe Max Weber (1864–1920) Kants nicht aus der Welt zu schaffende nomologische Differenz formuliert hat, sondern ganz symmetrisch dazu auch die Frage nach rationalen Kriterien für die Lösung der angedeuteten Probleme bei der praktischen Rechtsanwendung, die doch den größten Teil aller empirischen Rechtsprobleme ausmachen. Eine große intellektuelle Anstrengung führt zu dem eher trivialen und unbefriedigenden Ergebnis, dass die Frage, was im Streitfall jeweils konkret „Rechtens sei“, der gesetzlich zuständige Richter zu entscheiden habe, und zwar in allen vom Gesetz nicht eindeutig geregelten Punkten nach seinen eigenen Vorstellungen und Wertungen, von denen man dann nur hoffen kann, dass sie gut und richtig sind. Richterliche „Rechtsanwendung“ sei eben, sagt Kelsen, letztlich genau so wie die Gesetzgebung Normerzeugung durch einen Willensakt. Dass Rechtserkenntnis durch Gesetzesinterpretation Aufgabe einer objektiven Wissenschaft vom Recht sein könne, hält er folglich für keine geringere Selbsttäuschung als die, dass der gerechte Inhalt für ein Gesetz im Wege reiner Erkenntnis zu finden sei (JW 1929, 1726).

§ 3 Recht als Tatsache

I. Rechtsrealismus

Aber selbst diese antiidealistische Normentheorie unterliegt im Namen einer noch realistischeren Methode einer noch radikaleren positivistischen Kritik. Der sog. *Rechtsrealismus,* den es in einer älteren skandinavischen Spielart der Uppsala-Schule (A. Hägerström, A.V. Lundstedt, K. Olivecrona, A. Ross) und einer jüngeren amerikanischen Version des *Legal Realism* (O. W. Holmes) gibt und der teils mehr soziologisch, teils mehr psychologisch orientiert ist,[13] bestreitet das, was Kant und Kelsen noch gemeinsam war: Die Rechtsrealisten leugnen, dass der imperative Sinn von Sollenssätzen allein durch die sprachliche Form eine eigene Wirklichkeitsebene der Geltung und Verbindlichkeit bilde. Die Befehlsform des Rechts täusche in doppelter Hinsicht: So existiere kein Befehlender; denn weder seien die Rechtsnormen andauernd mit dem empirischen Willen bestimmter Menschen verbunden noch könne ernstlich von einem Willen des Staates oder des Gesetzes gesprochen werden, der doch nur ein rechtliches Konstrukt sei. Andererseits folge aus der Rechtsnorm auch keine objektive ideelle Verpflichtung. Denn eine solche existiere lediglich als psychisches Faktum einer Vorstellung von Verbindlichkeit. Die einzig feststellbare Wirklichkeit von Gesetzen sei die, dass sie Druck auf Menschen ausübten und über gewisse psychische Mechanismen Verhalten steuerten. Alles andere sei Metaphysik. Der Ausdruck wird hier im abwertenden Sinne purer Spekulation gebraucht, wie er für die Behauptung nicht-sinnlicher, nicht-empirischer Erkenntnis heute üblich ist.

Ist Rechtsverbindlichkeit aber nur eine Frage der Psychologie und sind Rechtsvorschriften nichts anderes als bestimmte durch ein Moment des Druckes ausgezeichnete sozio-psychische Tatsachen, dann folgt für die Wissenschaft vom Recht: Wichtiger als die Behandlung der geschriebenen Vorschriften und ihres angeblichen normativen Sinnes ist die soziologische Erforschung der im Rechtsleben tatsächlich wirksamen Regeln. Vor allem in den angloamerikanischen Systemen des Fall-Rechts *(Case Law)* – die im Gegensatz zu den kontinentaleuropäischen Rechtssystemen weniger auf Gesetzbücher („Kodifikationen") als auf frühere richterliche Entscheidungen

[13] Dazu H.-H. Vogel, Der skandinavische Rechtsrealismus, 1972; M. Martin, Legal Realism – American and Scandinavian, 1997.

(„Präjudizien") bauen – gewinnen in der Bearbeitung rechtlicher Konflikte die Richtersoziologie und die Richterpsychologie i. S. der „Prophezeiung" des zu erwartenden Richterspruchs[14] leicht größere Bedeutung als die Dogmatik des positiven Rechts, für die jene „realistische" Wissenschaft so wenig Platz hat wie Kelsens Rechtslehre. Aufs Ganze gesehen erscheint das Recht dergestalt als ein Gefüge von Verhaltensregelmäßigkeiten, die unter der Drohung von Zwang im Falle der Abweichung stehen.

Unter diesem Aspekt kann Recht dann auch als System der Selbstregulierung politischer Gewalt beschrieben werden. So hat schon Max Weber das Recht als eine Ordnung unter der äußerlichen Garantie bezeichnet, dass ein eigens darauf eingestellter Stab von Menschen ihre Bewahrung und gegebenenfalls die Ahndung ihrer Verletzung mit einer aus Erfahrung erhärteten Wahrscheinlichkeit („Chance") physisch oder psychisch – d. h. durch unmittelbare Vollstreckungsgewalt oder mittelbar durch Strafdrohung – erzwingt (*Wirtschaft und Gesellschaft,* ^{5}1972, 17). Eingehender ist in Theodor Geigers (1891–1952) an die Uppsala-Schule anknüpfendem „soziologischen Rechtsrealismus" (*Vorstudien zu einer Soziologie des Rechts,* ^{2}1964, 371) von einem sozialen „Ordnungsmechanismus" aus „Gebarens-Koordination" die Rede, in dem „aufgestellte Normen" neben Gewohnheiten und Einstellungen nur als „Bestandteile" Bedeutung haben (ebd. 57 f.). In diesem gesellschaftlichen Gesamtgefüge legitimiere das Recht die sozialen Machtverhältnisse, reguliere und bändige die Machtausübung und bewirke, dass die Steuerung menschlichen Verhaltens „in geregelten Bahnen" erfolge (ebd. 350 ff.).

II. Rechtssoziologie und Rechtswissenschaft

An alledem ist viel unbestreitbar Richtiges. Selbstverständlich können Rechtsnormen mit ihren Sanktionsdrohungen als Fakten mit kalkulierbaren Folgen, als bloße Risikobelastungen bestimmter, an sich offener Handlungsmöglichkeiten, sozusagen als „Preisauszeichnung" für gewisse Handlungsalternativen begriffen werden.[15] So mag ein Autofahrer die Anzeige einer Geschwindigkeitsbegrenzung

[14] *The prophecies of what the courts might will do in fact, and nothing more pretentious, are what I mean by law*: O. W. Holmes, The Path of Law, in: Harvard Law Review 10 (1896/97), S. 457–478 (457).

[15] Dazu H. Albert, Rechtswissenschaft als Realwissenschaft, 1993.

als Möglichkeit begreifen, eine Verkürzung seiner Fahrzeit durch höhere Geschwindigkeit mit der Gefahr einer Geldbuße zu erkaufen. Diese Sicht wird sicher auch vielfach praktiziert, nicht nur im Straßenverkehr, sondern auch im Umwelt- oder Steuerrecht. Und für eine ökonomische Theorie des Rechts ist es gewiss nützlich, die Einhaltung von Rechtsvorschriften als Kostenfaktor zu kalkulieren. Deren sozialer Sinn einer Maßgabe des Richtigen wird damit freilich verfehlt. Mit vollem Recht stellt der Rechtsrealismus dagegen die Deutung der Rechtsnormen als Imperative infrage. Sind Rechtsvorschriften nicht tatsächlich eher leitende und kritische Muster oder Standards des Verhaltens und der Beurteilung? Und ganz gewiss gehört zu einem sozial wirksamen Rechtssystem viel mehr als die Aufstellung von Rechtsnormen, mehr auch als die Einrichtung von gesetzgebenden Versammlungen, Behörden und Gerichten samt Rekrutierung eines „Rechtsstabes". Warum wäre es sonst so schwierig, Rechtssysteme zu verpflanzen? Sicher ist der Erkenntnisgewinn größer, wenn man statt isolierter Rechtsvorschriften Rechtseinrichtungen („Institutionen") betrachtet, die sich aus Verhaltensnormen, Verfahren, Organisationen, Leitideen, Standards, eingeschliffenen Verhaltensweisen und stabilen Erwartungen zusammensetzen. Fraglos ist ferner die einfache Entgegensetzung von Recht und Macht naiv. Die Betrachtung des Rechts kann sinnvollerweise nicht herausgelöst werden aus den politischen Bedingungen seiner Hervorbringung, Handhabung und Durchsetzung, die es selbst wieder normiert. Folglich darf das Moment des geregelten Zwangs, das als hintergründige Drohung in den neuzeitlichen Theorien von Politik und Recht – anders als in Antike und Mittelalter – aus noch zu besprechenden Gründen eine so herausragende Rolle spielt, ganz gewiss nicht unterschätzt werden, auch wenn dem Zwang in weiten Bereichen des Rechts tatsächlich keine oder nur mittelbar Bedeutung zukommt. Hierfür ist nicht bloß auf das viel zitierte Beispiel der nicht erzwingbaren rechtlichen Verpflichtung zur ehelichen Lebensgemeinschaft und das in diesem Zusammenhang gleichfalls oft erwähnte Völkerrecht zu verweisen. Auch die unzählig vielen Zuständigkeits- und Verfahrensvorschriften wie die Ermächtigungsnormen, Prinzipienbestimmungen und Zielvorgaben jeder Rechtsordnung unterliegen anders als Verhaltensnormen (mit denen Laien das Recht zu identifizieren pflegen) weder einem Vollstreckungszwang noch Strafdrohungen. Dementsprechend besteht die Sanktion bei Normverletzungen in solchen Fällen auch nur in rechtlichen Urteilen der Ungültigkeit oder Aufhebbarkeit des betreffenden Aktes. Insbesondere aber speist sich die soziale Wirkung des *Verfassungs*gesetzes trotz der Verfassungsgerichtsbarkeit nicht aus irgendwelchen Zwangsdrohungen, sondern aus freiwilliger Befolgung kraft Anerkennung oder Hinnahme als maßgeblich. Schließlich: Wie der „Rechtsrealismus“ zu einer gewissen Überschätzung des Zwangsmoments im Recht neigt, so übersieht er andererseits auch leicht, dass eine soziologische Prognose von Rechtsprechungstrends die den Richtern professionell aufgegebene juristisch-dogmatische Vorbereitung ihrer Entscheidungen und deren Begründung nicht abzunehmen und zu ersetzen vermag.

Aufs Ganze gesehen und im Blick auf die Konsequenzen löst der Rechtsrealismus, unbeschadet der Bedeutung vieler seiner Aspekte auch für die Wissenschaft von den Rechtsnormen, die Rechtswissenschaft in Soziologie auf. Die Eigenarten des Rechts als einer relativ selbstständigen sozialen Erscheinung, nämlich eines relativ eigenständigen Mediums der Konfliktlösung, wie es sich seit dem 11. Jh. zuerst im Kampf zwischen Papst und Kaiser in Europa herausgebildet hat,[16] verschwinden. Bewirkt wird dies über eine Art von aristotelischer Definition des Rechts mittels des *proximum genus,* nämlich durch die Unterordnung des Rechts unter die höhere Gattung des „sozialen Ordnungsgefüges“. Als spezifische Differenz zu den anderen Ordnungselementen bleibt dann nur ein Teilphänomen übrig: die Regulierung von Zwang. Schließlich: Die „Idee einer bindenden Kraft“ ist, wie Olivecrona sagt, „eine psychologische (sic) Realität“, die bindende Kraft als solche aber kein wissenschaftlich beweisbares objektives Datum wie etwa elektrische Energie.[17] Gewiss: Aber ist das alles? Sollte man sich deswegen damit begnügen, das Auftreten jenes psychischen Faktums für individuelle Zufälle oder für einen kollektiven Wahn zu halten? Kommt es nicht vielmehr darauf an, der enormen praktischen, lebensweltlichen Bedeutung dieser Idee nachzufragen? Und ist mit jener quasi naturwissenschaftlichen Betrachtung die subjektiv handlungsleitende Kraft der überindividuellen Sinnhaftigkeit von Ideen aus der Welt?

§ 4 Recht, Brauch, Sitte, Konvention

Betrachtet man das Recht in soziologischer Perspektive als Teil des Sozialgefüges, dann folgt daraus zwangsläufig die Frage, wie sich

[16] Dazu H. J. Berman, Recht und Revolution, ^{2}1991, S. 114 ff.
[17] K. Olivecrona, Gesetz und Staat, 1940, S. 11 f.

diese Art von Verhaltensregelmäßigkeiten mit den sie stabilisierenden Vorschriften von anderen, ähnlichen Regelmäßigkeiten und Normen unterscheidet, die man Brauch, Sitte, Konvention und Moral nennt. Eher eine Episode blieb Eugen Ehrlichs (1862–1922) psychologisch interessanter Versuch, die gesellschaftlichen Regeln nach den Gefühlsreaktionen zu unterscheiden, die durch deren Verletzung hervorgerufen werden: Missbilligung von Taktlosigkeiten, Ärger über Unanständigkeit, Entrüstung über Verletzung eines Sittengebots, Empörung jedoch nach Rechtsbruch.[18] Aber auch die Versuche, Moral und Recht nach Maßgabe der Ausrichtung auf das Gute und das Gerechte, durch Bezug auf die innere Motivation und die äußere Handlung oder mithilfe der Gegenüberstellung von Selbst- und Fremdbestimmung gegeneinander abzugrenzen, vermochten mangels Trennschärfe nicht zu überzeugen. Weitgehend durchgesetzt hat sich daher in der Nachfolge Max Webers (§ 3 I) die Unterscheidung durch eine angeblich besondere Eigenschaft des Rechts: seinen Zwangscharakter[19]. Der bedarf freilich näherer Bestimmung. Denn offenbar ist beispielsweise der soziale Zwang von Sitten in manchen Lebenswelten – denkt man etwa an die Stellung der Frau vor der Ehe, in der Ehe und als Witwe in anderen Kulturen – ungleich strenger als der des staatlichen Rechts. Und die Furcht vor sozialem Boykott bei Verletzung von Konventionen mag nicht weniger stark wirken als rechtliche Strafdrohungen. Was den spezifischen Zwangscharakter des Rechts ausmacht, ist demnach die Organisation der Reaktion auf abweichendes Verhalten durch einen besonderen „Rechtsstab", also einer aus Behörden und Gerichten bestehenden Vollzugsorganisation. So hat Geiger das Recht als „soziale Lebensordnung eines zentral organisierten gesellschaftlichen Großintegrats" definiert, „sofern diese Ordnung sich auf einen von besonderen Organen monopolistisch gehandhabten Sanktionsapparat stützt" (*Vorstudien,* 339). Wobei zu präzisieren wäre, dass die Handhabung der Sanktionen in formalisierten Verfahren erfolgt.

Die Komplexität moderner Rechtssysteme wird unter diesem engen Blickwinkel der Sanktionierung allerdings kaum zureichend erfasst. Ein neuerer Ansatz hebt daher auf die besondere Prägung ab, die das

[18] Grundlegung der Soziologie des Rechts, 1913 (^{4}1989), S. 131 ff. Dazu M. Rehbinder, Die Begründung der Rechtssoziologie durch Eugen Ehrlich, ^{2}1986.

[19] Dazu Th. Raiser, Das lebende Recht, ^{2}1995, S. 106 f., 120 f., 205 ff.; ebd., S. 243 ff. über Begriff und Arten der Sanktionen.

Recht sozialen Beziehungen und Interaktionen aufdrückt, sobald es an die Stelle von Sitte, Moral und Konventionen tritt. Gemeint ist der desintegrative Effekt von Recht, das die traditionellen, durch Gemeinsamkeiten, persönliche Verantwortungs- und Solidaritätsbeziehungen definierten Gemeinschaften durch die Aus- und Abgrenzung individueller Interessen auflöst.[20] Der Untergang der alten Universität in der (aus vielen Gründen unvermeidlichen) Verrechtlichung ihrer Binnenstruktur ist ein eindrucksvolles Beispiel von vielen. – Näher liegt den Juristen der Versuch, bei der Definition von Recht die für Rechtssysteme eigentümlichen Merkmale von Organisation und versachlichter, formalisierter Handhabung festzuhalten, ohne die unzähligen nicht durch die „Chance physischer Gewalt" sanktionierten Rechtsnormen auszublenden. In dieser erweiterten Perspektive sind Rechtsnormen durch eine den Verletzungsbetroffenen entzogene und stattdessen gemeinschaftlich in formalisierten Verfahren organisierte *Geltungsvorsorge* ausgezeichnet, welche Zwangsmaßnahmen natürlich einschließt, sich darin aber nicht erschöpft.[21]

Alle derartigen Untersuchungen und Definitionsversuche sind soziologisch notwendig und kulturhistorisch allemal höchst interessant, rechtswissenschaftlich und rechtsphilosophisch dagegen weniger ergiebig. Verfügen die entwickelten Rechtsordnungen in ihrem Bestand nicht zwangssanktionierter Normen doch stets auch über Regeln zur Identifizierung der zum System gehörenden Vorschriften. Schwierigkeiten macht da allenfalls das – in seiner heutigen Bedeutung meist überschätzte – Gewohnheitsrecht. Hierfür ist es nach einer alten gemeinrechtlichen Formulierung erforderlich, dass zu einer lang dauernden Übung *(longa consuetudo)* die *opinio necessitatis* hinzukommt, das Gefühl also, dass diese Regelmäßigkeit so sein muss.[22] Im Konfliktfall vermag freilich nur der Richterspruch einem behaupteten Gewohnheitsrechtssatz Wirksamkeit zu verleihen, womit das Gewohnheitsrecht sich mit dem Richterrecht kreuzt. Heute ist es sogar eher so, dass höchstrichterliche Entscheidungen Gewohnheitsrecht erzeugen – das allgemeine Persönlichkeitsrecht und das Recht der öffentlich-rechtlichen Entschädigungen bieten Beispiele.

[20] Dazu mit Nachw. K. Seelmann, Rechtsphilosophie, ^{4}2007, § 3 Rn. 9.

[21] Siehe G. Dux, Rechtssoziologie, 1978, S. 131.

[22] Dazu H. O. Freitag, Gewohnheitsrecht und Rechtssystem, 1976, S. 38 ff.; K. Larenz, Allg. Teil d. bürgerl. Rechts, ^{8}1997, S. 64 ff.; RGZ 75, 40 (41); BVerfGE 28, 21 (28 f.). Zum Folg. H. Hofmann, Das Recht des Rechts, das Recht der Herrschaft und die Einheit der Verfassung, 1998, S. 31 f.

Kehren wir also in einem neuen Anlauf noch einmal zur Ausgangsfrage zurück, die wir mit Kant gestellt haben: Was ist Recht?

§ 5 Recht und Unrecht

I. Entscheidungs- und Beobachtungsperspektive

Kant hat seine kritische Frage, ob das, was die Gesetze wollen, auch „recht" sei, wie erinnerlich, unter der Perspektive des „allgemeinen Kriteriums" gestellt, „woran man überhaupt Recht sowohl als Unrecht ... erkennen könne" (§ 1). Die Unterscheidung von Recht und Unrecht ist mit jeder Rechtsordnung gegeben, konstituiert sie, ohne selbst – nämlich *dass* Recht und Unrecht überhaupt zu unterscheiden sei – aus der Rechtsordnung erklärt oder gerechtfertigt werden zu können. Nach Luhmanns Systemtheorie nennt man das gern die „binäre Codierung" des Rechtssystems gegenüber den binären Codierungen anderer Sozialsysteme wie Gewinn und Verlust in der Wirtschaft, Erlösung und Verdammnis in der Religion, Gut und Böse in der Moral, Machterwerb und Machtverlust in der Politik oder – dies die von Kant selbst angedeutete Parallele – Wahrheit und Irrtum in der Wissenschaft.[23]

Aber das ist nicht alles. Weiter führt die Einsicht, dass in solchen „konträren" Gegensätzen sich gegenläufige Bewegungen, Intentionen oder Tendenzen artikulieren: Das Helle geht immer weiter in die Helligkeit, das Dunkle in die Dunkelheit, das Gute strebt nach dem höchsten Gut, das Böse stürzt in den Abgrund, Verdammnis ist auf tiefste Verzweiflung, Erlösung auf die höchste Glückseligkeit gerichtet, Irrtum, in den man fällt, erniedrigt, Wahrheit, zu der man aufsteigt, läutert und erhöht. Allen derartigen Gegensätzen eignet also ein bestimmter Horizont und in ihm ein Richtungs- und Steigerungssinn.[24] Im Falle von Recht und Unrecht ist es das Widerstreben des Rechten und Unrechten. Unrecht meint mehr als eine unerlaubte Handlung, erscheint als Inbegriff der Abweichung vom rechten Weg in der Perspektive des Frevelhaften. Recht geht in seinem Bewegungs- und Steigerungssinn auf das Rechte als seinen Fluchtpunkt. Das, was recht ist, ist also nicht wieder ein Recht, sondern nur dessen gegenständlich nie ganz fassbare Perspektive. Es verhält sich

[23] N. Luhmann, Das Recht der Gesellschaft, 1993, S. 60 f., 67 ff.
[24] G. Brand, Die Lebenswelt, 1971, S. 249 ff., 264 ff.

bei dieser nomologischen Differenz ähnlich wie bei der ontologischen Differenz, der zufolge das Sein des Seienden nicht selbst wieder ein Seiendes ist,[25] sondern das Allgemeine an dem, was jeweils in besonderer Weise ist.

Alles dies begegnet freilich nur dem unmittelbar, der im Horizont des Gegensatzes von Recht und Unrecht, mithin in der Perspektive dessen denkt, der – in welcher Rolle auch immer – hier und jetzt nach dem Muster eines Gerichtsurteils zwischen Recht und Unrecht entscheiden muss. Tritt man aus jener Perspektive heraus und betrachtet man das Recht als unbeteiligter Beobachter gewissermaßen von außen als eine komplexe soziale oder kulturelle Erscheinung unter anderen, so ergibt sich eine ganz andere Fragestellung. Sie zielt, wie das an den streng positivistischen oder soziologisch-realistischen Rechtstheorien zu sehen war, auf das Kriterium, welches das Recht von Politik, Moral, Religion und Wirtschaft unterscheidet. Solche Theorie überschreitet den Standpunkt der Akteure des Rechtssystems und betrachtet deren Aktionen vom Blickpunkt der Umwelt dieses Handlungszusammenhangs aus. Der maßgebliche Gegensatz ist danach nicht ein konträrer (Recht–Unrecht), sondern der kontradiktorische von *Recht* und *Nicht-Recht*. Unter diesem Aspekt konnte Kelsen, der selbst bis zur Vernichtung seiner bürgerlichen Existenz in Europa darunter gelitten hat, unbeirrt die Auffassung vertreten, dass auch die schlimmsten Regelungen des NS-Regimes bei Wahrung der damals üblichen Normerzeugungsprozeduren Recht gewesen seien[26] – zwar moralisch verwerfliches und nicht befolgungswürdiges Recht, aber doch Recht und nicht irgendetwas anderes. Was uns als staatlich organisiertes Unrecht erscheint, gehört danach zum Rechtssystem des betreffenden Staates und macht gerade dessen moralische Minderwertigkeit (aber auch nur sie) aus. Kelsens Selbstverleugnung demonstriert das methodische Postulat der das jeweilige Rechtssystem gleichsam von außen angehenden analytischen Theorie: sich nicht nur jeder Beurteilung der Sachgerechtigkeit aller behandelten Sätze zu enthalten, sondern das Subjekt der Rechtstheorie als Teil der zu erkennenden sozialen Wirklichkeit selbst zu eliminieren[27]. Für die Rechtsvergleichung, die Rechtsethnologie und

[25] M. Heidegger, Sein und Zeit, [1]1927, § 1.

[26] H. Kelsen, Reine Rechtslehre, [2]1960, S. 42, 13, 443. Dazu H. Dreier, Rechtslehre, Staatssoziologie und Demokratietheorie bei Hans Kelsen, [2]1990, S. 183 ff.

[27] K.-L. Kunz, Die analytische Rechtstheorie, eine „Rechts“-theorie ohne Recht?, 1977, S. 40 f., 76 f.

insbesondere für die Rechtsgeschichte ist das eine notwendige Maxime zur reflexiven Reduzierung des hermeneutisch allemal konstitutiven Vorverständnisses.[28] Der Rechtshistoriker soll ja nicht entscheiden, ob die Geschichte in den jeweiligen Streitfällen sich normgemäß richtig entwickelt hat; er soll nicht über Geschichte richten, sondern sie analysieren und beschreiben. Aber je näher uns die Fälle historisch liegen und je stärker sie unsere Lebenswelt noch berühren, um so schwieriger wird es offenkundig, die Distanz bloßer Beobachtung zu wahren. Umso fragwürdiger erscheint es auch, ob die einfache Unterscheidung von Recht und Nicht-Recht ohne Rückgang auf den Richtungssinn von Recht wirklich durchgehalten werden kann.

II. Die juristische Trennung von Recht und Moral und die Kritik dieser „Trennungsthese"

In der Entscheidungsperspektive kann die im konkreten Fall gestellte Frage, was Rechtens sei, häufig genug – wir sprachen eingangs (§ 1 I) davon – nicht rein deskriptiv beantwortet werden. Das liegt nicht nur an der Vielschichtigkeit, Vagheit und Lückenhaftigkeit des Rechts, sondern hauptsächlich an der unendlichen Konkretisierungsbedürftigkeit abstrakter Rechtssätze im Hinblick auf die bunte Fülle des Vorkommenden. Konkretisierung aber ist mehr und etwas anderes als schlichte Deduktion.[29] Damit rückt die im besonderen Fall offene Frage, was Rechtens sei, automatisch in die Perspektive des Rechten hinter dem Recht. Das bedeutet keinen Rekurs auf einen einzigen höchsten Begriff des Rechts, der als ganz allgemein ja nur leer sein könnte. Vielmehr ist der Durchgriff auf die im Recht enthaltenen Grundsätze gemeint. In der Tat ist es so, dass ohne die Herausstellung leitender Prinzipien und die ständige Arbeit an ihnen ein geordneter Umgang mit dem zersplitterten Recht einer hoch differenzierten Gesellschaft überhaupt nicht möglich ist.[30] Das müssen freilich nicht immer gleich oberste Prinzipien der Gerechtigkeit sein. Meist hilft schon der Rekurs auf Grundsätze oder Gesichtspunkte einer sozusagen mittleren Ebene mit mittlerer Reichweite für ein bestimmtes Gebiet des Rechts, wie das Zivilrecht oder Teile davon, das Arbeits-, das Sozial- oder das Verwaltungsrecht und so fort.

[28] Klassisch H.-G. Gadamer, Wahrheit und Methode, [1]1960.
[29] Dazu Hofmann, Das Recht des Rechts (N 22), S. 18 f., 30 ff.
[30] F. Bydlinski, Fundamentale Rechtsgrundsätze, 1988, S. 51 ff.

Vertrauens- und Minderjährigenschutz, Sicherheit des Rechtsverkehrs, Interessenausgleich, Vorteils- und Risikoverteilung, Bestandsschutz, Publizitätsprinzip, Rechtsverwirkung sind einige Beispiele. Immer wieder aber nötigen fundamentale Rechtsprobleme, wie sie etwa im Lebensschutzrecht und im Technikrecht auftreten, auch zu Rückgang auf entsprechend elementare Grundsätze. In derartigen Situationen muss der Weg der Rechtsfindung mithin über die Unzulänglichkeit der Gesetze hinaus noch weiter auf das Richtige hin verlängert werden. Demgegenüber bestehen alle Rechtspositivisten, wie wir wissen, der Objektivität der Wissenschaft wegen darauf, das Recht inhaltlich neutral, d. h. frei von allen „moralischen" Wertungen, rein formal bloß durch Setzung und Wirksamkeit zu definieren („Trennungsthese").

Indessen scheint dem mit dieser These bezeichneten Problem in den liberaldemokratischen Verfassungsstaaten die Spitze genommen. Hat doch z. B. unser Grundgesetz mit den Artikeln 1, 2 und 3 über Menschenwürde, Freiheit und Gleichheit und mitsamt den Grundsätzen des Art. 20 über Volkssouveränität, Gewaltenteilung und Sozialstaatlichkeit nicht nur die zentralen philosophischen Lehrstücke des Vernunftrechts der Aufklärung, sondern dazu das Postulat sozialer Gerechtigkeit in das positive Recht inkorporiert. Für die Frage, welche Regeln diesen Vorgaben entsprechen und welche nicht, stehen zudem verfassungsgerichtliche Verfahren zur Verfügung. Die Konsequenzen der sog. Trennungsthese reduzieren sich damit auf die Frage, ob jene fundamentalen Grundsätze als Prinzipien einer auf die Anforderungen des Rechten ausgerichteten Ordnung produktiv ausgedacht und angewendet werden können und müssen oder ob es sich dabei lediglich um den rechtlich lizenzierten Rekurs auf außerrechtliche („moralische") Postulate handelt, die rechtswissenschaftlich nur durch Beschreibung der herrschenden Moralvorstellungen erfasst werden dürfen. Aber diese positivistische Auffassung setzt eine Statik und Bestimmtheit jener Grundsätze voraus, die sie nicht besitzen, ja nicht haben können. Sie (oder genauer: bestimmte Vorstellungen von ihnen) bloß zu beschreiben, hieße, sie historisch fixieren, ihnen ihren Bewegungssinn, ihre Intention und Tendenz nehmen, die im Rückbezug auf die konkrete Situation als *Optimierungsgebot* erscheint. Dass dessen Befolgung keine zwingenden Ergebnisse liefert und liefern kann, versteht sich von selbst. Aber mag auch die Entfaltung von Rechtsprinzipien, die Diskussion regulativer Ideen nicht zu empirisch verifizierbaren Sätzen und zwingenden Schlüssen führen – zur Auseinandersetzung und zu

Argumentation nötigt sie allemal. Insofern schließt sie individuelle Willkür der Entscheidung bis zu einem gewissen Grade mit einer gewissen Zuverlässigkeit aus – sofern sie Bestandteil des *Rechts*diskurses ist. Denn an bloß moralischen oder ethischen, die Richtigkeit individuellen Handelns erwägenden Diskursen teilzunehmen und sich von ihnen leiten zu lassen, können Richter und ihre rechtswissenschaftlichen Ratgeber nicht verpflichtet werden. Dass sie es dennoch tun, wäre ebenso nur eine Hoffnung wie die, dass das Feld nicht von irgendwelchen Fundamentalisten oder Sektierern besetzt wird.

Viele Anhänger der Trennungsthese aber beharren, wie wir hörten, darauf, dass alle „moralischen" Aussagen darüber, wie das Recht sein sollte, nicht rational begründ- und beweisbar seien. Deshalb müsse man sich um der Rechtssicherheit und der Freiheit willen wie der wissenschaftlichen Ehrlichkeit wegen streng an das gesetzte Recht halten. Dieser Einwand ist nicht leicht zu nehmen. In der Tat hängt die Trennung von Recht und Moral historisch und verfassungspolitisch sowohl mit der Entgegensetzung von Außen- und Innenwelt, Zwang und freier Entscheidung, Heteronomie und Autonomie (§ 1 II) zusammen wie mit der wachsenden Überzeugung von der heillosen Divergenz der individuellen Wertschätzungen. Doch ist nicht recht einzusehen, wieso die Sicherheit des Rechts wächst, wenn ein erheblicher Teil zur Ermessensfrage erklärt wird. Hauptsächlich aber suggeriert die Trennungsthese eine Alternative, die so nicht existiert: Richtigkeitsmaßstäbe jenseits des positiven Rechts (oder genauer: Richtigkeitsbehauptungen über den jeweils erreichten und gesicherten Stand der Rechtspraxis hinaus) erschöpfen sich nicht zwangsläufig im individuellen Meinen. Der die Einzelheiten des positiven Rechts überschreitende Rückgang auf die tragenden und strukturbildenden Prinzipien der Rechtsordnung und ihren kulturellen Kontext ist – von Fall zu Fall mit rechtswissenschaftlichen Argumenten als erforderlich ausgewiesen – keineswegs gleichbedeutend mit einem solchen subjektiv sich dem „Gegenwärtigen und Wirklichen" überhebenden „leeren Räsonieren" (Hegel, *Vorrede zur Rechtsphilosophie*).[31] Denn jede Gesellschaft und ihr Recht existieren auf der Grundlage gewisser gemeinsamer Orientierungen, allgemeiner Standards, Einstellungen und Haltungen. Das gilt auch für die liberale Demokratie.[32] Wiewohl solches Ethos nur durch entspre-

[31] Dazu H. Hofmann, Rechtsdogmatik, Rechtsphilosophie und Rechtstheorie, in: FS f. G. Roellecke, 1997, S. 123.

[32] Dazu O. Höffe, Politische Gerechtigkeit, [1]1987, S. 29.

chende Handlungen und Verhaltensweisen der Individuen fortlebt und mit ihnen sich wandelt, ist dessen Bestand dennoch keine Sache des persönlichen Gutdünkens. Ohne Akzeptanzverluste kann niemand aus diesem Kontext beliebig herausspringen. Folglich vermögen entsprechende Rekurse und Diskurse Recht und Rechtsanwendung gegen subjektive Beliebigkeit zu stabilisieren.

III. Die herkulische Arbeit des Richters

Ein Modell des angedeuteten rechtsethischen Rekurses entwirft Ronald Dworkin in seiner Theorie der Rechtsprechung des Richters „Herkules".[33] Dworkin hat sie in Auseinandersetzung mit seinem Oxforder Lehrer Hart entwickelt. Gegen dessen Definition des Rechts als eines Systems von Regeln[34] betont Dworkin die komplementäre Bedeutung von Prinzipien. Sein Ausgangspunkt ist die Situation unserer Justiz unter Rechtsverweigerungsverbot: Der Richter muss – sofern verfahrensrichtig vor ihn gebracht – jeden Streitfall entscheiden, auch wenn das inhaltlich einschlägige positive Recht unklar, unangemessen, bis zur Widersprüchlichkeit ungereimt oder lückenhaft ist. Und zwar wird ihm auch in dieser Lage ein Akt der *Rechtsprechung* abverlangt, also weder eine beliebige Ermessensentscheidung freigestellt noch ein Opportunitätsurteil im Sinne des öffentlichen Interesses gestattet. Soweit sich die notwendige rechtliche Schlussfolgerung aus dem geschriebenen Recht aber nicht einfach ableiten lässt, bleibt das Recht stets hinter seinem eigenen Anspruch einer Ordnung der sozialen Lebenswelt zurück. Dworkins Lösung: Der Richter muss voraussetzen, dass sich für jeden Fall eine rechtliche Antwort (genauer: die eine, einzig richtige rechtliche Antwort) finden lässt, und er muss dieses Postulat in einer schier übermenschlichen Anstrengung in begrenzter Zeit diskursiv einzulösen suchen. Für diese eine richtige rechtliche Antwort hat er, der Modell-Richter „Herkules", wie Dworkin ihn nicht von ungefähr nennt, unter größtmöglicher Berücksichtigung aller rechtlichen Determinanten über die positiven Rechtsregeln hinaus auf die bewertungsorientierenden Rechtsgrundsätze als die prinzipiellen Verteilungsgrundsätze von Rechten und Pflichten zurückzugreifen und diese unter Rückbin-

[33] R. Dworkin, Bürgerrechte ernstgenommen, 1984, S. 182 ff.; s. auch S. 145 ff., 199 ff., 499 ff., 543 f.

[34] H. L. A. Hart, Der Begriff des Rechts, 1973.

dung an die fundamentalen Bewertungsmaßstäbe der Gemeinschaft im Kontext aller rechtlichen Regeln, Verfahren, Grundsätze und anerkannten Lehren fortzuschreiben. Kurz: In schwierigen Rechtsfragen gibt die „von den Gesetzen und Institutionen der Gemeinschaft vorausgesetzte ... politische Moral" den Ausschlag (215). Es geht m. a. W. um die durch das Kohärenzkriterium des stimmigen Zusammenhangs kontrollierte Überführung von sozialem Ethos, von objektiver gesellschaftlicher Sittlichkeit in die Inhalte von Verfassung und Recht. Rechtstheoretisch heißt das, dass jede gegebene Rechtsordnung nicht nur aus alternativ anwendbaren oder nicht anwendbaren Regeln besteht, sondern auch Grundsätze oder Prinzipien enthält, deren Tragweite für die anstehende Entscheidung von Fall zu Fall erst festgestellt werden muss und folglich stets mehr oder weniger wirksam werden können. Jene Prinzipien können auch nicht wie die Rechtsregeln nach bestimmten rechtlichen „Erkenntnisregeln" i. S. Harts (*Begriff des Rechts*, 142 ff., 215 ff.; dazu später § 11 II) als gültig ausgewiesen werden, sondern sind, meint Dworkin, entsprechend ihrer „moralischen" Herkunft und Beschaffenheit philosophisch zu begründen (247).

Natürlich hat das alles viel zu tun mit dem angelsächsischen Fall-Recht und seiner exzeptionellen Stellung des Richters, zudem auch mit angloamerikanischer Streit- und Argumentationskultur wie mit deren geringerem Maß an ausgefeilter Grundrechtsdogmatik und Grundrechtsjudikatur. Dass man angesichts jahrzehntelanger Grundrechtsrechtsprechung nicht nur des Bundesverfassungsgerichts, sondern auch der Fachgerichte mit Dworkins programmatischem Titel *Bürgerrechte ernstgenommen* in Deutschland hätte ähnlichen Wirbel machen können, ist eher unwahrscheinlich. Indes hat Robert Alexy gezeigt (*Theorie der Grundrechte*, ^{2}1994, 71 ff.), in welchem Umfang die Unterscheidung von Regeln und Prinzipien auch noch für das deutsche Verfassungsrecht fruchtbar gemacht werden kann. Allerdings trifft Dworkins Theorie hierzulande auf ein älteres privatrechtliches Gegenstück, nämlich die rechtstheoretische Anreicherung und methodologische Mobilisierung und Dynamisierung des Systemgedankens seit Walter Wilburgs *Entwicklung eines beweglichen Systems im bürgerlichen Recht* (1951) und Josef Essers *Grundsatz und Norm in der richterlichen Rechtsfortbildung des Privatrechts* (1956, ^{4}1990). Grundgedanke des „Beweglichen Systems" ist, dass eine Rechtsfolgeentscheidung für einen Konfliktfall umso besser begründet ist und umso weiter greift, je mehr Gründe dafür und je weniger Gründe auf der anderen Seite dagegen sprechen. Anders als Theodor Viehweg, der die alte Tradition topischer Jurisprudenz gegen einen sehr eng gefassten Begriff des Rechtssystems erneuerte (*Topik und Jurisprudenz,* ⁵1974), arbeitet diese Theorie von vornherein mit einem weiteren und differenzierteren, ungeschriebene Grundsätze und Gesichtspunkte einbeziehenden Systembegriff und schließt in diesem strukturbildenden Rahmen von Fall zu Fall alle einschlägigen Präjudizien, Billigkeitserwägungen, Sachgesetzlichkeiten, Folgebewertungen, Rechtssicherheits- und Praktikabilitätsgesichtspunkte, u. U. wie im Technikrecht auch nicht-juristische Normbildungen durch Sachverständige ein. Diese Überlegungen hat Franz Bydlinski in einer der Lehre Dworkins vergleichbaren Weise durch den Gedanken vertieft, dass im Falle einer anders nicht zu behebenden Unsicherheit auf die „grundlegenden rechtsethischen Maximen" der Sozietät zurückgegriffen werden könne und müsse *(Jurist. Methodenlehre u. Rechtsbegriff,* ²1991). Doch werden Fälle eines unmittelbaren Rückgriffs auf rechtsethische Prinzipien eher selten sein. Öfter wird der rechtsethische Rekurs mittelbar wirksam werden, indem er bestimmte rechtliche Regeln als grundlegend auszeichnet und deren Verallgemeinerung trägt. Wo aber ein direkter Rückgriff notwendig ist, da führt er möglicherweise in die Zwangslage, dass zwischen kollidierenden Prinzipien entschieden werden muss. Hierfür stehen dann keine noch höheren Leitgedanken mehr zur Verfügung. Folglich muss abgewogen werden. Je höher der Grad der Nichterfüllung oder Beeinträchtigung des einen konfligierenden Grundsatzes ist, desto größer muss die Bedeutung der Erfüllung des anderen sein (Alexy, *Theorie der Grundrechte,* 146).

Übrigens ist auch Dworkins *One-answer*-These in Europa nicht ganz neu. Schon Rudolf Stammler hat seine *Lehre von dem richtigen Rechte* (²1926, 123 ff.) als Verfahren der Richtigkeitsprüfung und der Verbesserung aller Details einer je gegebenen Rechtsordnung nach Maßgabe der „Idee absoluter Harmonie der Einzelheiten" entwickelt.[35]

§ 6 Rechtsfindung und Rechtssetzung

Die mehr oder weniger schwierige Findung des Rechts für die im Einzelfall streitenden Parteien nach Maßgabe der vorhandenen Regeln ist eine Sache – die Festsetzung neuer allgemeiner Rechts-

[35] Vgl. auch R. Stammler, Richtiges Recht, in: ders., Rechtsphilosophische Grundfragen, 1928, S. 51 ff.

regeln für die Zukunft eine andere. Wenn man von Rechtssetzung spricht, ist meist diese gemeinhin unter dem Namen der Gesetzgebung laufende Verknüpfung einer unbestimmten Vielzahl künftiger, nur durch abstrakte Tatbestandsbeschreibungen erfasster und von einer unbestimmten Vielzahl von Personen realisierbarer Fälle mit mehr oder weniger allgemeinen Rechtsfolgebestimmungen gemeint.[36] Gesetz steht allerdings nicht nur für eine in diesem Sinne abstrakt-generelle Regel, für die planmäßige Ordnung eines Lebensbereichs. Das Gesetz bezeichnet auch – ganz unabhängig von der Art des Inhalts – die höchste Form der Willensbildung einer sich selbst bestimmenden politischen Einheit. So ist es das Gestaltungsrecht der Gesetzgebung, das den Souverän des neuzeitlichen Staates vor dem alten Richterkönigtum auszeichnet. Und für die bürgerliche Revolution von 1789 zählte nebst Freiheit, Menschenrechten und der Souveränität der Nation eben dies zum Wichtigsten, dass das Gesetz Ausdruck des allgemeinen Willens sei. Dieses Doppelantlitz des Gesetzes verursacht begriffliche Schwierigkeiten, scheint nach einem doppelten, einerseits eher politischen und zum anderen einem spezifisch rechtlichen Begriff des Gesetzes zu verlangen. Hier beschränken wir uns auf den Aspekt der Setzung allgemeiner Regeln im Gegensatz zur Findung des Rechts für den Einzelfall. Kelsen wollte zwischen beiden Formen der Rechtsproduktion, wie erinnerlich (vorne § 2 III), keine wesentlichen Unterschiede erkennen. Nun steht allerdings das rechtsschöpferische Moment auch in jeder gerichtlichen Einzelfallentscheidung längst außer Frage. Den Vergleich darauf verkürzen kann indes nur eine formale, an inhaltlichen Fragen, Kontexten, sozialen Funktionen und insbesondere an Begründungsproblemen uninteressierte Theorie.

Zunächst: Gesetze werden zum geringsten Teil als *Software* für den Justizapparat produziert. Unter dem Aspekt eines konkreten Rechtsstreits betrachtet, stecken sie folglich allemal voller Mängel. Nicht nur der Richter „Herkules" – jeder Jura-Student weiß ein Lied davon zu singen. Nein, Gesetze definieren und sanktionieren zunächst einmal soziale Normalität. Sie wollen – wenn auch meist aus der Erfahrung von Konflikten heraus – Lebensverhältnisse ordnen und gestalten, soziale Prozesse steuern, Auseinandersetzungen vor-

[36] Hierzu u. zum Folg. H. Hofmann, Das Postulat der Allgemeinheit des Gesetzes, in: ders., Verfassungsrechtliche Perspektiven, 1995, S. 260 ff.; ders., Das Recht des Rechts (N 22), S. 40 ff.

beugen.[37] Im Vordergrund stehen deshalb der sachliche Regelungszweck und die Instrumente zu seiner Verwirklichung. Rechtsfragen sind bei der Gesetzgebung ganz anders als beim richterlichen Urteil gewöhnlich bloß Vorfragen – nach der Verfassungsmäßigkeit etwa oder nach der Systemkonformität –, aber nicht der eigentliche Regelungsgegenstand. Im offenen Horizont der Zukunft, nicht auf das Vorgefallene fixiert, muss der Gesetzgeber auch die realen Folgen seiner Regelung abzuschätzen suchen und sie bewerten. Ob dies auch der Richter bei seiner Entscheidungsfindung tun muss oder im Hinblick auf seine Bindung an Gesetz und Recht überhaupt tun darf, ist sehr zweifelhaft und umstritten. Aber wie man das auch sehen mag: Er *kann* es jedenfalls faktisch nicht im Entferntesten so wie ein Parlament, dem dafür mehr Erkenntnismöglichkeiten und -verfahren zur Verfügung stehen, als sie ein Gerichtsprozess bietet und zu bieten vermag. Aus Notwendigkeit und Legitimität legislativer Folgenkalkulation ergibt sich zudem bei Unsicherheit die Möglichkeit experimenteller Gesetzgebung und der Gesetzgebung auf Zeit.[38] Solche Zeitgesetze finden sich v. a. im Wirtschaftsrecht. Von den Experimentierklauseln sind die aus dem Hochschulrecht über den Kreis der Juristen hinaus bekannt geworden. Nichts hat man indes je davon gehört, dass ein gerichtliches Urteil zum Zwecke späterer Richtigkeitsüberprüfung auf Zeit oder versuchsweise erlassen worden wäre. Bei der strafgerichtlichen Verurteilung auf Bewährung muss der Verurteilte sich bewähren, nicht das Urteil. Von verfassungsrechtlichen Ausnahmefällen abgesehen, unterliegen die Parlamentarier – anders als die Richter, die unter dem Verbot der Rechtsverweigerung stehen – auch keinem Entscheidungszwang. Hier regiert fast uneingeschränkt die politische Opportunität. Es ist grundsätzlich allein Sache des Parlaments, welche Fragen es wann und in welchem Umfang aufgreift. Selbst sachlich dringliche Projekte können einem politischen Kalkül aufgeopfert werden. Zudem sind politische Kompromisse geradezu das „Markenzeichen" demokratischer Gesetzgebung. Wo eine gerichtliche Entscheidung etwas Derartiges erkennen lässt, bringt sie sich um ihre Glaubwürdigkeit.

[37] Zu den Funktionen des Rechts im Allg. u. des Gesetzesrechts im Bes. Raiser (N 19), S. 210 ff., 266 ff., 309 f.

[38] Dazu H.-D. Horn, Experimentelle Gesetzgebung unter dem Grundgesetz, 1989; H. Schulze-Fielitz, Zeitoffene Gesetzgebung, in: Innovation und Flexibilität des Verwaltungshandelns, hg. v. W. Hoffmann-Riem u. E. Schmidt-Aßmann, 1994, S. 139 (151 ff.).

Das Urteil des Bundesverfassungsgerichts über die Verfassungsmäßigkeit des Grundlagenvertrages zwischen der Bundesrepublik und der DDR aus dem Jahre 1973 (E 36, 1), das im Entscheidungssatz („Tenor“) der Regierung und in der Begründung der Opposition Recht gab, ist ein – zum Glück seltenes – Beispiel dafür. Bei der gerichtlichen Entscheidung steht eben die Frage der Rechtsrichtigkeit im Vordergrund. Dass und warum das Urteil für die streitenden Parteien verbindlich ist, wird dagegen nicht diskutiert. Umgekehrt ist die Frage nach der Rechtsrichtigkeit des Parlamentsgesetzes eher der Grenzfall. Im Allgemeinen bleibt sie schon wegen der beständigen Möglichkeit der Gesetzesänderung in der Schwebe. Folgt man dem Rousseau'schen Dogma vom Gesetz als dem souveränen Willen der Nation, dann wäre sie sogar schlechthin gegenstandslos. Aber wieso ein ja nie von allen beschlossenes und noch weniger von allen gebilligtes Gesetz dann doch für alle verbindlich sein soll, beschäftigt die Rechtsphilosophie als Staatsphilosophie seit Beginn der Neuzeit.

Zweites Kapitel
Materielle Grundbegriffe der Rechtsphilosophie: Objektive rechtsethische Prinzipien

§ 7 Richtigkeit des Rechts: Grundsätze der Rechtsethik

I. Gerechtigkeit, Gleichheit, Freiheit und personale Würde

Wenn Kants „allgemeines Kriterium" der Unterscheidung von Recht und Unrecht so etwas wie die Wahrheit des Rechts ausmacht, dann kann es, wie schon erwähnt, kein höchster und damit leerer Allgemeinbegriff von Recht sein. Konkret liegt diese „Wahrheit" vielmehr in den Grundsätzen, die – zumindest für den jeweiligen Kulturkreis – bestimmen, welchen Inhalt das Recht hauptsächlich haben soll. Die Frage, was das Recht an sich „eigentlich" ist, wird damit zwar nicht beantwortet. Aber das ist kein Grund zu philosophischer Beunruhigung. Auch Algebra und Geometrie, Biologie und Medizin, Chemie und Physik lehren nicht, was Zahl und Raum, Leben und Gesundheit, Elemente, Materie und Energie „eigentlich" sind. Würde man mit einem Begriff vor dessen vollständiger Definition gar nichts anfangen können, „so würde es gar schlecht mit allem Philosophieren stehen". Da jedoch schon Begriffselemente als solche eine gewisse Tragweite haben, so können auch „Sätze, die eigentlich noch nicht Definitionen, aber übrigens wahr und also Annäherungen zu ihnen sind, sehr nützlich gebraucht werden".[39] Betrachtet man jene Leitgedanken des Rechts nun zwar im Wissen um die Möglichkeit und Wirklichkeit ihrer verfassungsgesetzlichen Positivierungen, aber doch unabhängig davon als deren normative Muster, die folglich auch dann bestehen würden, wenn es – *horribile dictu* – den liberaldemokratischen Verfassungsstaat nicht gäbe, so haben wir es mit dem zu tun, was Kant als natürlich-moralisch-juridische Gesetze bezeichnete (§ 2 II), in unserer heutigen Ausdrucksweise: mit moralischen oder sittlichen Grundsätzen. Folgen wir weiter jener Termi-

[39] Kant, Kritik der reinen Vernunft (Transzendentale Methodenlehre I 1) = AA III 479 Fn.

nologie, wonach die rationale methodische Reflexion der Moral „Ethik“ genannt wird, betreten wir hier den Bereich der Rechtsethik. Sie nennt man

„das Herzstück einer materialen, d. h. sachhaltigen, auf die Erkenntnis von Sinn- und Werthaftigkeit ausgerichteten Rechtsphilosophie, die sittliche Maßstäbe für das Recht und seine Normen anerkennt. Als notwendig normative Theorie bildet sie einen Widerpart gegen Formalismus und Positivismus sowie gegen die Reduktion auf eine bloß funktionale oder soziologische Betrachtungsweise.“[40]

Und welches sind die Prinzipien des richtigen Rechts, die „nähere(n) inhaltliche(n) Bestimmungen der Rechtsidee im Hinblick auf mögliche Regelungen“[41]? Kants Einleitungstext mochte den Eindruck erwecken, als liefe er mit der Frage nach dem, was recht ist, auf den Leitgedanken der Gerechtigkeit als Inbegriff des Rechten hinaus. Tatsächlich hat dieser Gedanke ja über Jahrhunderte die Philosophie des Rechts maßgeblich bestimmt. Heißt doch die Instanz, die über Recht und Unrecht verbindlich entscheidet, nicht zufällig „Justiz“. Das Recht *(ius)* habe, lehrte der spätklassische römische Jurist Ulpian, seinen Namen von der Gerechtigkeit *(iustitia)*. Und die mittelalterliche Glosse setzte hinzu, die Gerechtigkeit als Mutter des Rechts sei älter als dieses. Die Idee der Gerechtigkeit *(dikaiosýne)*, d. h. das jenseitig-ewige Urbild aller ihrer irdischen Abbilder und schattenhaften Nachahmungen, steht im Zentrum der Lehre vom wahren und richtigen Staat bei Platon (dazu § 17). In seiner praktischen Philosophie hat Aristoteles (dazu § 19) die klassische Phänomenologie der Gerechtigkeit als sozialer Tugend wie als Prinzip der Rechtsbeziehungen im Gemeinwesen geliefert und Gerechtigkeit in folgenreicher Weise als Gleichbehandlung bestimmt. Mit größter Breiten- und Tiefenwirkung sind die Thesen vom Recht als Gegenstand der Gerechtigkeit und vom Gemeinwohlbezug der Gesetzes-Gerechtigkeit im 13. Jh. bei Thomas von Aquin (dazu § 18 II) in dessen umfassendem theologischen Lehrbuch *(Summe)* detailliert behandelt. Und in jüngster Zeit war es ein Werk über Gerechtigkeit, das die rechtsphilosophische Diskussion wie kaum ein anderes international belebt hat: John Rawls' *A Theory of Justice* (dazu § 33).

Entgegen jener ersten Vermutung spricht Kant von Gerechtigkeit jedoch nur beiläufig. Gerechtigkeit steht bei ihm hauptsächlich für

[40] A. Hollerbach, Art. Rechtsethik, in: Staatslexikon der Görres-Gesellschaft IV, [7]1988, S. 692.

[41] K. Larenz, Richtiges Recht. Grundzüge einer Rechtsethik, 1979, S. 29.

das staatliche Gericht wie für die „Idee der richterlichen Gewalt", und zwar namentlich dort, wo es um die Strafgewalt geht, die menschliche und die göttliche. Dieser Kontext ist charakteristisch: Er bezeichnet ein Herrschaftsverhältnis. Gerechtigkeit fungiert darin als sekundärer Begriff eines Maßes für die Ausübung von Hoheitsgewalt. Kants Zentralbegriff aber ist ein anderer. Er heißt *Freiheit*. Über die revolutionären Rechteerklärungen in Nordamerika und Frankreich hinaus und hinweg verkündet der Königsberger: „Das angeborene Recht ist nur ein einziges. Freiheit" (MdS AA VI 237). Sie kommt danach allen in gleicher Weise zu. Als „allgemeines Prinzip des Rechts" (ebd. 230f.) erscheint folglich die Organisation der Freiheit unter dem Gesetz der Gleichheit aller. Freiheit vornehmlich im Sinne der personalen Würde des Menschen bleibt das Hauptstichwort des Deutschen Idealismus in J. G. Fichtes (1762–1814) aktivistischer Rechts- und Staatslehre, in F. W. Schellings (1775–1854) organischer Staatsphilosophie und in der Rechtsphilosophie Hegels als einer Geschichtsphilosophie der Freiheit (dazu § 28). Noch das *Kommunistische Manifest* des jungen Marx verheißt 1848 nicht soziale Gerechtigkeit, sondern Freiheit. In unterschiedlicher Weise hatte der Freiheitsgedanke systembildend auch schon die Rechts- und Staatsphilosophie der Vorläufer geprägt: diejenige John Lockes, der mit der Rechtfertigung der *Glorious Revolution* von 1689 die theoretischen Fundamente des Verfassungsstaates gelegt (dazu § 26 II), und die von Jean-Jacques Rousseau, der in seinem *Gesellschaftsvertrag* (1762) den demokratischen Freiheitsgedanken inauguriert hat (dazu § 26 III).

II. Frieden, Sicherheit, Verlässlichkeit der Verhältnisse

Eine weitere Richtung des Rechten hatte sich bei Thomasius (§ 1 II) angedeutet: Sicherheit und Frieden. Auch damit wird ein altes Thema angeschlagen: *pax et iustitia*.[42] Das Bonner Grundgesetz nimmt es in seinem ersten Artikel auf, wenn es sich zu Menschenrechten als „Grundlage ... des Friedens und der Gerechtigkeit in der Welt" bekennt. Im Kampf zwischen Kaiser, den oberitalienischen Städten und dem Papst hatte schon der Paduaner Arzt Marsilius (etwa 1275/80–1342) seine der *Politik* des Aristoteles folgende

[42] Dazu u. zum Folg. H. Hofmann, Bilder des Friedens oder Die vergessene Gerechtigkeit, Privatdruck der Siemens Stiftung München, ²2008.

Lehre von Städten und Reichen und der auf das Gerechte ausgerichteten Gesetzgebung der souveränen Bürgerschaften ganz unter den Leitgedanken des Friedens gestellt. So beschwor er die Kaisermacht nicht als Hüter der Gerechtigkeit, sondern als Verteidiger des Friedens und nannte sein Werk deshalb: *Defensor pacis* (1324). Die Auseinandersetzungen jener Epoche zerrissen im Parteienkampf der Ghibellinen und Guelfen auch die Bürgerschaften der Städte. Nicht von ungefähr rückt die berühmte Allegorie der „Guten Regierung" von Ambrogio Lorenzetti im Rathaus der Stadtrepublik Siena (1337–40) den Frieden ins Zentrum. In der Haltung eines antiken Bildwerks thront die *Pax* über der durch Gerechtigkeitsstreben geeinten Bürgerschaft und verheißt detailfreudig ausgemalten Wohlstand in Stadt und Land. Frieden, Ruhe und Sicherheit verspricht vor dem Hintergrund der konfessionellen Bürgerkriege in Europa auch das Titelkupfer der großen Staatsphilosophie von Thomas Hobbes (dazu § 24): *Leviathan, or the Matter, Form, and Power of a Commonwealth* (1651). In die Augen springen freilich auch gleich die Differenzen: die Stelle der antiken und der christlichen Tugenden haben weltliche und geistliche Herrschaftszeichen eingenommen, von der Allegorie der Gerechtigkeit ist nur das Schwert übrig geblieben. Um der Sicherheit durch Recht willen hat Kant übrigens nicht weniger entschieden als Hobbes jedes Widerstandsrecht gegen den Herrscher verneint (MdS AA VI 318 ff.), ja sogar als „praktisches Vernunftprinzip" behauptet, dass man der jeweiligen gesetzgebenden Gewalt gehorchen solle, „ihr Ursprung mag sein, welcher er wolle".

Mit zu den Leitideen des Friedens und der Freiheit von chaotischer Gewalt durch deren herrscherliche Monopolisierung gehört der Gedanke der Verlässlichkeit, der Erwartungssicherheit in den durch Recht geordneten sozialen Beziehungen.[43] Nicht zufällig hat kein anderer Grundsatz aus dem monumentalen Werk, das den Beginn der neuzeitlichen Rechtslehre markiert, eine solche Karriere gemacht wie der der Vertragstreue: In der Form *Pacta sunt servanda* ist des Hugo Grotius' (1583–1645) *stare pactis* aus dem Klassiker *Vom Recht des Krieges und des Friedens* (*De jure belli ac pacis*, 1625) weltweit als Rechtsprinzip für alle Rechtsgebiete anerkannt. Es beleuchtet zugleich die zentrale Bedeutung, die der unter Gleichen frei geschlossene, rechtsschöpferische Vertrag der grotianischen Rechtslehre für die bürgerliche Gesellschaft hat. Den Zweck der Gesell-

[43] Dazu N. Luhmann, Rechtssoziologie, ³1987, S. 114 f., u. G. Dux (N 21), S. 32 ff.

schaft sah Grotius darin, „jedem das Seine unverletzt zu erhalten". Und die je eigenen Güter sind: Leben *(vita),* die Glieder *(membra),* die Freiheit *(libertas)* und – wenn es denn durch Vertrag begründet und zugeteilt ist – das Eigentum *(dominium)* (I 2, 1 § 5). Weltgeschichtliche Bedeutung hat dieser Gedanke allerdings erst in der Gestalt gewonnen, die der schon erwähnte John Locke ihm am Ende dieses 17. Jh. (vorne § 7 u. später § 27 II) gegeben hat. *Life, liberty, property* war die Erfolgsformel seiner politischen Philosophie. Dabei steht *property* keineswegs nur und nicht einmal in erster Linie für das Sacheigentum. Vielmehr ist damit das ursprüngliche Recht eines jeden gemeint, sein eigener Herr zu sein und über sich, seine Kräfte, die ihm erreichbaren natürlichen Ressourcen und die Produkte seiner Arbeit selbst zu verfügen. Daraus folgt dann das Recht aller, eine neue Regierung einzurichten, wenn die alte die Zwecke des Gesellschaftsvertrages nicht erfüllt. Die amerikanischen Revolutionäre hatten diese Lektion gelernt. So beginnt die amerikanische Unabhängigkeitserklärung von 1776 mit den von Locke gelehrten Wahrheiten, wobei Jefferson *property* durch *pursuit of happiness*, das Streben nach Glück, ersetzt hat:

> „Folgende Wahrheiten erachten wir als selbstverständlich: dass alle Menschen gleich geschaffen sind; dass sie von ihrem Schöpfer mit gewissen unveräußerlichen Rechten ausgestattet sind; dass dazu Leben, Freiheit und das Streben nach Glück gehören; dass zur Sicherung dieser Rechte Regierungen unter den Menschen eingesetzt werden, die ihre rechtmäßige Macht aus der Zustimmung der Regierten herleiten, dass, wenn immer irgendeine Regierungsform sich als diesen Zielen abträglich erweist, es Recht des Volkes ist, sie zu ändern oder abzuschaffen und eine neue Regierung einzusetzen und diese auf solchen Grundsätzen aufzubauen und ihre Gewalten in der Form zu organisieren, wie es ihm zur Gewährleistung seiner Sicherheit und seines Glückes geboten zu sein scheint."

Vollständig sind die zentralen Schlagworte der neuen Zeit im ersten Abschnitt der *Virginia bill of rights* aus demselben Jahr des Anfangs der amerikanischen Revolution ganz knapp zusammengefaßt: gleiche Freiheit und angeborene Rechte aller, nämlich Leben, Freiheit, Eigentum, Glücksstreben und Sicherheit.

III. Menschenrechtserklärungen

Solche Grundrechtserklärungen waren der Form nach nichts Neues in der englischen Verfassungsgeschichte. Inhaltlich haben wir es hier jedoch mit dem Prototyp einer epochalen Umwälzung zu tun. Und das gleich in vierfacher Hinsicht: An die Stelle von Geburtsrechten englischer Untertanen tritt ein Katalog von Menschenrechten mit universellem Geltungsanspruch. Statt in der herkömmlichen Weise typischen Übergriffen der königlichen Gewalt wie willkürlichen Verhaftungen und ungesetzlichen Besteuerungen zu wehren, reklamieren diese Menschenrechte – zweitens – *allseitigen* Schutz individueller Selbstbestimmung. Hauptangriffspunkt ist also weniger konkretes Unrecht als die Verneinung jeder Art von ursprünglicher Abhängigkeit und Unterordnung. Mit diesem gegen alle Autokratien, Hierarchien und Heteronomien gerichteten individuellen Autonomieanspruch setzt dieses Rechtsdokument zum Dritten allen Herrschaftsgewalten nicht nur Schranken, wie das die englische *Bill of Rights* der „Glorreichen Revolution" von 1689 beispielhaft getan hatte, sondern es stellt die politische Herrschaft überhaupt zur Disposition. Und zwar – das ist der vierte Punkt – im Prinzip zur Disposition einer egalitären bürgerlichen Gesellschaft. Weit weniger traditionalistisch in Form und Geste, überhaupt nicht mehr religiös durchstimmt und jeder Inspiration durch reformiertes Gemeindeleben bar, haben wenig später die Franzosen mit stärkerer Betonung des Gleichheitsgedankens gegen die alteuropäische Privilegiengesellschaft ihr revolutionäres Bekenntnis zu Freiheit, Gleichheit und Brüderlichkeit abgelegt. Ausgeformt ist es in der berühmten *Erklärung der Rechte des Menschen und des Bürgers* von 1789. Über diese stärker philosophisch geprägte und nicht nur staatsrechtlich, sondern zugleich sozial und ideell revolutionäre *Déclaration* hat Hegel in seiner *Philosophie der Weltgeschichte* 30 Jahre später gesagt, „daß der Mensch" mit ihr „sich auf den Kopf, d. i. auf den Gedanken (ge)stellt und die Wirklichkeit nach diesem erbaut (habe)" (Werke stw 12, 529).

Als Prinzipien dieser neuen politischen Architektur, als „basis and foundation of government", wie man in Virginia formulierte, gehen jene Menschenrechtserklärungen von ihrem revolutionären Ursprung her über den Schutz privater Freiräume hinaus. Die Richtigkeit des Rechts an diesen Prinzipien messen heißt daher, eine zweidimensionale Frage stellen. Geht es in dieser Perspektive doch nicht mehr nur horizontal um die Rechtsbeziehungen zwischen den Individuen, sondern gewissermaßen auch vertikal um die richtige Organisation staatlicher Rechtserzeugung. War das Naturrecht von Thomasius noch eine Philosophie der natürlichen Pflichten und Rechte des Einzelnen (vorne § 1 II), so gab Kant im zweiten Teil seiner *Metaphysischen Anfangsgründe der Rechtslehre* (vorne § 1 I) in der konsequenten Entwicklung seiner Freiheitsphilosophie ganz selbstverständlich auch einen metaphysischen Entwurf der Staatslehre (dazu später § 26 VI). Und Hegel verstand seine *Grundlinien der Philosophie des Rechts* (1821) schon ausweislich des Titelblatts als einen Grundriss von „Naturrecht und Staatswissenschaft". Die Rechtsphilosophie des 19. Jh. hat im Neukantianismus ihre im Sinne einer Prinzipienlehre unverzichtbare politische Dimension der Staatsorganisation allerdings wieder verloren. In dem wissenschaftsgeschichtlich signifikanten Werk des Neukantianers Rudolf Stammler (1856–1938) *Die Lehre von dem richtigen Rechte* (zuerst 1902; dazu vorne § 5 III) ist von Staat und Verfassung keine Rede mehr. Dafür hat sich seither die Dogmatik des Staatsrechts, und besonders des Verfassungsrechts, nach Aufnahme der Tradition der Allgemeinen Staatslehre zumal in den vier Jahrzehnten unter dem Grundgesetz überaus reich entfaltet. Dass das Bundesverfassungsgericht mit seinen umfassenden Zuständigkeiten dabei als Katalysator gewirkt hat, liegt auf der Hand. J. Habermas' jüngstes rechtsphilosophisches Hauptwerk *Faktizität und Geltung* (^{1}1992) zeigt etwas von der Schwierigkeit, die Komplexität des Gegenstandes von fachphilosophischer Seite her zurückzugewinnen.

§ 8 Die verfassungsgesetzliche Positivierung rechtsethischer Grundsätze

Die revolutionären Menschenrechtserklärungen des ausgehenden 18. Jh. waren ganz außerordentlich erfolgreich. Verbunden mit staatsorganisatorischen Bestimmungen nach Maßgabe des Gewaltenteilungsgrundsatzes (dazu später § 27 II) haben sie den Typus der freiheitlichen Verfassung und damit das Vorbild aller verfassungsstaatlichen Entwicklungen geprägt. Über die Ebene nationalstaatlicher Ordnung hinaus haben die meisten Staaten der Erde als Mitglieder der Vereinten Nationen zu den menschenrechtlichen Grundsätzen in der UN-Charta zumindest ein Lippenbekenntnis abgelegt. Die beiden Weltpakte von 1966 über bürgerliche und politische sowie über wirtschaftliche, soziale und kulturelle Rechte sind inzwischen – wenn auch nicht allenthalben umgesetzt und realisiert – doch immerhin von fast zwei Dritteln der Staatenwelt wenigstens ratifiziert, d. h. als verbindliches Völkerrecht anerkannt worden.

Wo immer die Staaten jene Menschenrechte aber zum eigenen, innerstaatlichen Recht machen, zeitigt diese Positivierung eine Reihe meist übersehener Paradoxien, d. h. weder hintergehbarer noch auflösbarer und insofern geradezu konstitutiver Widersprüche, die das früher in § 4 II behandelte Verhältnis von Recht und Moral komplizieren: Der menschenrechtlich fundierte Rechtsstaat garantiert die Autonomie des Individuums als etwas Vorstaatlich-Natürliches. Deren Möglichkeitsbedingungen sind indes nur kollektiv und nur durch positives Recht zu realisieren. Das rückt als zentrales Instrument der Vermittlung zwischen den koexistierenden Freiheiten der Individuen das allgemeine Gesetz in den Mittelpunkt und bringt den Repräsentativcharakter moderner Staatlichkeit hervor. Knapp und klar ist dieser Zusammenhang schon in Kants Rechtsphilosophie formuliert. Die „einzige rechtmäßige" und damit wegen der Unwiderstehlichkeit des Vernunftrechts der Freiheit „einzige bleibende Staatsverfassung" der „reinen Republik" sei die, welche „allein die Freiheit zum Prinzip, ja zur Bedingung allen Zwanges" habe, insofern hier das Gesetz und nicht irgendeine Person herrsche. Solch „wahre Republik aber ist und kann nichts anderes sein als ein *repräsentatives System* des Volkes, um im Namen desselben, durch alle Staatsbürger vereinigt, vermittelst ihrer Abgeordneten ... ihre Rechte zu besorgen" (MdS AA VI 341). Kant war überzeugt, dass das richtige Recht auf diesem Wege unaufhaltsam zur Positivität dränge, die so fast hegelisch als Vollendung der Richtigkeit des nicht-positiven Rechts erscheint. Gustav Radbruch hat den Gedanken in seiner *Rechtsphilosophie* (^{1}1914, ^{6}1963, 169) so ausgedrückt, dass es „ebensosehr zum Begriffe des richtigen Rechts (gehört), positiv zu sein, wie es Aufgabe des positiven Rechts ist, inhaltlich richtig zu sein".

Eine weitere Paradoxie steckt in der Vorstellung einer einzigen rechtmäßigen Verfassung aus der Vernunftnatur des Menschen für die von Natur aus so unterschiedlichen Völker: Auch mit ihr hat sich Kant beschäftigt und sie in seinem Traktat *Zum ewigen Frieden* zu lösen versucht.[44] In einer allgemeineren, über Kant hinausgehenden Formulierung handelt es sich darum, dass die in der geistigen Kosmopolis der Stoiker seit zwei Jahrtausenden gedachten (dazu § 18 I) und in den aufklärerischen Menschenrechtserklärungen mit universellem Geltungsanspruch verkündeten Grundrechte der Menschen im Pluralismus der Staatenwelt nur partikulär durch Nationalstaaten positiviert und realisiert werden können. Womit sie selbst zu einem Legitimationsfaktor und integrierenden Moment politischer Partikularität und je besonderer, geschichtlich konkreter politischer Iden-

[44] Dazu Hofmann, Bilder des Friedens (N 42), S. 65 ff.

tität werden. Insofern markieren nationalstaatliche Konstitutionalisierungen von Menschenrechten nicht nur weltoffene Anfänge, sondern als Teile von Staatsgründungsakten mit der unumgänglichen Unterscheidung derer, die dem Staat angehören, und derer, die ihm nicht angehören, zugleich Ab- und Ausschlüsse. Umgekehrt nötigt dies im Innern zu einer weitgehenden Behauptung von Gleichheit. Sie bedeutet aber nicht nur Negation ständischer und sozialer Unterschiede, sondern wendet sich auch gegen ethnische und kulturelle Tendenzen der Besonderung. Daraus resultieren Anpassungsdruck und Ausgrenzungserscheinungen. Minderheiten bekommen das allemal zu spüren. Die rechtsethischen Prinzipien der allgemeinen Menschenrechtserklärungen, nämlich individuelle Freiheit und Gleichheit aller, wären m. a. W. ohne vorherige Homogenisierung der Menschheit zu einer egalitären, gleichartigen Weltbürgergesellschaft noch nicht einmal in einem allumfassenden Weltstaat bruchlos und ohne Restprobleme realisierbar.

Ein Rest bleibt auch in anderer Hinsicht. Unter der seit der Trennung von Recht und Moral selbstverständlichen Voraussetzung, dass die „Richtigkeit" praktischer Regeln und Prinzipien nicht gleichbedeutend mit deren Geltung ist, bedürfen auch die „richtigen" rechtsethischen Grundsätze zu ihrer Geltung im Sinne verlässlicher sozialer Wirksamkeit rechtstechnischer Umsetzung und staatlicher Sanktion. Bloße Deklarationen reichen dafür kaum. Im französischen Verfassungsrecht etwa folgte daraus eine anhaltende Unsicherheit über den rechtlichen Status der berühmten Menschen- und Bürgerrechtserklärung von 1789. Bloße staatliche Bekenntnisse zu überpositivem Recht sind als solche eben weniger als positives Recht und zugleich doch mehr als dieses. Sie übersteigen das positive Recht und gehen darin selbst dort nicht auf, wo an der unmittelbaren Wirksamkeit der verfassungsgesetzlich positivierten Menschenrechte – wie im Geltungsbereich des deutschen Grundgesetzes – kein Zweifel ist. Anderenfalls müsste man folgern, dass der Vorgang staatlicher Positivierung die Menschenrechte in die Disposition des verfassunggebenden, insbesondere in die des verfassungsändernden Gesetzgebers stellte. Das aber widerspräche dem Charakter jener Prinzipien – ganz unabhängig davon, ob die Verfassung sie (wie das Grundgesetz in Art. 79 Abs. 3) mit einer „Ewigkeitsgarantie" gegen legale Veränderungen ausgestattet hat oder nicht. „Richtige" Grundsätze verlieren durch staatliche Anerkennung in der einen oder anderen rechtlichen Form nicht ihren logischen Status und behalten damit ihren rechtsethischen Kontext. Folglich werden sie durch Positivierung –

ob in „einfachen“ Gesetzen oder in der Verfassung – auch nicht zu Rechtswerten unter anderen, die im Einzelfall durch Abwägung jederzeit mit allen anderen verrechnet werden könnten. Die Rechtsethik ist keine Art von divinem antiken Gesetzgeber, der nach eingerichteter Verfassung verschwindet und nichts zurücklässt als pures positives Recht, das einfach als solches festzuhalten wäre.

Hier hat die besprochene Trennung von Recht und Moral mithin ihren nicht über- oder hintergehbaren Kontrapunkt. Die durch jene Trennung bewirkte Beschränkung des Rechts, dessen Reduzierung auf die formale Garantie einer Sphäre individueller Freiheit und moralischer Selbstbestimmung ist nämlich selbst Frucht einer bestimmten Rechtsethik. Also nicht Amoralität des Rechts, sondern der rechtsethische Gehalt jener menschenrechtlichen Prinzipien trägt die beifallswürdige Forderung, „das Recht in einer Art zu handhaben, daß es gleichermaßen für die Angehörigen verschiedener Weltanschauungsgemeinschaften Geltung beanspruchen kann“[45]. Deshalb ist es wenig sinnvoll, diese Entgrenzung des positiven Rechtssystems durch den rechtsethischen Ausgriff der Verfassung einfach zu übergehen, statt sie in einer fortdauernden Anstrengung juristisch-rechtsphilosophisch zu reflektieren. Notwendig ist dies freilich auch und besonders deswegen, weil jene universellen menschenrechtlichen Grundsätze bei der verfassungsrechtlichen Umsetzung eben allemal in die Gründung partikulärer Rechtsgemeinschaften eingehen und sich so unvermeidlich mit je besonderen ethischen und rechtlichen Traditionen verbinden.

§ 9 Objektive Begründung des Rechts und seiner rechtsethischen Prinzipien

„Begründung des Rechts“ kann zunächst eine kausalwissenschaftlich-genetische, historisch-soziologische Erklärung meinen. Versteht man darunter andererseits die normative Rechtfertigung der objektiven Maßgeblichkeit und der subjektiven Verbindlichkeit des Rechts im Sinne einer über allen äußeren Druck hinausgehenden inneren Nötigung zur Befolgung, dann scheint die Frage nach der Fundierung dieses normativen Anspruchs mit dem Rückgang auf rechtsethische Prinzipien des Richtigen und deren jedermann überzeugenden Vernunftgehalt beantwortet. Aber diese Auffassung ist

[45] St. Smid, Einführung in die Philosophie des Rechts, 1991, S. 60.

nicht allgemein. Bisweilen wird der Individualismus der Menschenrechte von Vertretern der Dritten Welt nicht nur aus bösen politischen Absichten als typisches Produkt der westlichen Zivilisation dargestellt, ihr universeller Geltungsanspruch als Euro- oder Ethnozentrismus, wenn nicht gar als Kulturimperialismus zurückgewiesen. Diese Behauptung kultureller Relativität unserer allgemeinen rechtsethischen Prinzipien tastet die europäisch-nordatlantische Selbstgewissheit an und wirft die Frage der Begründung ihrer Prinzipien neu auf. Die historisch zugrunde liegenden aufklärerischen Behauptungen über die Vernunftnatur des Menschen einschließlich seiner Sozialität tragen als wirklich oder vermeintlich empirische Aussagen natürlich keine normativen Schlussfolgerungen. Die Vermeidung solcher „naturalistischen Fehlschlüsse" (vorne § 2 I), und d . h.: die Suche nach strikt normativer Begründung für unsere überpositiven Richtigkeitskriterien des Rechts, führt in ein scheinbar ausweglose Trilemma: Entweder man gerät mit der Frage nach der Norm hinter der Norm in einen unendlichen („infiniten") Regress oder – zweitens – in einen logischen Zirkel, indem man zur Begründung Behauptungen verwendet, die ihrerseits begründungsbedürftig wären, wenn man es nicht – drittens – vorzieht, den Beweisgang irgendwo willkürlich abzubrechen.[46]

Die Verlegenheit, nicht mehr umstandslos aus vordem unbezweifelten Prinzipien deduzieren zu können, ist allerdings keine ganz neue Erfahrung. In der durch die Glaubensspaltung zerrissenen und von deren verheerenden politischen Folgen zutiefst erschütterten europäischen Welt des 30-jährigen Krieges suchte Grotius in rechtsgrundsätzlichen Übereinstimmungen eine neue gemeineuropäische Grundlage allen Rechts. Dazu zog er in seinem monumentalen Werk, von dem in § 7 II bereits die Rede war, vornehmlich das römische Recht und das Alte Testament, daneben das Neue Testament und das kanonische Recht heran, berücksichtigte in großem Umfang jedoch „auch die Aussprüche der Philosophen, Geschichtsschreiber, Dichter, ja selbst der Redner …, … weil, wenn viele aus verschiedenen Zeiten und allen Orten dasselbe als gewiß behaupten, dies auf einen allgemeingültigen Grund … hinweist". Und der sei: „die richtige Schlußfolgerung …, wie sie sich aus der Natur der Sache … ergibt, oder die allgemeine Übereinstimmung … Jener Grund gehört zum Naturrecht, dieser zum Völkerrecht" (Prol. 40). Der Terminus „Völkerrecht" bezeichnet hier im Unterschied zum heutigen Sprachgebrauch nicht

[46] H. Albert, Traktat über kritische Vernunft, ^{5}1991, S. 13.

exklusiv das zwischenstaatliche, sondern im traditionellen Sinn das bei allen Völkern gleichermaßen geltende und daher auch für den zwischenstaatlichen Bereich maßgebliche Recht. Es beruht nach Grotius auf dem Willen aller oder doch wenigstens vieler Völker (I 1, 14 § 1), während das Naturrecht noch ganz im Sinne der antiken philosophischen Schule der Stoa (später § 18 I) als Gebot der Vernunft gemäß der als vernünftig vorausgesetzten Natur verstanden wird (I 1, 10 § 1). Trotz dieser traditionellen Prägung zeigt diese erste Rechtstheorie der Neuzeit die maßgebliche Weichenstellung für die Zukunft: denn „alles, was sich aus bestimmten Grundsätzen durch sichere Schlußfolgerungen" der Vernunft aus ihr „nicht ableiten läßt und doch überall befolgt wird, hat offenbar seinen Ursprung in dem freien Willen". Und der wirkt in besonderer Weise rechtsschöpferisch im und durch den Vertrag, der als gängigster Weg der Selbstverpflichtung und damit als „natürliche Quelle" namentlich des ganzen bürgerlichen Rechts erscheint (Prol. 15).

Normative Ableitungen aus einer noch so weitgehenden Übereinstimmung als einem objektiven Faktum kommen nach der Erkenntniskritik Kants jedoch ebenso wenig mehr in Betracht wie entsprechende Deduktionen aus der angeblich immanenten Vernunft der Verhältnisse oder der physischen Natur des Menschen. Dass Kant selbst seine Reflexion auf die Möglichkeitsbedingungen der Begründung eines Fundamentalprinzips der Ethik (seine „transzendentale" Reflexion) mit der Behauptung der Gewissheit des Sittengesetzes als eines „Faktums der Vernunft", nämlich einer tatsächlich unwiderstehlichen Gewissensregung abgebrochen hat, steht auf einem anderen Blatt. Grotius aber hatte faktischen Konsens keineswegs nur als Beweis einer vorgegebenen Vernunftwahrheit genommen, sondern ihn daneben und im Zweifel überhaupt als Ausdruck der rechtsschöpferischen Kraft des freien menschlichen Willens hervorgehoben (auch wenn solche Willensäußerungen nur indirekt aus mehr oder weniger repräsentativen Spiegelungen erschlossen sind). Je mehr die Zweifel an objektiven normativen Begründungen wuchsen, desto größere Bedeutung gewann demgemäß das Argument der freien subjektiven Selbstverpflichtung aus Selbstbestimmung. Konsens wurde nun als Ausdruck eines gemeinsamen Willens zu einem ganz neuen, formalen Richtigkeitskriterium. Der Schwerpunkt rechtsphilosophischer Reflexion verschiebt sich damit aus dem Bereich materieller objektiver Normativität auf das Feld formaler Begründung von Verbindlichkeit aus subjektivem Einverständnis und der Geltung kraft allgemeiner Anerkennung.

Drittes Kapitel
Formelle Grundbegriffe der Rechtsphilosophie: Theorien subjektiver Normbegründung

§ 10 Sein des Rechts: Geltung, Wirksamkeit und Anerkennung

Solange und soweit das, was jeweils „Rechtens ist", nach der Formulierung Kants letztlich objektiv aus dem begründet wird, „was recht ist", folgt die Verbindlichkeit des Rechts für den Einzelnen, als eine Art „innerer Nötigung" (Kant), als Gewissensbindung verstanden, letztlich aus der moralischen oder ethischen Richtigkeit jener überpositiven Kriterien. Die Frage nach der Geltung des Rechts i. S. dieser Verbindlichkeit ist dann zunächst gleichbedeutend mit der Frage, ob das Recht mit jenen Grundsätzen übereinstimmt oder durch sie lizenziert ist, und im Übrigen eine Frage der Geltung eben dieser rechtsethischen Normen und Prinzipien selbst. Man kann das unter den Begriff *ethischer*, *moralischer* oder *ideeller Geltung* des Rechts fassen. Als praktische Konsequenz ergibt sich daraus, dass dem positiven Recht bei einem Widerspruch zu jenen Grundsätzen die Geltung abgesprochen werden muss. Ganz anders nach strikter Trennung von Recht und Moral durch den Positivismus: Nun geht es nicht mehr um die innere Verpflichtungskraft des Rechts vermöge seiner Richtigkeit. Das Problem verschiebt sich hin zur eher äußerlichen Frage, was es bedeutet, dass etwas Recht *ist*. Sie kann sich nur mehr aus der Seinsweise des sog. positiven Rechts beantworten. Folglich ist weiter zu fragen, welche Art von Existenz mit der Positivität von Rechtssätzen gemeint ist, da bloße Behauptungen dafür offenkundig nicht genügen. Die einzig mögliche Antwort scheint: Positives Recht ist, was jeweils faktisch als Recht *gilt*, d. h. mit Erfolg als Recht ausgegeben und im Großen und Ganzen als solches befolgt wird. Insofern hat Kelsen (*Reine Rechtslehre,* 9 f.) Geltung treffend als die „spezifische Existenz" einer gesetzten Norm bezeichnet. Und wie tritt eine Rechtsnorm in solches Dasein? Entscheidend ist der Setzungsvorgang. Allein durch ihn wird die Zugehörigkeit der Norm zum Rechtssystem verbürgt und ihr Geltungsanspruch begründet. Die Kriterien einer ordnungsgemäßen Normsetzung sind: 1. Erlass der Rechtsnorm durch das dafür zuständige Organ in dem dafür vorgesehenen Verfahren und – in gestuften Rechtsordnungen – 2. Vereinbarkeit mit höherrangigem Recht. Diese Merkmale kann man unter einem *rechtlichen* oder *juristischen Geltungsbegriff* zusammenfassen. Für ihn ist eine gewisse Zirkularität charakteristisch. Denn diese Definition rechtlicher Geltung setzt selbst schon rechtliche Geltung voraus. Ohne sie kann ja nicht bestimmt werden, was ein Organ und wofür es zuständig ist und wie ein ordentliches Normsetzungsverfahren aussieht. Bei dieser Transformation des rechtsethisch-normativen Geltungsproblems in ein normlogisches droht also das bereits bekannte Trilemma (§ 9) erneut. Von der bloß hypothetischen und rein erkenntnistheoretischen Lösung des Problems in der *Reinen Rechtslehre* Kelsens war schon die Rede (§ 2 III): Sie formalisiert den juristischen Geltungsbegriff zum rein deskriptiven wissenschaftlichen Normidentifikationsinstrument auf der wissenschaftlichen Basis einer hypothetischen Grundnorm unter definitivem Ausschluss jeder Vorstellung von inhaltlicher Richtigkeit und objektiver moralischer Verbindlichkeit.

Aber selbst bei Erfüllung dieser juristischen Kriterien gilt eine Norm nicht als Recht, wenn sie von niemandem befolgt und nirgendwo angewendet wird. Denn nach gängigem Sprachgebrauch gehört zur Geltung von Recht eine gewisse tatsächliche, d. h. soziale Wirksamkeit. Sie hat in „Befolgung" („Verhaltensgeltung") und „Anwendung" („Sanktionsgeltung") zwei Seiten. Vorausgesetzt wird also einerseits, dass die Normunterworfenen sich den im Recht enthaltenen und an sie gerichteten Vorschriften entsprechend verhalten, und andererseits, dass die Rechtsorgane die im Recht vorgesehenen Rechtsfolgeanordnungen ausführen, insbesondere also bei Normverstößen die für solche Fälle angeordneten Sanktionen bis hin zum physischen Zwang tatsächlich verhängen und vollziehen. Allerdings erwartet niemand, dass diese soziale Wirksamkeit lückenlos ist. Im Gegenteil: Der ganze Sanktionsapparat einer positiven Rechtsordnung sowie die darin enthaltenen Aufsichts- und Kontrollmechanismen wären ja gegenstandslos, wenn es nicht in erheblichem Umfang Normverstöße und Vollzugsdefizite gäbe. Faktische Wirksamkeit des Rechts meint daher Befolgung, Anwendung und Vollzug des Rechts nur im Großen und Ganzen, in der Mehrzahl der Fälle. Soziale Wirksamkeit von Normen ist m. a. W. immer eine Frage des Grades, einer ausreichenden „Effektivitätsquote". Im Einzelnen bleibt sie ebenso Angelegenheit rechtssoziologischer Untersuchung wie die Frage, von welchen sozialen Umständen und psychischen Dispositionen die faktische Wirksamkeit von Rechtsnormen näherhin abhängt. Man bezeichnet die soziale Wirksamkeit von Rechtsnormen daher auch als deren Geltung im *soziologischen (faktischen, realen, sozialen)* Sinn. Und je „realistischer" eine Rechtstheorie sein will, desto größeres Gewicht legt sie gerade hierauf. Doch ist das nicht alles. Auch nach positivistischem Rechtsverständnis existiert und d. h.: gilt eine Rechtsnorm als Teil des positiven Rechts von dem Zeitpunkt an, zu dem sie förmlich in Kraft gesetzt worden ist, und nicht erst dann, wenn sie ihre soziale Wirksamkeit bewiesen hat. Dies zeigt dreierlei: 1. Soziale Wirksamkeit ist jedenfalls bei Einzelnormen innerhalb eines im Großen und Ganzen wirksamen Rechtssystems keine apriorische Bedingung der Geltung, die von vornherein gegeben sein müsste, sondern nur eine aposteriorische Bedingung, die hinzutreten muss und deren vollständiger Wegfall die Geltung beseitigen würde (sog. Derogation durch Nichtbefolgung und Nichtanwendung oder durch andersartige Übung). 2. Für die Geltung einzelner Normen eines Rechtssystems begründet schon die (ein gewisses Maß nicht unterschreitende) soziale Effektivität des Systems als Ganzen die Chance der Wirksamkeit aller seiner Teile. 3. Diese Chance hängt allerdings am Ausweis der Zugehörigkeit der einzelnen Normen zu diesem Rechtssystem, der allein nach den Kriterien juristischer Geltung zu führen ist.

So etwas wie eine sittliche Qualität, eine innere Verbindlichkeit kann Recht in solchem Kontext nur über individuelle Akte moralischer Billigung gewinnen. „Was die Gewalt dekretiert hat und was an sich niemand verpflichtet", sagte der Neukantianer Rudolf Laun in seiner Hamburger Rektoratsrede von 1925 über „Recht und Sittlichkeit" (^{3}1935, 14), „wird für mich im einzelnen Anwendungsfall zum verbindlichen Recht durch die Billigung meines Gewissens oder Rechtsgefühls." Mit dieser drastischen Zuspitzung mag das ehemalige Mitglied der österreichischen Friedensdelegation die demütigende Erfahrung des Diktats der Versailler Friedensverträge 1919/20 durch die Sieger verallgemeinert haben. Doch lehrte auch Hans Kelsen in der Frage innerer moralischer Verbindlichkeit von Recht ganz allgemein nichts anderes, obwohl oder gerade weil seine formale Rechtsgeltungslehre gegenüber politischen Fragen völlig indifferent ist. Ganz zu überzeugen vermag die These jedoch nicht. Das hat zwei Gründe. So ist schon die nach positivistischer Lesart für die Rechtsgeltung notwendige soziale Wirksamkeit der Normen als eine dauerhafte schwer vorstellbar, wenn jene „Dekrete der Gewalt" nicht auf irgendeine Weise in hohem Maße akzeptiert werden. Insofern ist irgendeine Art von „Anerkennung" nicht erst eine Frage sittlicher Verbindlichkeit. Mehr Gewicht hat indes eine andere Überlegung. Sie betrifft die Laun'sche Alternative. Wenn Menschen über rechtliche Verpflichtungen reden, verbinden sie damit zwar keineswegs notwendig die Vorstellung einer inneren moralischen Nötigung. Aber sie denken dabei ebenso wenig ausschließlich an obrigkeitlichen Zwang und die Drohung von Gewalt. Vielmehr spielt außer dem Bewusstsein eines gesellschaftlichen Konformitätsdruckes auch die Überzeugung von der sozialen Notwendigkeit gewisser Regeln eine wesentliche Rolle. Solche „Anerkennung" von Normen als Recht ist mithin eher nüchtern-pragmatisch, etwas diffus-allgemein auf Grundsätzliches, nicht auf diesen oder jenen besonderen Teil bezogen und folglich weit weg von Launs Pathos wie von dessen heroischer Einsamkeit des „für mich". Wir werden darauf zurückkommen.

§ 11 Objektive Rechtsgeltung kraft subjektiver Anerkennung

I. „Anerkennungstheorien"

Das klassische Muster dessen, was man später im Gegensatz zu allen allein auf das Zwangsmoment abstellenden Rechtslehren „Anerkennungstheorie" genannt hat, stammt von Karl Theodor Welcker (1790–1869), einem der Führer des südwestdeutschen Liberalismus. Hat er doch in seinem Erstling *Die letzten Gründe von Recht, Staat und Strafe* von 1813 (Neudr. 1964) den Gedanken ausgearbeitet, dass es eben – wie später Georg Jellinek (1851–1911) formuliert hat – die Anerkennung sei, „die das Recht zum Rechte macht" und den „letzten formalen Grund" der Rechtsordnung abgibt[47]. Welcker, dessen Jugendwerk, nebenbei gesagt, wesentlich zur Prägung des spezifisch deutschen Rechtsstaatsbegriffs beigetragen hat, wendet sich gegen den Irrtum, Recht könne erst und nur im Staat entstehen. Der Begriff des Rechts setze den des Staates nicht voraus, wohl aber müsse das Recht „nothwendig dem *Rechtsstaate* vorausgehen, weil er nur darauf eine rechtliche Existenz gründen (könne)" (80 f.). Dieses dem Staat eines kultivierten Volkes vorhergehende „wahre", von Zwang freie Recht müsse als „auf ausdrückliche oder stillschweigende Anerkennung gegründet ... betrachtet werden" (81). Nur in deren „Auslegung" seien auch die staatlichen Gesetze „wahres Recht" (81,

[47] G. Jellinek, Die rechtliche Natur der Staatenverträge, 1880, S. 13, 16 ff.

85). Grundlage dieser Anerkennung ist nach Welcker die aus der wechselseitigen Achtung „sittlicher Würde und Autonomie des Menschen“ folgende freie Vereinbarung darüber, dass jedes „sittliche Individuum“ eine „gewisse Sphäre der Aussenwelt“ zur Entfaltung seiner Autonomie haben und unverletzlich behalten solle (73). Mit der Aufrechterhaltung „dieser äusseren Rechtssphäre“ aus „innerer Pflicht“, durch „äussere Einwilligung und Erklärung auch äusserlich für alle erkennbar“, entstehe „objectives Recht“ (74 ff.). Und wie den Menschen „die Stimme der Pflicht ein objectives Recht zu schaffen gebot, ebenso gebietet sie den Staat zur dauernden Herrschaft und Realisirung dieses objectiven Rechtes. Das durch Einwilligung entstandene Recht aller Bürger wird hier zur ausdrücklichen Einheit gebracht, es wird *geheiligtes, beschworenes* Recht aller“ (84). Ob Welcker dabei zusätzlich an Bürgereide gedacht hat, wie sie seit 1791 die älteren Konstitutionen vorsahen, mag dahinstehen. Jedenfalls geht es hier um eine Verfassungsfrage: Über die in „freyer Anerkennung“ gegründeten Rechtsgesetze und die „nothwendigen Folgerungen“ hieraus dürfe kein staatlicher Zwang hinausgehen. Das nennt Welcker ausdrücklich einen der „vier wesentlichen Theile der Constitution“, der „unerlaßlichen Fundamentalgesetze des Rechtsstaates“ (95). Die anderen drei Teile sind für ihn Auswanderungsrecht, Petitionsrecht sowie „Publicität der Regierungshandlungen“ samt „vollkommene(r) Freyheit der öffentlichen Meinung“ (91 ff.). Die Hervorhebung der drei letztgenannten Prinzipien erklärt sich daraus, dass die Geltung des Rechts nur dann aus Anerkennung begründet werden kann, wenn diese sich auch beim Fehlen ausdrücklicher Erklärungen „mit Gewißheit ... nachweisen (läßt)“. Das aber setze die Möglichkeit voraus, jederzeit, notfalls durch Auswanderung, seine „Misbilligung mit Erfolg zu erklären“ (81). – Kritischer Punkt ist offenbar die Herleitung „objektiven“ Rechts – und damit wohl irgendeiner Art objektiver Verpflichtungskraft oder Geltung – aus einer bloßen Summierung individueller Anerkennungsakte. Es liegt nahe, deren Kontingenz einzuwenden. Dagegen beschwört Welcker die innere „Stimme der Pflicht“, durch die er die allen Menschen gemeinsame Vernunft am Werke sieht (72). So heißt der Rechtsstaat für ihn ja „Staat der Vernunft“ (25). Welckers individuelle Anerkennung ist in Kants Terminologie also um der Autonomie des Menschen willen vernunftnotwendige, nicht zufällige „Einstimmung“. Niemand ist, heißt es bei Kant, „obligirt ausser durch seine Einstimmung. Diese ist nun entweder nothwendig oder zufellig“ (*Reflexionen zur Moralphilosophie* Nr. 6645, AA XIX 123).

Um diese Schwierigkeit des transzendentalen Idealismus zu vermeiden, hat man neuerdings versucht, auf das Faktum des empirischen individuellen Willens zurückzugehen. Das Argument ist: Dieser Wille will sich selbst und seine Entfaltung, damit auch die Freiheit von willkürlichen Beeinträchtigungen durch andere und folglich diejenigen rechtlichen Bedingungen, unter denen – nach Kants Formulierung – „die Willkür des einen mit der Willkür des anderen nach einem allgemeinen Gesetz der Freiheit zusammen vereinigt werden kann" (MdS AA VI 230). Hier wird also der Versuch gemacht, den Formalismus der Rechtsbegründung Kants angesichts des heutigen Wertepluralismus als eine historische Notwendigkeit zu wahren und den Rechtsstaat als „Vernunftstaat der Freiheit" zu sichern.[48] Dieses Seitenstück zu einem heute in den USA ökonomisch konzipierten Minimalstaat (dazu § 13 I) lässt indes wie das altliberale Modell Welckers zu viel von dem, was die Rechtsordnung eines modernen Sozialstaates ausmacht, theoretisch unbewältigt. Außerdem muss auch hier eine gewisse Kommunikationsgemeinschaft vorausgesetzt werden. Die Bedingungen ihrer Möglichkeit wären aber erst noch „transzendentalpragmatisch" zu klären.[49] Sonst droht auch dieser Versuch in der heroischen Einsamkeit von Launs sittlicher Persönlichkeit zu enden (§ 10 a. E.). Und schließlich macht jener angeblich „empirische" Wille einen ungemein vernünftigen Eindruck.

Eine andere Spielart der Anerkennungstheorie aus der „realistischeren" zweiten Hälfte des 19. Jh. versteht Anerkennung denn auch weniger als individuellen sittlichen Akt denn als ein allgemeines „Respectieren" der gegebenen Ordnung. Auch Ernst Rudolf Bierling (1843–1919), mit dessen Namen diese Variante vornehmlich verknüpft ist, begann in einer Abhandlung über das Recht einer freien Vereinskirche mit der Feststellung, dass Recht auch ohne Staat und ohne staatliche Sanktion denkbar und folglich alles sei, „was innerhalb eines irgend bestimmten Kreises von Menschen als Norm und Regel ihres äussern, gleichviel *wie* und *wodurch* bestimmten Zusammenlebens anerkannt (in Geltung) ist"[50]. Dabei dachte der Autor allerdings nicht nur an das Kirchenrecht und – wie Welcker – an das

[48] Siehe G. Geismann, Ethik und Herrschaftsordnung, 1974, S. 43 ff., 55 ff., 89 ff.

[49] Dazu K.-O. Apel, Zum Problem einer rationalen Begründung der Ethik im Zeitalter der Wissenschaft, in: Rehabilitierung der praktischen Philosophie II, hg. v. M. Riedel, 1974, S. 13 (28 ff.).

[50] Nachw. bei H. Hofmann, Legitimität und Rechtsgeltung, 1977, S. 45 ff.

Völkerrecht, sondern auch an das, was er den „Kern des Staatsrechts" nannte und was wir wohl als die Grundsätze des Verfassungsrechts bezeichnen würden. Dem Gedanken der Selbstbindung gemäß müsste nun eigentlich die ausdrückliche Anerkennung des jeweiligen Rechts durch alle Rechtsgenossen verlangt werden. Da dies realiter aber nicht erwartet werden kann und darüber hinaus auch mit Andersdenkenden zu rechnen ist, lässt Bierling ein „ununterbrochenes, habituelles Respectieren, sich gebunden oder unterworfen Fühlen" genügen, und zwar selbst dann, wenn diese Einstellung mit Gewalt erzwungen ist. Folglich soll sogar eine „unbewußte, unwillkürliche Anerkennung" ausreichen. Die fehlende Anerkennung seitens der Willensunfähigen sieht er durch diejenige des jeweiligen Familienhauptes ersetzt. Schließlich müsste Gegenstand der Anerkennung als Selbstverpflichtung eigentlich jede einzelne Rechtsvorschrift der jeweiligen Ordnung sein. Über die Irrealität dieses Postulats hilft sich Bierling mit der Konstruktion einer „indirekten" Anerkennung hinweg, die auf den systematischen Zusammenhang der Rechtsordnung rekurriert: „Ist auch nur der eine Satz anerkannt, daß Anordnungen gewisser Personen im Staat die Volksgenossen binden sollen, so sind eben damit alle Anordnungen dieser Art so lange mit anerkannt, als jener eine Satz anerkannt ist. Umgekehrt muß derjenige, der irgendeine einzelne dieser Anordnungen als Recht in Anspruch nimmt, regelmäßig auch den Grund anerkennen, aus welchem er sie allein in Anspruch nehmen kann." Offenbar verfällt die Vorstellung einer individuellen Anerkennung der äußeren Verhaltensregeln einer Ordnung als Recht unvermeidlich einem gewissen Schrumpfungsprozess, und das in dreifacher Hinsicht: nämlich – erstens – auf eine bloß habituelle, dem Verhalten entnommene Anerkennung durch – zweitens – nur einen mehr oder weniger großen Teil der Normunterworfenen und – drittens – auf Anerkennung der Rechtsordnung im Großen und Ganzen oder in ihrem Kern. Aus der individuellen wird so unversehens eine Art genereller Anerkennung; und gegen ihren ursprünglichen Sinn einer „moralischen" Richtigkeitsbestätigung verkehrt sich die Anerkennungstheorie am Ende zu dem schlichten Argument, dass der Rechtsordnung im Ganzen gehorchen muss, wer immer auch nur einen Teil davon für sich in Anspruch nimmt.

II. Die akzeptierte Verfassung als Grundnorm

Zwar ist nicht alles Recht auch recht, aber das bedeutet nicht, dass ausschließlich (wie Welcker sagte) „wahres", nämlich von der vernunftnotwendigen Zustimmung der Rechtsgenossen getragenes Recht oder solche Regeln, die mehr oder weniger zufällig durch höchst individuelle Gefühls- oder Gewissensproben gegangen sind, im vollen Sinn als Recht angesehen werden könnten oder dürften. Aus einer jahrhundertelangen Entwicklung heraus tritt uns das Recht als ein zwischen politischer Macht und meist religiös fundierten Gruppenmoralen relativ selbstständiges soziales Medium der Konfliktlösung gegenüber – mit den Grenzfällen politischer Instrumentalisierung und konfessioneller Moralisierung. Wegen der Objektivität seiner Institutionen und Verfahren mitsamt seiner eigenen Wissenschaft und den von allem Subjektiven gelösten Darstellungen („Objektivationen") eines eigenen Ethos, einer eigenen Sittlichkeit dieses Bereichs unserer Lebenswelt, ist das Recht in seiner Eigenart mit seinem Maßgeblichkeits- und Verbindlichkeitsanspruch aus der moralischen Perspektive individueller Wertschätzung schwerlich ganz zu erfassen. Zwar besteht (auch) das Rechtssystem aus nichts anderem als einem beständig sich erneuernden Gewebe von kommunikativen Handlungen und deren objektivem Niederschlag in Werken, Einrichtungen und feststehenden Erwartungen. Gleichwohl erscheint es dem Einzelnen als ein immer schon Vorhandenes, als ein Ansinnen des für die soziale Ordnung Maßgeblichen. Zwar ist es auch richtig, dass sich das Recht immer wieder auf konkrete Anforderungen zuspitzt, an denen sich ein individueller Protest entzünden kann. Gleichwohl wird die Komplexität des Gegenstandes in einer unangemessenen Weise vereinfacht, wenn man die Geltungsfrage deswegen auf das Problem von Befehl und Gehorsam, von Machtspruch und dessen Verinnerlichung zu reduzieren sucht.

Die Frage ist mithin die nach einer Möglichkeit, die Geltung des Rechts i. S. eines objektiven Sollens aus subjektiven Anerkennungen zu denken, ohne einerseits diese Anerkennungen als individuelle moralische Verinnerlichungen oder Selbstverpflichtungen zu verstehen und ohne damit andererseits bloß einen sozialpsychologischen Beitrag zur Erklärung der Wirksamkeit von Rechtsordnungen zu leisten. Einen neuen Versuch in dieser Richtung hat der schon zitierte Oxford-Philosoph H(erbert) L(ionel) A(dolphus) Hart (1907–1992) in seinem Buch *The Concept of Law* (1961; dt. 1973) gewagt. Erster Kernpunkt seiner sprachanalytischen Theorie ist die These, dass die Aussage über eine Verpflichtung *(having an obligation)* ihre Bedeutung aus einer im Hintergrund stehenden sozialen Regel beziehe, die ein gewisses Verhalten zum Standard erklärt (123); dabei sei der Sinn dieser Aussage aber ganz unabhängig davon, ob der Verpflichtete eine innere Nötigung, etwas tun zu müssen *(being obliged)* verspürt, sei es infolge äußerer Drohungen oder internalisierter Gebote einer Individualmoral. In der Tat ist es ja insbesondere für den Bestand dessen, was wir eine rechtliche Verpflichtung nennen, ziemlich gleichgültig, ob der Verpflichtete sie bejaht oder verneint, ja, ob er sie überhaupt kennt. Die zur Begründung einer Verpflichtung tauglichen sozialen Regeln weisen nach Hart vier Merkmale auf. Drei davon werden ausdrücklich als solche bezeichnet: ernsthafter sozialer Konformitätsdruck auf Einhaltung, Überzeugung von der sozialen (Lebens-)Wichtigkeit der Regel und anerkannte Möglichkeit, ja Wahrscheinlichkeit des Widerspruchs zu individuellen Wünschen und Interessen, also Vorstellung von Verzicht und Opfer (124 ff.). Das vierte Kriterium erscheint zunächst etwas undeutlich als „interner" im Gegensatz zum „externen Aspekt" der Regeln. Damit ist aber nicht nur gemeint, dass man bei der Beobachtung einer Gruppe von außen einerseits gewisse konstante Verhaltenskonformitäten rein äußerlich als Regeln formulieren, andererseits aber auch unter „internem Aspekt" festhalten kann, welche Vorstellungen die Gruppenmitglieder mit ihren Verhaltensweisen verbinden. Seine eigentliche Bedeutung hat dieser interne Aspekt indes als Bezeichnung der kritisch reflektierten Einstellung, die jedenfalls einige der Gruppenmitglieder gegenüber der sozialen Gewohnheit zeigen müssen, damit man in einem normativen Sinn von einer Regel sprechen kann. Diese Einstellung ist nicht oder nicht nur eine Sache des Gefühls, sondern bewusste Anerkennung und Bestärkung eines Verhaltens als eines maßgeblichen Standards, dessen Wahrung kritisch überwacht und dessen Missachtung bekämpft werden muss. Objektiven Ausdruck findet diese Haltung in einer normativen Sprache (84 ff., 128 ff.).

Ihren zweiten Schwerpunkt hat die Theorie in der Unterscheidung zweier Regel-Typen: der primären Verhaltens- und gewisser sekundärer Verfahrensnormen. Diese Ausdifferenzierung wird historisch mit der Herausbildung eines Rechtssystems aus der objektiven Sittlichkeit einer Gesellschaft identifiziert. Denn die sittlichen Verhaltensregeln leiden an einer gewissen Unbestimmtheit, ihrem statischen Charakter und der Unsicherheit des diffusen sozialen Konformitätsdrucks (131 ff.). Heilmittel ist die Einführung von „Erkenntnisregeln" zur sicheren Bestimmung der jeweils maßgeblichen Verhaltensstandards, von „Entscheidungsregeln", welche die sozialen Sanktionen zentralisieren und formalisieren, und von „Änderungsregeln" zur Anpassung der maßgeblichen Standards an den Wandel der Verhältnisse (135 ff.). Den Weg zu dieser Einsicht hat Hart durch eine umfassende Kritik der sog. Imperativentheorie gebahnt (34–114). Vor dem historischen Hintergrund des als fürstlichen Gebotsrechts sich entwickelnden Rechts des modernen Staates sind die Gesetze von vielen Theoretikern allesamt einfach als Befehle interpretiert worden. Die Liste einiger ausgewählter Beispiele reicht von Jean Bodin (*De la Republique*, 1576), Thomas Hobbes (*Leviathan*, 1651), John Austin (*Lectures on Jurisprudence or the Philosophy of Positive Law*, 1873) bis Hans Kelsen (§ 2 III).

Die Pointe der Hart'schen Theorie liegt nun darin, dass er auch bei den von ihm formulierten Minimalbedingungen für die Existenz eines Rechtssystems nach jenen beiden Klassen von Normen differenziert (163 f.): Die nach den obersten Kriterien des Systems als rechtsverbindlich identifizierten Verhaltensregeln müssen – dies die erste Existenzbedingung – „allgemein", und d. h. wohl: im Großen und Ganzen, von allen befolgt werden. Aus welchem Motiv die Rechtsgenossen gehorchen, ob sie sich individuell entscheiden oder kollektiv verhalten, ist gleichgültig. Zwar werden sie diese primären Normen häufig als allgemeine Verhaltensstandards akzeptieren und auch die Verpflichtung, ihnen zu gehorchen, anerkennen, ja sogar diese spezielle Verpflichtung auf die allgemeinere des Respekts vor der Verfassung zurückführen. Aber Existenzbedingung einer Rechtsordnung ist das nach Hart nicht. Die sekundären Normen dagegen, d. h. die Erkenntnisregeln für die Kriterien der Rechtsgültigkeit, die Entscheidungs- und Veränderungsregeln, müssen – dies die zweite Bedingung – von den Amtsträgern als allgemeine öffentliche Standards des offiziellen Verhaltens des Systems „angenommen" werden. Darüber hinaus müssen die Amtsträger alle Regeln des Systems in dem Sinne anerkennen, dass sie alle Abweichungen davon kritisch als Fehler würdigen – und d. h. wohl: in normativer Sprache als Normabweichungen behandeln.

Bezieht man Harts Theorie auf Systeme, die durch förmliche Verfassungsgesetze mit Geltungsvorrang definiert sind, so könnte man sagen: Solche Verfassungen sind Inbegriff der Rechtserkenntnis- und der Änderungsregeln des Systems, durch Einrichtung der Gerichtsbarkeit wie durch ihren Gehalt an Prinzipien (die Dworkin gegen Hart zur Geltung gebracht hat: § 5 III) schließlich auch Inbegriff der zugehörigen Entscheidungsregeln. Auf dieser Grundlage lässt sich die durch sie bestimmte Ordnung ebenso gut als normative Rechtseinheit von Sollenssätzen beschreiben, wie das mit mehr Aufwand in Kelsens *Reiner Rechtslehre* (§ 2 III) geschieht. Auch hier wird die Gültigkeit eines Rechtsakts systemintern zu einer rein tatsächlichen Frage (Hart 351). Mit Aufgabe der Imperativentheorie entfällt die theoretische Notwendigkeit, einen höchsten Imperator zu konstruieren und ihn durch eine fiktive Grundnorm allererst ins Recht zu setzen. Unter der Bedingung faktischer Wirksamkeit des Systems genügt als normative Basis die Feststellung, dass – statt aller – der Rechtsstab, der sich in der Demokratie freilich bis zur „offenen Gesellschaft der Verfassungsinterpreten" (P. Häberle) auszuweiten scheint, das Verfassungsgesetz professionell als maßgeblich anerkennt und in diesem Sinn normativ handhabt. Abweichendes Verhalten, Renitenz, Unverständnis oder divergierende Auffassungen Einzelner spielen demgegenüber keine Rolle, solange damit keine ernsthafte Erschütterung der die rechtliche Koordinierung des Systems ausdrückenden und als normatives Instrument gehandhabten Verfassung verbunden ist. Diese Theorie der Normativität aus repräsentativer Anerkennung der Grundlagen eines Rechtssystems vermeidet zudem die bei Bierling zutage getretenen Probleme einer genossenschaftlich-allgemeinen Anerkennungstheorie.

Nur: Kann man von normativem Sprechen auf Normativität schließen? Oder, von einem systeminternen Standpunkt aus gefragt: Was macht die anerkannte Verfassung anerkennungswürdig?

§ 12 Begründung von Geltungsansprüchen durch kommunikative Vernunft: Die „Diskurstheorie"

So kommt unvermeidlich wieder die praktische Vernunft ins Spiel, d. h. die behauptete Fähigkeit des Menschen, Kants Frage „Was soll ich tun?" mit Gründen zu beantworten, die auch intersubjektiv überzeugen. Inmitten einer verwirrenden Vielfalt verschiedenartiger und einander widerstreitender Vorstellungen vom Richtigen schafft es die Philosophie der praktischen Vernunft indes nicht mehr, inhaltlich bestimmte Grundsätze als maßgebliche Normen auszuzeichnen. Sie vermag für alle moralisch-praktischen Zweifels- und Konfliktfälle nur noch ein Prüfungs- und Lösungsverfahren als Norm aufzustellen. Damit dies seinerseits moralischen Ansprüchen genügt, muss die wechselseitige Achtung aller als freier und gleicher, moralisch handlungsfähiger Personen zu dessen Voraussetzung gemacht werden. Kant hat dafür den kategorischen Imperativ entwickelt, der die Auswahl der Handlungsmaxime nach den Kriterien der Verallgemeinerungsfähigkeit und des Respekts vor der Selbstzweckhaftigkeit aller Menschen steuert (MdS AA VI 225, 395). Dabei stellt Kants „Handle so, daß du usw." im Vertrauen auf die praktische Vernunft des autonomen Individuums jedes Subjekt auf sich alleine. Demgegenüber meint Jürgen Habermas – dessen *Faktizität und Geltung* ([1]1992) hier für die sog. Diskurstheorie stehe –, diese Prüfung von moralischer Geltung nach dem Universalisierbarkeitskriterium müsse als eine Diskussion zwischen allen potenziell Betroffenen aufgefasst werden. Aus der normsetzenden praktischen, d. h. handlungsbestimmenden Vernunft des Einzelnen wird so die kommunikative Vernunft, die zwar keine inhaltlich bestimmten Handlungsanweisungen hervorbringt, aber zu einer Verständigung über die Rationalität von Geltungsansprüchen führt und so Handlungsorientierung vermittelt (19). Für die Möglichkeit eines solchen, Normativität stiftenden Konsenses sind gewisse Idealisierungen der Gesprächssituation erforderlich – nicht *vor* allen, sondern *gegen* alle Erfahrungen. Denn: Rationalität und Normativität nur aus Verfahren – das ist reine Illusion. „Ein Kranz unvermeidlicher Idealisierungen" – von denen es die Herrschaftsfreiheit des Diskurses zu einer gewissen Schlagwortberühmtheit gebracht hat – „bildet die kontrafaktische Grundlage einer faktischen Verständigungspraxis, die sich kritisch gegen ihre eigenen Resultate richten, sich selbst *transzendieren* kann" (18 f.). Wie bei allen derartigen Modellen liegt die Richtigkeitsgewähr für den zu erzielenden Konsens in den Voraussetzungen der Verständigung, hier also z. B. darin, dass alle potenziell Betroffenen in gleicher Weise die Chance einer ungezwungenen Stellungnahme in einem Gespräch haben, in dem sie sich wechselseitig Autonomie und Wahrhaftigkeit unterstellen, den gebrauchten Ausdrücken identische Bedeutungen zuschreiben, sich vorbehaltlos einlassen, die Bereitschaft zeigen, Konsequenzen des Konsenses zu tragen usw. Dabei vermeidet diese Diskurstheorie den „intellektualistischen Fehlschluß" von der Einhaltung gewisser Regeln des Vernunftgebrauchs auf absolut geltende moralische Normen[51] durch das Postulat infiniter Erneuerung des Diskurses. So kehrt im säkularen Gegenbild eines sich laufend transzendierenden allgemeinen intellektuellen Läuterungsprozesses von Geltungsansprüchen wieder, was Nikolaus von Kues einst

[51] Dazu Seelmann, Rechtsphilosophie (N 20), § 9 c.

auf dem Höhepunkt der gegen den päpstlichen Absolutismus gerichteten elitären Bewegung des sog. Konziliarismus in seiner *Concordantia catholica* von 1434 als Voraussetzungen des Immanentwerdens von Transzendenz konzipiert hatte: Vollkommene Freiheit und Öffentlichkeit der Debatten galten ihm als notwendige Voraussetzungen dafür, dass sich am Ende in der Übereinstimmung aller die göttlich inspirierte Wahrheit zeige.[52] Von den mit dem Gedanken eines Vertragsschlusses operierenden Konsenstheorien unterscheidet sich die Habermas'sche Variante v. a. durch die äußerste Konsequenz des gegen die eigenen Ergebnisse kritisch sich stets erneuernden Verfahrensgedankens wie dadurch, dass sie nicht mit einer Ausgangssituation natürlicher Gleichheit der Lebensverhältnisse arbeitet, also keinen sog. „Naturzustand" kennt (dazu § 22). Konkret ergibt sich daraus am Ende, dass eine moralische Norm dann gültig ist, wenn der Diskurs erweist, dass „die Folgen und Nebenwirkungen, die sich jeweils aus ihrer *allgemeinen* Befolgung für die Befriedigung der Interessen eines *jeden* einzelnen (voraussichtlich) ergeben, von *allen* Betroffenen akzeptiert (und den Auswirkungen der bekannten alternativen Regelungsmöglichkeiten vorgezogen) werden können"[53].

Diese Diskursethik lässt sich nun freilich nicht umstandslos in eine Diskurstheorie des Rechts übersetzen. Zwar ist es noch verhältnismäßig einfach, die notwendigen Idealisierungen der Grundlagen des ethischen Gesprächs für die rechtliche Verständigungspraxis in der normativen Voraussetzung des Verfassungsstaates wiederzufinden, nämlich in der Garantie grundlegender Rechte des Einzelnen. Doch wäre es offenkundig schon wenig sinnvoll, den Geltungsanspruch von Rechtsnormen in eine aktuelle zwangsgestützte Behauptung („Faktizität") und die sachlich, zeitlich und prozedural offene Möglichkeit der diskursiven Begründung ihres Inhalts („Geltung") auseinander zu nehmen. Soll das aber nicht geschehen, soll m. a. W. der Zwangs- und Entscheidungscharakter des Rechts in die Rechtfertigung einbezogen werden, dann ist die erwartete soziale Leistung des Rechts zu bedenken, die diesen Charakter bedingt. Solche Leistung wiederum ist kein Effekt der einzelnen Rechtsnorm, sondern des Rechtssystems im Ganzen. Damit verlagert sich der Schwerpunkt des Problems zwangsläufig auf die Rechtsnormerzeugungs- und die

[52] Nicolai de Cusa Opera omnia, ed. G. Kallen, IV 2 (1965), S. 101, 103, 105.

[53] J. Habermas, Moralbewußtsein und kommunikatives Handeln, 1983, S. 75 ff.

Rechtsnormanwendungsprozesse. Sie aber bestehen mindestens zu einem erheblichen Teil in formalisierten und institutionalisierten, zudem auch repräsentativen Verhandlungs-, Kompromiss- und Entscheidungsprozeduren. Sie alle in einer idealen Theorie des vernünftigen Diskurses einzufangen, erscheint umso schwieriger, als der faktische Verständigungsprozess zu allem Überfluss weithin von der Macht der verschiedenen Interessenverbände beherrscht wird. Letztlich kann es sich also nur um „die Rekonstruktion jenes Geflechts meinungsbildender und entscheidungsvorbereitender Diskurse" handeln, „in das die rechtsförmig ausgeübte demokratische Herrschaft eingebettet ist" (19). Damit wird kommunikationstheoretisch jetzt der Kategorie des entscheidungsregulierenden Rechts die zentrale Rolle eingeräumt (21). In der Sache geht es dann v. a. um die Verschränkung von soziologischer Rechts- und philosophischer Richtigkeitstheorie, um die diskurstheoretische Rekonstruktion des normativen Gehalts der Grundrechte wie der Rechtsstaatsidee und um das Modell deliberativer Politik im Pluralismus mächtiger Verbände. Kurz: Habermas versucht, „in Anknüpfung an vernunftrechtliche Fragestellungen" zu zeigen, „wie sich das alte Versprechen einer rechtlichen Selbstorganisation freier und gleicher Bürger unter Bedingungen komplexer Gesellschaften auf neue Weise begreifen läßt" (22). Anders als die Diskursethik hat die diskurstheoretische Rechtsphilosophie damit von Anfang an ein nicht übersteigbares Ziel: die rechtliche Selbstorganisation der in gleicher Weise freien Bürger, mithin: den Rechtsstaat, der zugleich die Institutionalisierung der Ausgangsbedingungen des philosophischen Diskurses ist. Also Rückkehr zu den rechtsphilosophischen Prinzipien, von denen wir bereits gesprochen haben? Nicht ganz. Als Rechtsphilosophie hat die Diskurstheorie eher einen staatsrechtlich-politischen Charakter. Die Botschaft ist die, dass das alte, idealistisch-vordemokratische Erbe des Rechtsstaats endlich durch einen permanenten demokratischen Prozess unterfangen werden müsse: „im Zeichen einer vollständig säkularisierten Politik (sei) der Rechtsstaat ohne radikale Demokratie nicht zu haben und nicht zu erhalten" (13). Aber ist sie, die radikale Demokratie, nicht eher auf sozialstaatliche Korrekturen und Kompensationen des liberalen Modells aus als auf dessen Stärkung? Wir werden darauf zurückkommen.

§ 13 Modellierte Einigung auf Prinzipien des Richtigen: Der Neo-Kontraktualismus

I. Altes und neues Vertragsdenken

Im Sinne der klassischen Parole der Französischen Revolution über Freiheit und Gleichheit hinaus auf Brüderlichkeit zielt ein rechtsphilosophischer Entwurf, der wie kein anderer die rechtsphilosophische Diskussion der letzten 25 Jahre belebt hat: die Rede ist von John Rawls († 2002) und seinem Buch *A Theory of Justice* (1971, dt. ^{1}1975). Doch interessiert an dieser Stelle zunächst nur das Muster der Rawls'schen Argumentation, konkret: sein Anspruch, „die herkömmliche Theorie des Gesellschaftsvertrages von Locke, Rousseau und Kant zu verallgemeinern und auf eine höhere Abstraktionsstufe zu heben" (12, 27 f.). Den Klassikern der Lehre vom Gesellschafts- und Herrschaftsvertrag war es indes nicht um die Einigung auf materielle Rechtsprinzipien wie etwa das der sozialen Gerechtigkeit zu tun. Die traditionellen Vertragslehren von Grotius und Hobbes über Samuel von Pufendorf und John Locke bis Christian Wolff, Rousseau, Kant und Anselm von Feuerbach sprechen von Staatsgründungen durch eine Summe von Individuen und dienen so der Rechtfertigung von Staatsgewalt überhaupt. Insbesondere begründen sie so die Verbindlichkeit gesetzgeberischer Akte für alle und jeden, er mag ihnen im Einzelnen nun zustimmen oder nicht.[54] Legitimiert wird der Gesetzgeber, nicht dieses oder jenes Gesetz. Die zentrale Idee ist einfach: Indem jeder Einzelne seinen Willen vertraglich mit dem der anderen vereinigt, um staatliche Autorität hervorzubringen, gehorcht jeder nur sich selbst, wenn er nun deren Befehle befolgt. Und wem nur nach seinem eigenen Willen geschieht, dem widerfährt kein Unrecht – *volenti non fit iniuria.* Dieses Prinzip taugt freilich nur bei Einstimmigkeit zur Rechtfertigung von Normen. Handelt es sich um ein lebend sich wandelndes Normensystem, muss jene Einigung zudem als fortdauernde Grundlage gedacht werden. Folglich muss der einstimmige Vertragsschluss als Bedingung einer vom Individuum aus gedachten und dennoch objektiv verbindlichen Rechtsordnung in einen allen politischen Veränderungen entzoge-

[54] Hierzu u. zum Folg. W. Kersting, Die politische Philosophie des Gesellschaftsvertrags, 1994; H. Hofmann, Die klassische Lehre vom Herrschaftsvertrag und der „Neo-Kontraktualismus", in: Öffentliches Recht als ein Gegenstand ökonomischer Forschung, hg. v. Ch. Engel u. M. Morlok, 1998, S. 257.

nen, also „vorstaatlichen", quasi vorgeschichtlichen oder vorgeburtlichen Zustand verlegt werden – wie immer der dann theoretisch ausgedeutet werden mag: als Fiktion, glückliche Prähistorie, Idee oder jederzeit drohende Möglichkeit des Absturzes der Zivilisation. Die Begründungen für den Schritt aus jenem „Naturzustand" heraus reichen von purer Existenzangst über Nützlichkeitserwägungen bis zur Notwendigkeit der „Einstimmung" kraft sittlicher Vernunft. Nun kann zwar aus privaten Vertragskalkulationen, aus der Rationalität der Motivationen und des verständigungsbereiten Handelns, kurz aus den Vernunftgründen für einen Vertragsschluss nicht ohne weiteres auf Normativität i. S. einer moralischen Verpflichtungskraft des Vertragsinhalts geschlossen werden. So gesehen geraten alle diese Lehren ähnlich wie die Anerkennungstheorien in Schwierigkeiten, wo die Verbindlichkeit nachteiliger, gar existenzbedrohender Entscheidung der staatlichen Autorität infrage steht. Indessen übergeht dieser Einwand eines „intellektualistischen Fehlschlusses" (Ilting) von den Gründen eines Vertragsschlusses auf dessen Verbindlichkeit den Umstand, dass – jedenfalls bis zur Devoluntarisierung der Vertragsfigur zur denknotwendigen „Idee" (MdS AA VI 315) bei Kant – zwischen den diversen *Gründen* für die Notwendigkeit des Vertrages und dem *Willensakt* des Abschlusses unterschieden werden kann und muss. Denn daraus, nicht aus den Motiven, resultiert die Verbindlichkeit. Und was immer auf diesen gemeinsamen *Willensakt* zurückzuführen ist, vermag kein Vertragspartner, auch der aktuell Betroffene nicht, Unrecht zu nennen:

> „Denn die, welche sich einer Gemeinschaft anschließen und sich einem oder mehreren unterwerfen, versprachen entweder ausdrücklich oder stillschweigend, wie man nach der Natur der Sache annehmen muß, daß sie befolgen werden, was entweder die Mehrheit der Genossen oder die, denen die Macht übertragen war, festsetzen würden" (Grotius, *Über das Recht des Krieges und des Friedens,* Prol. 15).

Zum Problem wird dann allerdings früher oder später die Frage, wie lange die Wirkung jenes Uraktes fortdauert und wodurch.

Anders nimmt sich die Sache bei den Autoren aus, die man im Anschluss an Rawls' zitierte Behauptung einer Fortführung der alteuropäischen Vertragslehre Neo-Kontraktualisten zu nennen pflegt. Außer auf Rawls selbst zielt die Bezeichnung in der Regel auf Robert Nozicks Minimalstaatskonzept (*Anarchy, State, and Utopia*, 1974, dt. 1976) und auf James M. Buchanans Plädoyer für einen neuen, den sozialen, ökonomischen und ökologischen Veränderungen Rechnung tragenden Verfassungspakt i. S. eines Güterverteillungsvertrages (*The Limits of Liberty*, 1975, dt. 1984). Hier geht es jenseits der traditionellen Legitimations- und Bindungsprobleme um die Frage, auf welche Grundsätze der Ordnung sich Menschen, die zusammenleben wollen, in einer ganz bestimmten Ausgangssituation als „richtige" Prinzipien einigen würden. Der Akt des Vertragsschlusses spielt als solcher keine Rolle mehr. Die Figur des Paktes dient nur noch als Mittel modellhafter Darstellung, als Chiffre für Konsens, für Geltungsstiftung durch autonome Zustimmung aller Betroffenen. Und was akzeptabel ist, bemisst sich (angeblich) allein nach dem rationalen Egoismus der Akteure.

Nozicks Theorie etwa, die einen allein dem Schutz der Menschenrechte auf Leben, Freiheit und Eigentum dienenden Minimalstaat zu begründen unternimmt (um damit jede darüber hinausgehende sozialstaatliche Umverteilungspolitik als Rechtsbruch bezeichnen zu können), kommt ganz ohne die Verknotung in einem vertraglichen Gesamtakt aus. Indem Nozick die Ausgangs-Wahlsituation in eine Kette von Wahlentscheidungen gemäß den jeweils veränderten Bedingungen aufgliedert, erscheint seine staatliche Rechtsordnung nicht mehr als bezwecktes, sondern sozusagen beiläufiges Produkt eines ökonomischen Vorgangs. Denn es resultiert aus der Verflechtung einer Vielzahl einzelner, zum Zwecke individueller Rechtsschutzgewinnung getätigter Tauschhandlungen, die stets nur auf partikulare Rechtsübertragungen und Rechtsvertretungen gerichtet sind, also keine auf die Herstellung einer umfassenden allgemeinen Ordnung zielende Intention haben. Als einem Produkt des privaten Rechtsschutzmarktes fehlt diesem Staat folglich die quasi senkrecht zu den Individualrechtsbeziehungen stehende Dimension des öffentlichen Rechts, soweit es über die bloße Organisation von Rechtsschutz hinausgeht. Damit löst diese ultraliberale Philosophie Recht in private Individualrechtsbeziehungen und Politik in Ökonomie auf.

II. Rawls' Modell der Gewinnung konsensfähiger Grundsätze des Richtigen

Mit den Klassikern des Vertragsdenkens sucht Rawls einen geschichts- und gesellschaftstranszendenten Standort, einen „archimedischen Punkt", von dem aus eine allgemeingültige Ordnung des menschlichen Zusammenlebens entworfen werden kann. Aber anders als bei den Klassikern meint seine Ausgangslage *(original position)* keinen zu überwindenden Zustand ursprünglicher Rohheit und

Unsicherheit, der sichtbar wird, wenn wir uns die staatliche Rechtsordnung wegdenken. Vielmehr ist sein Urzustand – eher der idealen Gesprächssituation der Diskurstheorie vergleichbar (§ 12) – Inbegriff derjenigen positiven und negativen Bedingungen, die erfüllt sein müssen, damit die Entwicklung allgemein akzeptabler Grundsätze möglich und unfaire Lösungen von vornherein ausgeschlossen erscheinen. In diesem Sinne geht es um die Definition einer „fairen Ausgangssituation" für die Entwicklung einer „Theorie der Gerechtigkeit als Fairneß" (Nr. 3). Jene präjudiziellen normativen Voraussetzungen sind aber nun in keiner Weise vertragstheoretisch zu ermitteln. Der Nachweis, dass sie nicht willkürlich gewählt, sondern bei kritischer Überlegung allgemein zustimmungsfähig sind, muss auf andere Weise geführt werden. Rawls stellt daher auf die Übereinstimmung jener Grundnormen mit unseren gängigen Moralanschauungen ab. Wie aber kommt man von unserer Alltagsmoral zu philosophischen Prinzipien? Die Antwort ist: in einem rückgekoppelten Läuterungsprozess. Zunächst müssen wir unsere moralischen Alltagsurteile nach allgemeinen Rationalitätskriterien von allen Vorurteilen, unvernünftigen und emotionalen Verzerrungen reinigen. Aus diesem Material und insbesondere aus den darin enthaltenen oder darin untergründig zum Vorschein kommenden formalen Grundauffassungen des alltäglichen Gerechtigkeitsverständnisses sind die normativen Prinzipien abzuleiten. Mit deren Hilfe müssen die wohlerwogenen Urteile unserer Alltagsmoral schließlich – in einer Art von Gegenstromverfahren wechselseitiger Kontrolle und Korrektur, wie es der Jurist aus dem Planungsrecht kennt – in einen widerspruchsfreien Zusammenhang gebracht werden („Kohärenztheorie"). Das Ziel der philosophischen Begründung moralischer Prinzipien, wie sie den Urzustand definieren, ist nach Rawls bei einem Zustand der Angleichung erreicht, in dem die Alltagsmoral die normative Theorie als Explikation ihrer Grundanschauungen akzeptiert und die normative Theorie den *common sense* ordnet und diszipliniert. Ihn nennt Rawls (Nr. 9) „reflektives" oder „Überlegungs-Gleichgewicht" *(reflective equilibrium)*. Mithin geht es – bevor die verheißenen Verfassungsgrundsätze des rechtlich Richtigen entwickelt werden können – um eine Grundlegung durch philosophische Aufbereitung der zeitgenössischen Gerechtigkeitsvorstellungen. Rawls selbst hat die Wichtigkeit hervorgehoben, dass die Bedingungen, die den Ausgangspunkt seiner Theorie bestimmen, „tatsächlich akzeptiert (werden)", dass sein Begriff des Urzustandes m. a. W. „die Gesamtheit der Bedingungen (zusammenfasst), die man bei angemessener

Überlegung für unser Verhalten gegeneinander als vernünftig anzuerkennen bereit ist“ (Nr. 87).

Stellen wir uns also vor,

> „daß diejenigen, die sich zu gesellschaftlicher Zusammenarbeit vereinigen wollen, in einem gemeinsamen Akt die Grundsätze wählen, nach denen Grundrechte und -pflichten und die Verteilung der gesellschaftlichen Güter bestimmt werden. Die Menschen sollen im voraus entscheiden, wie sie ihre Ansprüche gegeneinander regeln wollen und wie die Gründungsurkunde ihrer Gesellschaft aussehen soll.“

Die ersten jener allgemein akzeptablen Vorgaben erscheinen, wenn Rawls fortfährt:

> „Die Entscheidung, die vernünftige (sic) Menschen in dieser theoretischen Situation der Freiheit und Gleichheit (sic) treffen würden, bestimmt die Grundsätze der Gerechtigkeit“ (ebd.).

Die hier postulierte Vernunft meint jedoch nicht irgendein angeborenes Prinzipienwissen, sondern die ökonomische Rationalität umsichtig ihre individuellen Interessen verfolgender Egoisten. Zusammen mit der Voraussetzung gleicher Freiheit aller ergibt das die Prämisse autonomer Individuen, die unbeschadet ihrer Divergenzen alle die gesellschaftliche Zusammenarbeit wollen, weil sie für jeden Einzelnen vorteilhaft ist, und die über die Grundordnung nach eben diesem Rationalitätskriterium entscheiden. Um Verzerrungen der Prinzipienwahl durch Neid auszuschließen und die Fixierung auf strikt egalitäre und als solche von vornherein nicht konsensfähige Prinzipien zu vermeiden, nimmt Rawls weiter an, die Individuen seien nur auf den eigenen Vorteil aus, aneinander aber desinteressiert. Doch reichen diese Unterstellungen noch nicht hin, die Unterschiedlichkeit der Individualinteressen so weit zu neutralisieren, dass ein einstimmiger Schluss möglich und unfaire Lösungen von vornherein ausgeschlossen erscheinen. Folglich postuliert Rawls mithilfe einer Theorie des Guten, dass die Wahl sich zunächst auf sog. Primär- oder Grundgüter *(primary goods)* richte,

> „von denen man annimmt, daß sie ein vernünftiger Mensch haben möchte, was auch immer er sonst noch haben möchte. Wie auch immer die vernünftigen Pläne eines Menschen im einzelnen aussehen mögen, es wird angenommen, daß es Verschiedenes gibt, von dem er lieber mehr als weniger haben möchte. Wer mehr davon hat, kann sich allgemein mehr Erfolg bei der Ausführung seiner Absichten versprechen, welcher Art sie auch sein mögen. Die wichtigsten Arten der gesellschaftlichen Grundgüter sind Rechte, Freiheiten und Chancen sowie Einkommen und Vermögen“ (Nr. 15).

Um „gesellschaftliche" Güter handelt es sich dabei, weil sie von den Grundregeln der Verfassung einer Gesellschaft abhängen. Mit dieser Unterscheidung von Primär- und Sekundärgütern entfällt das Problem, die individuellen Präferenzen vergleichen zu müssen, ein Problem, das alle Theorien haben, die mit dem Kriterium der Vermehrung des gesellschaftlichen Nutzens arbeiten und daher „utilitaristisch" genannt werden. Gleichzeitig scheint unter dieser Voraussetzung eine einstimmige Übereinkunft möglich. Um bei der Wahl der Ordnungsprinzipien allgemein akzeptable und in diesem Sinne faire Lösungen zu garantieren, muss schließlich unterstellt werden, dass die „Grundsätze der Gerechtigkeit" hinter einem Schleier des Nichtwissens" *(veil of ignorance)* gewählt werden, der alle persönlichen Eigenschaften der Abstimmenden verbirgt. In der Tat: Wenn jemand grundlegende Ordnungsprinzipien auszuwählen hat, über sich selbst aber nichts weiß und deswegen nicht zu erkennen vermag, welche Grundsätze für ihn vorteilhaft sein könnten, muss er seine Entscheidung notgedrungen nach allgemeinen Gesichtspunkten treffen. Folglich wird dann selbst der kälteste Zweckrationalist und größte Egoist zwangsläufig eine gemeinwohlorientierte und in diesem Sinne moralische Entscheidung treffen. Wird der Schleier des Nichtwissens weggezogen, mag es manche Enttäuschung geben. Konsenstheoretisch folgt daraus die Frage, was denn die Stabilität der gefundenen Übereinstimmung verbürgt – altes Problem aller Vertragstheorien, das wiederum nicht kontraktualistisch gelöst werden kann. Rawls nimmt seine Zuflucht zur Annahme eines gewissen „Gerechtigkeitssinnes" der Akteure (Nrn. 69 ff.).

Und welches sind nun die „Grundsätze der Gerechtigkeit", auf die sich die Menschen nach Rawls unter all diesen Vorbedingungen einigen würden? Denn bis jetzt haben wir ja nur über die Prämissen der Wahl gesprochen. Auf die Lösung der Frage werden wir am Ende unseres Rundgangs im vierten Teil zurückkommen. Fürs Erste mag die Feststellung genügen, dass auch die Theorien, die so etwas wie eine objektive Geltung des rechtlich Richtigen auf die autonome oder die kommunikative Vernunft des Menschen bauen und von den Subjekten her begründen wollen, nicht ohne die Annahme gewisser rechtsethischer Grundsätze wie Freiheit und Gleichheit des Individuums oder Fairness auskommen, auch wenn diese offenkundig lebensweltlich-kulturell und damit geschichtlich bedingt sind. Höffe hat es für Rawls auf den Punkt gebracht: Die Wahl der Ordnungsprinzipien ist gar nicht das Ergebnis einer Nutzenkalkulation, sondern nur „die Explikation jener fundamentalen Restriktionen ..., die den Wählenden von vornherein, durch die Definition der Wahlsituation, auferlegt werden"[55]. Und diese Definition hat letztlich eine ganz konkrete Basis: unsere Alltagsmoral – hier und jetzt.

[55] O. Höffe, Kategorische Rechtsprinzipien, 1990, S. 312 f.

ZWEITER TEIL
UNGERECHTES RECHT DES STAATES UND DAS VON NATUR RECHTE

§ 14 Perspektivenwechsel

Wenn nun aber keine universell gültigen Letztbegründungen des rechtlich Richtigen zu haben sind: Wäre es dann nicht überhaupt besser, sich mit Hart (vorne § 11 II) auf eine Analyse der normativen Sprache zu beschränken und auf eine Philosophie der instrumentellen Vernunft zurückzuziehen, welche die Bedürfnisse reflektiert, die wir teilen, und die für deren Befriedigung und unser Überleben notwendigen (also nicht kategorischen, sondern nur hypothetischen = bedingten) Imperative formuliert? Kann auf dieser beruhigend „positiven“ Grundlage sogar bei entschiedener Trennung von Recht und Moral samt Verwerfung der klassischen Naturrechtstradition, wie Hart gezeigt hat, doch so etwas wie ein „naturrechtlicher“ Minimalgehalt aller Rechtsordnungen bestimmt werden (*Begriff des Rechts*, 231 f., 255 ff., 265 ff.)? Denn unter dem Aspekt von Notordnungen des Überlebens sieht man aus den einfachen Tatsachen „menschlicher Verletzbarkeit“, „approximativer Gleichheit“ der Menschen, ihres „begrenzten Altruismus“, der „begrenzten Mittel“ zu ihrem Unterhalt und schließlich ihren moralischen Schwächen („Begrenztes Verstehen und begrenzte Willensstärke“) gewisse „natürliche“ Regeln hervorgehen. Sie betreffen den Schutz der Person, eine Minimalform von institutionalisiertem (wenn auch nicht notwendig individuellem) Eigentum, Verträge und andere Formen arbeitsteiliger Kooperation sowie Zwangssanktionen.

Indes bleibt andererseits die Möglichkeit einer Auslegung und philosophischen Aufarbeitung der je geschichtlich partikulären praktischen Vernunft einer Sozietät oder der kulturellen Einheit eines Rechtskreises. Dabei kann der Akzent dann mehr auf der Analyse intuitiver Überzeugungen, geteilter Grundannahmen und gemeinsamer Wertvorstellungen, kurz: auf der Untersuchung des basalen Gehalts unseres geschichtlich kontingenten moralischen Bewusstseins, oder mehr auf der Deutung klassischer Texte liegen, die eine solche besondere Rechtskultur reflektieren („Hermeneutik“). Der Einwand, dass derlei Bemühungen nicht über den faktischen gesellschaftlichen Konsens hinauskämen oder einfach bestimmte Überlieferungen oder vorherrschende Meinungen zur Norm machten, scheint aus zwei Gründen ein wenig vorschnell. Zum einen geht es ja nicht nur um die Reproduktion des Gegebenen. Aufgabe aktiver Bürger und jedenfalls der Amtsträger ist es vielmehr, alle Vorgaben und Auffassungen des Richtigen in diskursiver Läuterung von Geltungsansprüchen kritisch aufzuarbeiten und in der bestmöglichen Weise in den Versuch einer kohärenten Theorie des Richtigen zu integrieren, um von hier aus Zweifelsfragen zu klären und Konfliktentscheidungen zu treffen oder vorzubereiten. „Daß eine andere Gruppe oder andere Gesellschaft mit einer anderen Kultur und Erfahrung eine andere Theorie hervorbringen würde", ist, wie Dworkin (*Bürgerrechte,* 279) bemerkt, kein ernsthafter Einwand:

> „Dieser Umstand könnte in Frage stellen, ob irgendeine Gruppe berechtigt ist, ihre moralischen Intuitionen als in irgendeinem Sinn objektiv oder transzendental zu behandeln, aber es stellt nicht in Frage, daß eine bestimmte Gesellschaft, die einzelne Überzeugungen auf diese Weise behandelt, sie deswegen auf eine prinzipiengeleitete Weise befolgen muß."

Historische und kulturelle Relativität – der Umstand also, dass bestimmte Konventionen und Traditionen nicht universell sind und dass sie anders sein könnten – bedeutet darüber hinaus nicht Grundlosigkeit und so etwas wie individuelle Beliebigkeit. Diese geschichtliche Bedingtheit schließt zwar jeden absoluten Geltungsanspruch aus, nimmt der gegebenen Rechtsordnung aber nicht die Objektivität. Das hat schon Stammler in seiner *Lehre von dem richtigen Rechte* (^{2}1926) auseinander gelegt. Folglich können wir aus diesem Kontext auch nicht willkürlich herausspringen. Es geht mithin auch um die Aufhellung und kritische Prüfung der lebensweltlichen Voraussetzungen unseres Rechtsbewusstseins und Rechtsdenkens. Dazu suchen wir nach den Urerfahrungen und Schlüsselerlebnissen auf dem Grund und im Umfeld klassischer Texte der Rechtsphilosophie, nach den Strukturelementen von Gedankenwelten als Verfassungselementen von Lebenswelten. Damit fragen wir nach den affektiven Ursprüngen, nach den Punkten, wo ein auf das Idealisch-Moralische gerichteter „Enthusiasm", wie Kant das im *Streit der Fakultäten* (AA VII 86) genannt hat, einen nicht mehr hintergehbaren Anfang setzt. Und wir fragen weiter, ob und inwieweit jene Erfahrungen auch unsere sind – sei es, dass sie uns im sozialen Leben stets aufs Neue begegnen, sei es, dass wir sie als epochale Bedingungen unseres Welt- und Rechtsverständnisses begreifen, weil sie mit bestimmten historischen Ereignissen zusammenhängen, die sich nicht wieder vergessen, wie Kant das von der großen Französischen Revolution gesagt hat.

In dieser Perspektive kann und muss sich zeigen, ob und was aus dem Erfahrungsschatz der Rechtsphilosophie zu lernen ist. Dabei mag es allerdings vorkommen, dass elementare Rechtsbehauptungen einerseits und deren Begründungen andererseits in einer eigentümlichen Weise auseinander fallen: Zwar verstehen wir manche Prinzipienbehauptungen der Tradition, weil wir die affektgeladenen Ursprungserfahrungen teilen oder nachvollziehen können. Ausarbeitung und Begründung mögen aber einem Weltbild verpflichtet sein, das nicht mehr das unsere ist. Insoweit bleibt der volle Nachvollzug dann auf diejenigen beschränkt, die für sich, gewissermaßen privat, einer alten Weltsicht und ihrer Lehre anhängen, dafür über den Kreis Gleichgesinnter hinaus im öffentlichen wissenschaftlichen Diskurs aber von vornherein nicht mehr auf Anerkennung rechnen dürfen. Das kann einen eher zufällig erscheinenden Konsens über rechtsethische Grundsätze zur Folge haben, insofern er – individuell oder gruppenspezifisch – in ganz unterschiedlichen theoretischen Überzeugungen gründet, sozusagen aus Überlappungen verschiedener Weltbilder resultiert. Anerkennung und Begründung der Menschenwürde als eines fundamentalen Rechtsprinzips aus stoischen, humanistischen, idealistischen und christlichen Motiven bilden ein hervorragendes Beispiel dafür.[56] Hier kommt das zentrale Problem der Rechts- und Staatsphilosophie einer „pluralistischen" Gesellschaft in den Blick. Je weiter wir den Bogen unserer Betrachtungen schlagen, umso weniger laufen wir folglich die Gefahr der Einseitigkeit und die, irgendeiner augenblicklichen Regression zum Opfer zu fallen.

[56] Dazu H. Hofmann, Die versprochene Menschenwürde, in: Verfassungsrechtliche Perspektiven, S. 104 ff.

Erstes Kapitel
Der heilige Zorn der Antigone

§ 15 Der Sinn für Ungerechtigkeit

Dass hier und jetzt Unrecht geschieht, ist eine spontane und überwältigende Empfindung. Der Gerechtigkeitssinn tritt so primär als vergleichsweise zuverlässiger „Sinn für Ungerechtigkeit" in Erscheinung. Ohne vorgängige Reflexion auf eine gute Ordnung und ohne Subsumtion der selbst erlittenen oder mitgefühlten Verletzung unter eine bestimmte Norm, verleiht jener Sinn das ebenso starke wie vage Gefühl, im Recht zu sein. Psychologisch werden Recht und Unrecht, Gerechtigkeit und Ungerechtigkeit nicht in einfacher symmetrischer Opposition wahrgenommen. Dementsprechend geben auch künstlerische Darstellungen kein Bild komplementärer Gegensätze. Repräsentationen des Guten und Gerechten erscheinen allemal langweiliger als solche des Lasters und der Ungerechtigkeit. Das folgt nicht einfach daraus, dass die Vorstellung der Gerechtigkeit mit einem positiven und die der Ungerechtigkeit mit einem negativen Werturteil verbunden ist. Eher könnte man paradoxerweise sagen, dass auf der hier maßgeblichen Erfahrungsebene die Ungerechtigkeit positiv und die Gerechtigkeit als bloße „Un-Ungerechtigkeit" negativ gedacht wird.[57] Den Schluss hat schon der philosophische Außenseiter der ersten und eine der geistigen Leitfiguren der zweiten Hälfte des vorigen Jahrhunderts gezogen: Arthur Schopenhauer (1788–1860). Der Begriff „Unrecht" sei, meint er, „der ursprüngliche und positive: der ihm entgegengesetzte des Rechts … der abgeleitete und negative". Da es bloß die Negation des Unrechts sei, „würde nie vom Recht geredet worden sein, gäbe es kein Unrecht".[58] Unrecht bestehe in

[57] P. Noll, Diktate über Sterben & Tod, [5]1995, S. 231: „Ungerechtigkeit ist das Ursprüngliche, Gerechtigkeit das Ergebnis von Kritik und Reflexion. Gerechtigkeit müsste also heissen: Unungerechtigkeit."

[58] A. Schopenhauer, Die Welt als Wille und Vorstellung, in: Sämtl. Werke, hg. v. W. v. Löhneysen, Bd. I (1982), S. 463; ders., Über die Grundlage der Moral, ebd. Bd. III (1980), S. 629 (749). Zum Folg. H. Münkler, Ein janusköpfiger Konservatismus, in: Schopenhauer im Denken der Gegenwart, 1987, S. 217 (223).

der Verletzung eines andern, nämlich „im Einbruch in die Grenze fremder Willensbejahung“ (458), was bei Schopenhauer so viel heißt wie: fremden Willens zum Leben, „zum Dasein und Wohlsein“ (727). Der Begriff des Rechts sei hingegen erst dort entstanden, „wo versuchtes Unrecht“, also ein versuchter Übergriff, eine drohende Verletzung „durch Gewalt abgewehrt wird, welche Abwehrung nicht selbst wieder Unrecht sein kann“ (464). Da liegt nun freilich der Einwand nahe, dass der Einbruch in die Sphäre individueller Willensbejahung nur dann als Unrecht begriffen werden könne, wenn jener Individualbereich als Rechtssphäre vorausgesetzt sei. Nachdem wir das Recht spätestens seit Kant vorzugsweise von der subjektiven Berechtigung des Individuums her denken und weil wir seit Kant zudem zwischen Genese und Geltung, Sein und Sollen, Erfahrung und den Bedingungen ihrer Möglichkeit scharf zu unterscheiden gewohnt sind, scheint der Einwand gegen jene Gewinnung des Rechtsbegriffs aus dem *factum brutum* einer subjektiven Verletzungserfahrung zwingend. Aber so einfach liegt die Sache nicht. Die Vorstellung absoluter Individualrechte samt der ihr eingeborenen Paradoxie objektiver Geltung subjektiver Rechte ist rechtsgeschichtlich eine späte, nämlich eine vernunftrechtliche Erscheinung (s. § 25). Ursprünglich denken Recht und Moral in Gegenseitigkeitsverhältnissen, in Reziprozitätsbeziehungen. Die „Goldene Regel“ des „Was du nicht willst, das man dir tu, das füg auch keinem andern zu“ verbietet sekundär, was man primär selbst nicht leiden will. Das darin begründete oder erscheinende Recht ist jedoch keine abstrakte individuelle Sphäre der Selbstbestimmung, sondern die unausgesprochene Erwartung wechselseitiger Respektierung wie die konkrete Befugnis, sich zu wehren und zurückzuschlagen. Radbruch hat es so formuliert[59]:

> „Das Unrecht ist um so viel älter als das Recht, wie der Angriff älter ist als die Verteidigung, und wie jeder Verteidigung durch den Angriff, so wird dem Recht durch das Unrecht die Weise seines Verhaltens unentrinnbar vorgeschrieben.“

Dem Reziprozitätsgedanken verpflichtet, beschrieb Schopenhauer das in der „rechtlichen“ Reaktion auf eine empirische Verletzung gedanklich vorausgesetzte Prinzip als „moralisches Reperkussionsgesetz“ (751). Dieses moralische „Rückstoßgesetz“ will die Vorstellung ausdrücken, dass es der Verletzer selbst ist, der die Gegengewalt verursacht, er sie sich mithin selbst zufügt und ihm folglich kein

[59] G. Radbruch, Juristen – böse Christen, in: Die Argonauten – eine Monatszeitschrift, 9. Heft, 1916, S. 128 f.

Unrecht widerfährt, sondern, könnte man sagen, Recht als Un-Unrecht geschieht. In diesem Zusammenhang weist Schopenhauer beiläufig darauf hin, dass schon Hugo Grotius von einem in diesem Sinne negativen Begriff des Rechts ausgegangen sei (749). In der Tat beginnt der politische Flüchtling im französischen Exil unter dem Eindruck der konfessionellen Bürgerkriege und ihrer Gräuel sein epochales Werk, von dem schon die Rede war (§ 7 II), mit einer Definition des Unrechts: „Unrecht ... ist das, was dem Begriff einer Gemeinschaft vernünftiger Wesen widerstreitet." Recht ist danach das, was dem entgegen ist: „Recht ... mehr im verneinenden als bejahenden Sinne ... ist, was nicht Unrecht ist *(quod iniustum non est)*" (I 1 III). Die nachfolgende Behandlung der verschiedenen Rechtsfragen scheint zunächst ziemlich unübersichtlich. Namentlich denen, die nach dem fragwürdigen Schlagwort von Grotius als dem „Vater des Völkerrechts" ein System dieses Gebiets im modernen Sinn des zwischenstaatlichen Rechts erwarten, mag der Text gar „planlos" erscheinen. Doch klärt sich die Sache, wenn man das Werk als eine das Recht systematisch von den denkbaren Rechtsverletzungen her reflektierende allgemeine Rechtslehre begreift.[60] Bloß negativ ist auch Kants „gegen Hobbes" formulierter „Probierstein der Rechtmäßigkeit eines jeden öffentlichen Gesetzes". Denn der streicht nur die Gesetze aus, denen „ein ganzes Volk *unmöglich* seine Einstimmung geben *könnte*" (AA VIII 297). Nicht anders funktioniert das Kriterium, das Kant im II. Anhang zum Entwurf des *Ewigen Friedens* angegeben hat (AA VIII 381): „Alle auf das Recht anderer Menschen bezogene Handlungen, deren Maxime sich nicht mit der Publicität verträgt, sind unrecht." Viel diktatorisches Unrecht lässt sich schon danach leicht als solches erkennen. In Form von Thesen hat Max Scheler (1874–1928), dieser Theoretiker des „Ressentiment", in seiner Lehre von der Erscheinung („Phänomenologie") der sittlichen Werte (*Der Formalismus in der Ethik und die materiale Wertethik*, ⁴1954, 212 N 2) formuliert, dass alle positiven Setzungen innerhalb einer Rechtsordnung im Grunde „Unrechtseinsverhalte" 'regierten', also nur sagten, „was nicht sein soll (oder nicht unrecht ist)", aber eigentlich nicht, „*was* recht ist". Denn die Idee des Rechts knüpfe an das „Unrechtsein" an, nicht an das „Rechtsein". Folglich gelte als „rechtmäßig" oder der „Rechtsordnung gemäß" alles, „was nicht ein Unrechtsein einschließt".

[60] Dazu H. Hofmann, Hugo Grotius, in: ders., Recht–Politik–Verfassung, 1986, S. 31 (46 ff.).

Besonders scharf und bitter schmeckt die Ungerechtigkeit bei Übergriffen und Verletzungen durch jene, von denen wir eigentlich Schutz erwarten. Schopenhauer spricht von einer „doppelten Ungerechtigkeit", weil schon die Verletzung der Schutzverpflichtung Unrecht sei und das Unrecht der Verletzungshandlung noch dazukomme. Er nennt den Wächter, der mordet, den Hüter, der stiehlt, den Richter, der sich bestechen lässt (752). In der Tat gewinnt etwa die dem berühmt-berüchtigten Michael Kohlhaas zugefügte Verletzung ihre außerordentliche, seine Reaktion ins Politische treibende Schwere gerade dadurch, dass der Sächsische Hof seine Klage unterdrückt. Vielleicht entwickelt sich unsere Vorstellung von Gerechtigkeit ja überhaupt aus der kindlichen Erfahrung jener doppelten Enttäuschung, die durch den Bruch des Versprechens einer anerkannten Autorität hervorgerufen wird: so W. Kaufmann, *Jenseits von Schuld u. Gerechtigkeit,* 1974, 87. Vorenthaltung dessen, worauf jemand einen moralischen Anspruch hat, und Wortbruch schienen auch schon John Stuart Mill (1806–1873) zwei der fünf primären Erscheinungen von Ungerechtigkeit. Darüber hinaus benannte er im 5. Kap. „Über den Zusammenhang zwischen Gerechtigkeit und Nützlichkeit" seines Buches *Utilitarianism* von 1864 (dt. 1976 u. ö.) noch die Missachtung gesetzlich verbürgter Rechte einer Person, die Gewährung bzw. Zufügung unverdienter Vor- oder Nachteile und die Parteilichkeit von Entscheidungen. Das Besondere dieser Gerechtigkeitsphilosophie Mills besteht indes in dem Versuch, die (Schopenhauer im Ansatz verwandte) Psychologie elementarer Unrechtserfahrungen mit der Einsicht in deren gesellschaftliche Schädlichkeit so zu verbinden, dass daraus sowohl das eigentlich moralische Moment bei Bildung und Verwendung des Gerechtigkeitsbegriffs wie die gegenüber anderen moralischen Ideen spezifische Verschiedenheit des Gerechten einsichtig wird.[61] „Natürliche Reaktion" auf Unrecht seien Empörung, Zorn und das Verlangen nach Vergeltung, nach Rache. Daraus beziehe das Gerechtigkeitsgefühl seine eigentümliche Selbstbehauptungskraft. Bei den „Gerechten" sei mit diesem Gefühl, so Mill weiter, aber noch ein anderes verbunden, nämlich die Empörung über den durch die Verletzung eines Einzelnen der Gesellschaft insgesamt zugefügten Schaden. Und diese mitlaufende Reflexion des Gesamtinteresses, nämlich des Sicherheitsinteresses eines jeden, der allgemeinen Erwartungssicherheit und der Gleichheit aller (weil das Glück eines jeden gleich viel wert ist) mache

[61] Dazu J.-C. Wolf, John Stuart Mills „Utilitarismus", 1992, S. 169 ff.

den spezifisch moralischen Gehalt des Gerechtigkeitsgefühls aus. In der angelsächsischen Welt spielte und spielt Mills eingängig geschriebener Klassiker der utilitaristischen Ethik übrigens eine ähnlich große Rolle wie bei uns die Metaphysik der Sitten seines Antipoden Kant, dessen antiutilitaristische Moralphilosophie der Innerlichkeit jeden Rückgriff auf die soziale Nützlichkeit als moralisches Kriterium in einer sehr nachhaltigen Weise kategorisch ausschloss.

§ 16 Die tragische Exposition der nomologischen Differenz

I. Der Tod der Antigone

In der Konsequenz seiner Vorstellung vom Recht als einer Schutzvorkehrung gegen das Erleiden von Verletzungen kommt Schopenhauer zu einer liberal-rechtsstaatlichen Staatszwecklehre, die er zunehmend mit der ihm eigenen Grobheit gegen Hegels Überhöhung des Staates kehrt (dazu später § 28). Aufgabe des Staates ist es danach, jenen Schutz durch Recht in dreifacher Hinsicht zu garantieren: nach außen, im Innern und gegen die Beschützer (II 762 ff.). Schutz nach außen meint v. a. den Schutz vor anderen Völkern. Indem sie den Grundsatz, „stets nur defensiv, nie aggressiv gegen einander sich verhalten zu wollen, mit Worten, wenn auch nicht mit der Tat, aufstellen“, anerkennen sie das Völkerrecht. Schutz im Innern heißt: Schutz der Staatsbürger gegeneinander durch Sicherung des Privatrechts und durch Einführung des Strafrechts. Schutz schließlich vor den Beschützern, „welchen die Gesellschaft die Handhabung des Schutzes übertragen hat“, verlangt „Sicherstellung des öffentlichen Rechtes“ durch Sonderung und Trennung der Staatsgewalten (dazu § 27 II). Denn wer stark genug zum Schutz aller ist, der ist auch stark genug, einen jeden von ihnen zu verletzen. Eine solche Verletzung aber wäre, wir hörten es schon, eine „doppelte Ungerechtigkeit“. Von einer himmelschreienden Untat, einem Frevel, bei dem die Götter ihr Antlitz verhüllen, spricht Schopenhauer (III 753), wenn die Beschützer selbst die Schutzbefohlenen angreifen. Aber das ist noch nicht das allerschlimmste Übel, wenn diejenigen, die dazu berufen sind, das Recht als schützende Ordnung aufzurichten und zu wahren, ihre rechtlich eingerichtete und gesicherte Macht zu Rechtsverletzungen missbrauchen. Schopenhauer konnte nichts von dem Abgrund ahnen, der sich auftut, wo verbrecherische Machthaber im Namen der Staatsräson mit rechtlichen Regelungen in den

Bereich der zu schützenden Güter und Sphären eingreifen und das Recht zum Instrument ideologisch begründeten Terrors machen. Denn wenn wir auch nicht genau definieren können, worin Gerechtigkeit besteht: dass die Todesstrafe für eine private regimekritische Äußerung Unrecht ist, das wissen wir auch so. Mit den in der berühmten „Radbruch'schen Formel" daraus abgeleiteten Folgerungen werden wir uns noch beschäftigen müssen (s. § 21 III). Schließlich bleibt in diesem Zusammenhang eine weitere Erfahrung zu bedenken: selbst gutes Recht kann in der äußersten Konsequenz seiner Anwendung in inhumanes Unrecht umschlagen. *Summum ius, summa iniuria,* wussten schon die Alten.

Der schreckliche Umschlag starrer Rechthaberei, die ungerechte Rechtssetzung einer tyrannischen Staatsgewalt – das sind im Grunde uralte und zugleich immer wiederkehrende Erfahrungen. Deshalb sprechen Antigone und Kreon in ihrem Streit um den unbegrabenen Leichnam des Polyneikes noch heute unmittelbar zu uns, über die tiefe Kluft der Zeiten hinweg. Zur Erinnerung: Nach dem Mythos, wie Sophokles (496–406) ihn vorführt, war Kreon als nächster Blutsverwandter rechtmäßig König von Theben geworden, nachdem die ursprünglichen Erben aus der fluchbeladenen Ehe des Ödipus mit seiner Mutter sich im Kampfe um den Thron gegenseitig getötet hatten: Eteokles als Verteidiger des Vaterlandes, Polyneikes an der Spitze eines Heeres fremder Eroberer. Erste Herrscherpflicht des neuen Königs: die Sorge um die Gefallenen. Den Eteokles lässt er „nach Recht und Sitte im Schoß der Erde (bergen)", damit er „drunten bei den Verstorbenen in Ehren (stehe), des Polyneikes armer Leichnam aber" darf nach seiner Anordnung „nicht beweint und nicht begraben werden – ... unbeklagt und unbestattet" soll er „den Vögeln ... zum üppigen Fraße" dienen (V. 23–30). Dagegen empört sich Antigone, die Schwester der Toten. Aufgewühlt, mit heißem Herzen (V. 88), von Liebe bewegt (V. 523), aber auch von Hass (V. 87, 93, 94), trotzt sie dem Gesetz des Kreon, begräbt Polyneikes und wird dafür zum Tode verurteilt, was schließlich auch den Rest der Familie ins Verderben stürzt. Gleichwohl: Kreons Herrschaft ist nicht von Anfang an willkürlich und tyrannisch. Nach all den vorangegangenen Erschütterungen muss die Autorität der Königsherrschaft gefestigt, müssen Freund und Feind scharf unterschieden, die Verteidiger der Vaterstadt folglich geehrt, deren Verräter und Feinde aber über den Tod hinaus verdammt werden. Kreon ist das Gesetz Thebens und vertritt die Staatsräson. Ihr stellt sich Antigone auf die fassungslos-ingrimmige Frage Kreons – „Und wagtest, mein Gesetz zu übertreten?" – offen provokativ entgegen (V. 450 ff.):

> „Der das verkündete, war ja nicht Zeus,
> Auch Dike in der Totengötter Rat
> Gab solch Gesetz den Menschen nie. So groß
> Schien dein Befehl mir nicht, der sterbliche,
> Daß er die ungeschriebnen Gottgebote,
> Die wandellosen, konnte übertreffen.
> Sie stammen nicht von heute oder gestern,
> Sie leben immer, keiner weiß, seit wann.
> An ihnen wollt' ich nicht, weil Menschenstolz
> Mich schreckte, schuldig werden vor den Göttern."

Für Antigone sind beide Brüder mit ihrem Tod unterschiedslos aus der Welt des Staates, des Forums, der Politik, des Gesetzes, der öffentlichen Auseinandersetzung, kurz: aus der Welt der Tat und der Männer zurückgekehrt in die familiale Sphäre des bloßen Seins, der Verwandtschaft, dorthin, wo die Frauen die Sitte pflegen und das Herdfeuer hüten. Ihnen vor allen obliegt es, den Totenkult zu üben und die Toten wieder im Schoß der Erde zu bergen. Hier ist das an den Schwestern als den einzigen weiblichen Verwandten. Nach Hegels Geschlechterphilosophie gilt die Pflicht der Schwester gegenüber dem Bruder sogar als „die höchste", weil der Verlust des Bruders wegen „Gleichgewichts des Blutes und begierdeloser Beziehung" für die Schwester „unersetzlich" sei (Werke stw 3, 337 f.).

Antigone und Kreon empfinden, denken und handeln so in einem je eigenen Kontext. Bei Kreon sind die Konnotationen: Männlichkeit, Tat, Staat, Herrschaft, Hierarchie, Gesetz, Klarheit, Bestimmtheit, Offenheit und Tag; bei Antigone: Weiblichkeit, Sein und Fühlen, Familie, Geschwisterlichkeit, Sitte, Dienst, Kult, Heil, Erde, Totenreich, Dunkelheit und Abgeschlossenheit. Vor diesem Hintergrund erscheint Kreon als ein Herrscher, der sich von einer an sich wohlbegründeten Ausgangsposition aus in blinde Tyrannei verrennt. Bei Antigone nimmt der Kontext ihrer Revolte alles bloß Individuelle oder Privat-Willkürliche, ohne freilich das hochfahrend Auftrumpfende, Trotzige, den „frommen Frevel" (V. 74) ganz zu decken. Das macht Größe und Tragik des Stückes aus im Gegensatz etwa zu Schillers *Wilhelm Tell.* Dort greifen die durch die Obrigkeit unerträglich Unterdrückten zwar auch „in den Himmel". Aber abgesehen davon, dass im 18. Jh. dort nicht *nomima,* also nicht sittliche Gebräuche und Gebote „hangen", sondern subjektive Rechte, sind die Schweizer voll ungetrübten Edelmuts, während der Kaiser pflichtvergessen und sein Vogt Geßler schlechterdings ein Schurke ist. Allerdings verhalten sich die beiden Seiten bei Sophokles auch nicht einfach symmetrisch, wie sie Hegel mehr zur Illustration seiner eigenen Philosophie darstellt:

> „Auf eine plastische Weise wird die Kollision der beiden höchsten sittlichen Mächte gegeneinander dargestellt in dem absoluten Exempel der Tragödie, *Antigone*; da kommt die Familienliebe, das Heilige, Innere, der Empfindung Angehörige, weshalb es auch das Gesetz der unteren Götter heißt, mit dem Recht des Staats in Kollision. Kreon ist nicht ein Tyrann, sondern ebenso eine sittliche Macht. Kreon hat nicht Unrecht; er behauptet, daß das Gesetz des Staats, die Autorität der Regierung geachtet werde[n muß] und Strafe aus der Verletzung folgt. Jede dieser beiden Seiten verwirklicht nur die eine der sittlichen Mächte, hat nur die eine derselben zum Inhalt. Das ist die Einseitigkeit, und der Sinn der ewigen Gerechtigkeit ist, daß beide Unrecht erlangen, weil sie einseitig sind, aber damit auch beide Recht" (Werke stw 17, 133).

Ganz gleich sind die Geltungsansprüche jedoch nicht. Kreons Rechtsakte *(nomoi)* – Bestattungsverbot und Todesurteil – setzen für Antigone, den Menschen, gültiges Recht. Aber dieses Recht ist ungerecht, weil es die von Antigone vertretenen „himmlischen" Grundsätze *(nomima)* verletzt, also eben doch gegen eine höhere Norm, ein nicht disponibles Maß verstößt.[62] Antigones Opfertod besiegelt die Unauslöschlichkeit der Frage nach dem Rechten über dem Recht oder den Grenzen der Rechtlichkeit des Rechts. Eine dazu symmetrische Frage nach dem Maßstab für das Gegengewicht, also für die sittlichen Mächte gibt es nach Hegel aber gerade nicht. Über jene Grundsätze ist nämlich nicht mehr zu sagen, als dass sie existieren: „Sie *sind*" (Werke stw 3, 322). In § 273 seiner Rechtsphilosophie hat Hegel in demselben Sinne über die Verfassung gesagt, dass sie „das schlechthin an und für sich Seiende, ... das Göttliche und Beharrende" sei. Einfaches „Recht" hört auf, ein Perfektionsbegriff zu sein. Er wird steigerungsfähig. Richtiges oder gerechtes Recht, ewige Grundsätze, Gerechtigkeit und Verfassung relativieren ihn (vgl. vorne § 5 I).

[62] Dazu R. Bultmann, Polis und Hades in der Antigone des Sophokles, in: FS f. K. Barth, 1936, S. 78 (85 f.).

II. Aspekte des von Natur Rechten

Es ist dieser Horizont einer Normenhierarchie, der die tragische Exposition der nomologischen Differenz von einer Antithese unterscheidet, welche die Diskussion der Sophisten, dieser aufklärerischen Lehrer der Redekunst im 5. vorchristl. Jh., beherrschte und die dann Aristoteles aufgegriffen und seinerseits mit dem Beispiel der Antigone verbunden hat. Es geht um die Entgegensetzung von Physis (Natur) und Nomos (Gesetz),[63] genauer um das von Natur aus und das nur kraft künstlicher menschlicher Satzung Gerechte. Sie resultierte aus dem Zerfall des alten Nomos-Begriffs, der keinen abstrakten Maßstab, sondern die konkrete Wirklichkeit der gelebten göttlichen Ordnung in Natur und Menschenwelt bezeichnet hatte. Dabei wirkten verschiedene Momente zusammen. Einerseits vermittelten Reisen und Reiseberichte Einsicht in die Relativität der jeweiligen *nomoi.* Zudem ließ die politische Praxis demokratischer „Gesetzesmacherei" nach tiefer Erschütterung der traditionellen Ordnung durch den politischen Niedergang Athens das Gesetz als willkürliche Setzung erscheinen. Auf der anderen Seite stärkten die Ionische Naturphilosophie und die Blüte der Medizin die Vorstellung von Naturgesetzlichkeiten. Der Sophist Antiphon aus Athen, ein Zeitgenosse des Sokrates, formte daraus so etwas wie eine „Zwei-Reiche-Lehre":

> „Gerechtigkeit besteht darin, die gesetzlichen Vorschriften des Staates, in dem man Bürger ist, nicht zu übertreten. Es wird also ein Mensch für sich am meisten Nutzen bei der Anwendung der Gerechtigkeit haben, wenn er vor Zeugen die Gesetze hoch hält, allein und ohne Zeugen dagegen die Gebote der Natur; denn die der Gesetze sind willkürlich, die der Natur dagegen notwendig; und die der Gesetze sind vereinbart, nicht gewachsen, die der Natur dagegen gewachsen, nicht vereinbart."[64]

Nach dem – allerdings nichts weniger als unvoreingenommenen – Bericht Platons haben andere Sophisten diese Unterscheidung naturalistisch im Sinne eines natürlich-gesunden Vorrangs der Stärkeren interpretiert. Die Gesetze dagegen seien nur Konventionen zur Knebelung der von der Natur besser Ausgestatteten, also bloß Ausdruck von Neid und Missgunst der Geringeren und Schwächeren, in Nietzsches Worten *(Genealogie der Moral)*: Erscheinung des

[63] Dazu G. Dux, Die Logik der Weltbilder, 1982, S. 266 ff.

[64] H. Diels/W. Kranz (Hg.), Die Fragmente der Vorsokratiker, griech. u. dt., Bd. 2, ^{6}1952, S. 346 f.

Ressentiments der Schlechtweggekommenen, Produkt einer „Sklaven-Moral".

„Zu ihren Gunsten und zu ihrem eigenen Nutzen stellen diese die Gesetze auf, sprechen sie Lob und Tadel aus. Die Stärkeren unter den Menschen und diejenigen, die imstande sind, ein Übergewicht zu erlangen, wollen sie einschüchtern, damit sie nicht mächtiger als sie werden können, und behaupten deshalb, es sei häßlich und ungerecht, einen Vorteil zu suchen, und darin bestehe eben das Unrechttun: daß man mehr haben will als die anderen. Denn da sie weniger wert sind, sind sie ... zufrieden, wenn sie nur den gleichen Anteil haben" (Kallikles nach Platon, *Gorgias* 483 b–d).

Anknüpfend an die Antithese des von Natur und des kraft Satzung Gerechten hat Aristoteles (384/3 – 322/1) den Begriff des Naturrechts geprägt: Es habe überall dieselbe Kraft der Geltung und sei unabhängig von der Zustimmung der Menschen, während das Gesetzesrecht zu ihrer Disposition stehe (*Nikomachische Ethik* 1134b). Diese Definition scheint auf eine Hierarchie von geschriebenen und ungeschriebenen Normen im sophokleischen Sinn hinzudeuten und konnte in dieser abstrakten Form auch so verwendet werden, ist hier aber anders gedacht. Das ergeben drei nähere Bestimmungen. Aristoteles meint nämlich, das Recht der Polis bestehe *nebeneinander* teils aus Natur-, teils aus Gesetzesrecht. Des Weiteren erklärt er auch das Naturrecht im Gegensatz zu den unwandelbaren Gottgeboten der Antigone ausdrücklich für wandelbar. Es scheint, dass Aristoteles dabei an eine kulturelle Um- oder Überformung vorgegebener Dispositionen durch abweichende Übung denkt. Schließlich betreffen die von Aristoteles selbst angeführten Beispiele eher das, was wir konkrete sozio-politische und kulturelle Einrichtungen nennen würden, nämlich die Stellung der Sklaven (*Politik* 1254a), der Frauen (ebd. 1259b) und der nichtgriechischen Fremden (ebd. 1327b). Der Gedanke eines allenthalben den menschlichen Satzungen von Natur vorgegebenen Maßes ungeschriebener Normen konnte erst auf der Grundlage einer neuen spekulativen Einheit von Physis und Nomos im göttlichen Logos als Weltprinzip ausgearbeitet werden. Bevor wir zu dieser für das neuzeitliche europäische Rechtsdenken grundlegenden Philosophie der *Stoa* kommen (§ 18 I), müssen wir erst noch einer schon durch die Diskussion der Sophisten vermittelten Erfahrung nachgehen, die das Erlebnis von Tragik in der Kollision von Normen ergänzt, aber nicht damit zusammenfällt. Die Rede ist von dem Umstand, dass das positive Recht nicht nur wegen eines eklatanten Widerspruchs zu ungeschriebenen Grundsätzen, sondern auch wegen seiner – wirklich oder vermeintlich – grenzenlosen Beliebigkeit und haltlosen Relativität als ungerecht erlebt wird.

§ 17 Platons Idee der Gerechtigkeit

I. Relativität des Rechts

Zeugnisse der Verzweiflung an der Relativität des Rechts gibt es aus allen Zeiten. Das eindrucksvollste Beispiel bieten die *Gedanken (Pensées)* des französischen Philosophen, Mystikers und Mathematikers Blaise Pascal (1623–1662). Er hält die Menschen für offenkundig unfähig, das wahre Recht zu erkennen und wirklich gerecht zu sein. Die krassen regionalen Unterschiede dessen, was als Recht gelte, bewiesen dies ebenso wie der unaufhörliche geschichtliche Wandel der Auffassungen von Recht und Gerechtigkeit. Sie unterlägen, sagt Pascal gallenbitter, der Mode (Frag. 309). Und in Fragment 294, diesem Kardinalstück heißt es:

„Kennte er (der Mensch) es (das Recht), so würde man niemals diesen Grundsatz aufgestellt haben, der von allen Grundsätzen, die die Menschen kennen, der gewöhnlichste ist: daß jeder den Sitten seines Landes folgen solle; der Glanz der wahren Gerechtigkeit würde alle Völker bezwungen haben, und die Gesetzgeber hätten nicht an Stelle dieses unveränderlichen Rechtes die Hirngespinste und Launen von Persern und Deutschen zum Vorbild gewählt. Man würde das Recht in allen Staaten und zu allen Zeiten gehegt finden, während man so kein Recht und kein Unrecht findet, das nicht mit dem Klima das Wesen ändere. Drei Breitengrade näher zum Pol stellen die ganze Rechtswissenschaft auf den Kopf, ein Längengrad entscheidet über Wahrheit; nach wenigen Jahren der Gültigkeit ändern sich grundlegende Gesetze; das Recht hat seine Epochen, der Eintritt des Saturns in den Löwen kennzeichnet die Entstehung dieses oder jenes Verbrechens. Spaßhafte Gerechtigkeit, die ein Fluß begrenzt! Diesseits der Pyrenäen Wahrheit, jenseits Irrtum."

Und da der Mensch das wahre Recht nicht finden konnte, habe er konsequenterweise zur Macht seine Zuflucht genommen (Frag. 297). Pascal ist also auch am Naturrecht oder an dessen Erkennbarkeit verzweifelt. In einer augustinisch-protestantischen Weise tritt er aus der aristotelisch-thomistisch-katholisch-amtskirchlichen Lehre einer zum größten Teil schon mit der sog. natürlichen (noch nicht durch die göttliche Gnade erleuchteten) Vernunft erkennbaren göttlichen Weltordnung heraus. Er nimmt – wie Descartes oder Platon – den Weg nach innen, aber nicht zur Selbstreflexion der Vernunft (dazu § 25), auch nicht zur intuitiven geistigen Schau des Wesentlichen, sondern zur „Logik des Herzens" und zur Stimme seines Gottes in ihr. Doch zurück zu der Exposition des Problems bei den Sophisten.

Jene Ungerechtigkeit eines völlig beliebigen Rechts und der hemmungslose Relativismus gewisser sophistischer Rechtslehrer, die das Recht als bloßes Herrschaftsmittel des Mächtigsten oder der Mehrheit denunzierten, bezeichnen den Widerpart, dem Platon mit seiner Philosophie entgegentrat. Und das umso entschiedener, als sein Lehrer Sokrates ein Opfer der auf diese Weise verdorbenen Justiz Athens geworden war. Rückschauend schreibt Platon im 7. Brief (325b – 326b), dass er gerade im Blick darauf und auf die Menschen, die die Staatsgeschäfte in der Hand hatten, auf die zerfallenen Sitten und die heillosen Gesetze schließlich zu der Überzeugung gekommen sei, dass alle Staaten samt und sonders in schlechter Verfassung seien und es allein die rechte Philosophie möglich mache zu erkennen, was im Staat und im Leben des einzelnen Menschen gerecht sei. Demnach werde die Drangsal des Menschengeschlechts nicht aufhören, „bis entweder die Genossenschaft der echten und wahren Weisen zur Herrschaft im Staate gelange oder bis der Machthaber in dem Staate durch eine göttliche Fügung wirklich der Weisheit sich befleißige". Dementsprechend steht in den Dialogen Platons anfänglich weithin die Auseinandersetzung mit dem Relativismus der Sophisten im Mittelpunkt. Protagoras (480–410), der Bedeutendste von ihnen, hat mit seinem sog. *Homo-mensura*-Satz dessen klassische Formel geliefert: „Aller Dinge Maß ist der Mensch, der seienden, daß (wie) sie sind, der nichtseienden, daß (wie) sie nicht sind."[65] Diese These leugnet den Menschen objektiv vorgegebene Maßstäbe. Dass der Mensch in seiner Subjektivität überhaupt nicht zum Maß taugt, ist damit – gegen Platon – freilich noch nicht ausgemacht. Dieser Punkt wird uns später im Dritten Teil beschäftigen.

II. Die Ideenlehre

Schon seit Aristoteles gilt die Ideenlehre als das Kernstück der platonischen Philosophie. Da gibt es allerdings Zweifel, weil sie aufs Ganze gesehen nur einen kleinen Teil der Schriften einnimmt. Für Platons *Staat* (*Politeia* = P) trifft das Urteil indes zu. Berühmt ist das

[65] Diels/Kranz (N 64), Bd. 2, S. 263.

Höhlengleichnis im VII. Buch. Danach ähneln die Menschen Höhlenbewohnern, die, mit dem Rücken zum Licht festgebunden, statt der realen Gegenstände der Außenwelt stets nur deren Schattenrisse auf der ihnen gegenüberliegenden Felswand zu sehen bekommen und folglich diese Abbilder für die Realität halten. Aus der Höhle herauf ans Sonnenlicht gebracht, würden ihnen die Augen schmerzen, hätten sie größte Mühe, allmählich Menschen und Dinge zu sehen, wie sie wirklich sind. Das Gleichnis illustriert Notwendigkeit und Schwierigkeiten des „Aufschwungs der Seele in die Region der Erkenntnis". Diese aber muss sich als das wahre Wissen im Gegensatz zur bloßen Meinung auf das wahrhaft, nämlich unveränderlich Seiende richten und darf nicht die gleichsam schattenhaft vorüberhuschenden Erscheinungen unserer sinnlich wahrnehmbaren Welt unablässigen Wandels als das Wesentliche ansehen. Einen beliebigen vergänglichen Gegenstand als das erkennen, was er ist, heißt also erkennen, dass er an einem unvergänglichen Sein teilhat oder etwas Ewiges nachahmt. Das aber ist das Urbild *(eidos)* oder die Idee *(idéa),* also die Urgestalt des Gegenstandes. Da sie als Urform aller wandelbaren Abbilder selbst allem Wandel entzogen ist, nennt Platon sie das wahrhaft Seiende und stellt sie den wandelbaren Dingen der Sinnenwelt gegenüber, die nur kraft Teilhabe oder Nachahmung der Urbilder zu sein scheinen und folglich Objekte der unsicheren und fehlsamen Meinung sind. Gegenstand vollkommenen und unfehlbaren Wissens sind allein die Ideen, die nur geistig, also unsinnlich geschaut werden kraft Wiedererinnerung der Seele an das vor der Geburt Gesehene (*Phaidon* 73a–77a)[66].

Die dichterisch-mythologische Einkleidung der Ideenlehre täuscht vielleicht darüber hinweg: Doch liegt ihr eine ganz nüchternrationale Einsicht zugrunde, nämlich die Entdeckung und präzise Bestimmung der Idealität geometrischer Gegenstände: Kreise, Dreiecke, Vierecke usw. „an sich" (P VI 21). Ursprünglich beantwortet die Ideenlehre also die Frage, wovon die Geometrie handelt. Platon will damit freilich darüber hinaus das Problem der Rede von theoretischen Gegenständen überhaupt lösen, wie es sich namentlich in der Ethik und der Ästhetik stellt, wenn vom Guten, Schönen und Gerechten gesprochen wird (*Phaidon* 75c–d; 7. Brief 342b–344d). Diese Erweiterung verändert jedoch den Charakter der Ideenlehre: Sie wird spekulativ. Denn die methodische Unterscheidung von Urbild

[66] Diese Zitierweise richtet sich nach der Stephanus-Ausg. von Platons Werken Paris 1578 (Seite, Zeilengruppe), der alle Drucke folgen.

und Abbild mutiert zur ontologischen („seinswissenschaftlichen") Aussage über Idee und Erscheinung, über die sichtbare Welt und eine „Hinterwelt" (Nietzsche). Damit geht eine Tendenz zur Verdinglichung der Ideen einher. Die praktische Absicht der Handlungsorientierung führt zudem zu einer Hierarchisierung der Ideenwelt durch eine höchste Idee: die des Guten. Nach dem Sonnengleichnis (P VI 20) kommt von dem Guten her „dem Erkannten nicht nur das Erkanntwerden" zu, sondern „auch sein Dasein und sein Wesen ..., obwohl das Gute nicht selbst das Sein ist, sondern noch über das Sein an Würde und Kraft hinausragt" – so wie die Sonne „dem Sichtbaren nicht nur das Vermögen, gesehen zu werden, sondern auch das Werden und Wachstum und Nahrung" verleiht, „ohne daß sie selbst ein Werden ist".

III. Herrschaft der Philosophenkönige

Schon aus diesen wenigen Andeutungen erschließt sich die Aufgabe der platonischen Philosophie im Blick auf Staat, Recht und Politik. Es geht darum, anstelle bloßer Meinungen sicheres praktisch-moralisches Wissen zu entwickeln und zu vermitteln oder – was dasselbe ist – zu Staatsbürgertauglichkeit („Tugend") zu erziehen; denn Tugend und wahrhaftes Wissen kraft Einsicht in die Idee des Guten sind identisch *(Menon)*. Gibt es aber solches Wissen, dann ist es auch für das Handeln verbindlich, weil der Mensch nach Platon nicht wider besseres Wissen handeln kann. Folglich muss es das Leben der Menschen leiten und d. h. letztlich: den Staat lenken. Da aber nicht alle Menschen solcher Einsicht fähig sind, sondern nur die besten und auch die nur nach langer Erziehung und Übung, muss ein Herrscher-Stand der intellektuell am besten Trainierten eingerichtet werden. Das ist der aristokratisch-institutionelle Sinn des platonischen Postulats der Herrschaft von Philosophenkönigen, dem wir in Platons 7. Brief schon begegnet sind (§ 17 I) und das im *Staat* (V 18) folgendermaßen lautet:

„Wenn nicht entweder die Philosophen Könige werden in den Städten ... oder die, die man heute Könige und Machthaber nennt, echte und gründliche Philosophen werden, und wenn dies nicht in eines zusammenfällt: die Macht in der Stadt und die Philosophie, und all die vielen Naturen, die heute ausschließlich nach dem einen oder dem anderen streben, gewaltsam davon ausgeschlossen werden, so wird es ... mit dem Elend kein Ende haben, nicht für die Städte und auch nicht ... für das menschliche Geschlecht."

Von diesem Kerngedanken der Handlungsorientierung durch verlässliches Wissen ausgehend ist Platons idealer Staat – Urbild aller Staatsutopien – in seiner Staats-Pädagogik der *Politeia* als ein zusammengesetztes Großindividuum gedacht. Elemente sind freilich nicht wie bei Hobbes die Einzelnen, sondern die drei Teile der Seele, denen je eine bestimmte Tugend und ein besonderer Stand entspricht. Koordiniert werden die drei Stände und ihre Tugenden – die Herrschenden mit ihrer Einsicht, die Krieger mit ihrer Tapferkeit und die Erwerbstätigen mit ihrer Geschicklichkeit – durch die Tugend der Gerechtigkeit, die einen jeden heißt, „das Seinige zu tun" (P IV 10 u. 11). Organisation und Leben der beiden oberen Stände bedürfen nach Platon tief greifender und strenger Reglementierung (Frauen-, Güter- und Kindergemeinschaft, jahrzehntelange Erziehung und Übung, Verbot von Epos und Tragödie etc.). Darin steckt allerdings etwas Paradoxes. Denn die Herrschaft der Vernunft bedarf offenbar der vorgängigen Errichtung einer umfassenden und detaillierten, zudem ziemlich starren Ordnung. Und angesichts dieser fest gefügten, statischen Verfassung fragt man sich, welche großen Entscheidungen die Herrschenden kraft ihrer überlegenen Weisheit denn noch zu treffen haben. Zielt die ganze Lehre doch auf die Verhinderung politischer Veränderungen jener guten Ordnung. Gleichwohl hat das Postulat der Philosophenherrschaft neben, ja noch vor seiner staatsinstitutionellen eine entscheidungstheoretische Bedeutung. Sie liegt in der Organisation dessen, was die Juristen Einzelfallgerechtigkeit nennen. Denn die Macht des „mit Einsicht königlichen Mannes" über alles stellen, heißt ja, dass nicht die *Gesetze* die Macht haben sollen (*Politikos* 294a). Die weisen Herrscher sind also die, die alle Entscheidungen in der vollständigen Kenntnis aller Umstände und Gesichtspunkte aus Einsicht in die Idee des Guten richtig zu treffen vermögen – ohne alle Regeln, Rezepte und Normen, deren Starrheit eher hinderlich erscheint, das jeweils ganz Gerechte zu finden. Diese Freiheit von Normen geht freilich noch weiter. Zum Wohle der Stadt sollen die Philosophenherrscher sogar lügen und täuschen dürfen (P III 3).

Was immer man gegen dieses an die Verfassung Spartas erinnernde politische Programm Platons unter dem scheinbar nahe liegenden Schlagwort des Totalitarismus sagen kann, hat in der größtmöglichen Schärfe Karl R. Popper, der Begründer des „Kritischen Rationalismus", im 1. Band seines Werkes über „Die offene Gesellschaft und ihre Feinde" vorgebracht (1945, 1. dt. Ausg. 1957). Ob diese der Auseinandersetzung mit dem Totalitarismus des 20. Jh. entsprungene Polemik dem historischen Gegenstand angemessen ist, mag man bezweifeln. Hier bleibt nur der Hinweis nachzutragen, dass Platon in seinem Alterswerk *Gesetze (nomoi)* selbst von seinem Idealstaat Abstand genommen und als „zweitbesten" Staat eine politische Organisation nach detaillierten gesetzlichen Regelungen empfohlen hat. So viel ist in der Tat sicher: Unmittelbar auf den Grundsatz der Gerechtigkeit lässt sich unter Menschen keine politische Ordnung bauen. Er vermag nur als Leitlinie oder Korrektiv einer nach anderen Prinzipien errichteten Herrschaftsordnung zu fungieren. Dem widerspricht auch nicht der berühmte Lehrsatz des Kirchenvaters Augustin (354–430) in dessen *Gottesstaat* (*De civitate Dei* IV 4), wonach die Reiche nichts anderes seien als große Räuberbanden, wenn ihnen die Gerechtigkeit fehle. Im Gegenteil: denn jedenfalls sind und bleiben sie wie jene Banden nach irgendwelchen Grundsätzen herrschaftlich organisierte Einheiten. Und deshalb sind auch Räuberbanden, wie Augustin fortfährt, „nichts anderes als kleine Reiche".

§ 18 Maß des ungerechten Rechts und Relativierung der Relativität des Rechts: Das ontologische Naturrecht

I. Die Lehren der Stoa

Wie die Akademie Platons vom Hain des Akademos und die aristotelische Schule der Peripatetiker vom Wandelgang *(perípatos)* des Lykeion-Gymnasiums („Lyzeum") beim Hain des lykischen Apollon hat auch die Athener Philosophenschule der Stoa ihren Namen von ihrem Sitz: einer mit bunten Bildern geschmückten Säulenhalle, griechisch: *stoà poikíle.* Wenn es einen zentralen Gedanken dieser großen, sich weit verzweigenden Lehrtradition gibt, dann ist es der, dass die Welt eine einzige *Polis* („Stadt") sei und alle Menschen als Bürger dieses Gemeinwesens in gleicher Weise an dessen göttlichem Geist Anteil hätten. Von Chrysipp (281/77–208/4), einem der Gründerväter, ist folgende Sentenz überliefert: „Die Welt ist ein großer Staat mit *einer* Vernunft und *einem* Gesetz. Die natürliche Vernunft gebietet darin, was zu tun, und verbietet, was zu lassen ist."[67] Jahrhunderte später lehrt Epiktet (50–138) die römische Welt in seinen *Diatriben (Unterredungen),* dass der Kosmos eine einzige Stadt und

[67] SVF III 323 = J. v. Arnim, Stoicorum Veterum Fragmenta, Bd. III (1903, Nachdr. 1964), Fragm. Nr. 323. Zum Folg. A. Erskine, The Hellenistic Stoa, 1990; M. Forschner, Die stoische Ethik, [2]1995.

jeder Mensch wegen seiner Verwandtschaft mit Gott ein Weltbürger sei.[68] Für die diese Vorstellung tragende religiöse Anschauung hatte schon Seneca (gest. 65) in einem seiner philosophischen Lehrbriefe (Ep. 95 § 52) die alte mythologische Figur verwandt, wonach wir alle Glieder eines großen, göttlich beseelten Körpers seien. Noch in der ersten systematischen Entfaltung einer modernen universalistischen Rechtstheorie, also in Kants Arbeiten rund um den philosophischen Entwurf *Zum ewigen Frieden* (1795), ist davon ein Echo zu spüren: Sich als Staatsbürger zugleich als ein Glied der Weltbürgergesellschaft zu verstehen, sei die erhabenste Idee von der Bestimmung des Menschen, die nicht ohne „Enthusiasm", und d. h.: nicht ohne „Gotterfülltheit", gedacht werden könne.[69] So löst der stoische Pantheismus den sophistischen wie den aristotelischen Gegensatz von Physis und Nomos, von Natur und Gesetz auf.

In die Rechts- und Staatsphilosophie war jener stoische Zentralgedanke vom Welt-Nomos schon durch Marcus Tullius Cicero (106–43), den großen geistigen Vermittler zwischen Athen und Rom, eingeführt worden. Zwar hing Cicero vornehmlich der platonischen Akademie an, vertrat in Theologie und Ethik aber stoische Lehren und rechnet deshalb auch zur jüngeren, der römischen Stoa. In seiner Schrift über den *Staat (De re publica)* spricht er wie Chrysipp vom göttlichen Gesetz, das ewig und unveränderlich bei allen Völkern in gleicher Weise gilt. Dieser stoische Nomos ist selbst das göttliche Eine, die von Natur aus alles durchdringende Vernunft. Als Vernunftwesen hat der Mensch daran Anteil und folglich Einsicht in diese „Richtschnur für Recht und Unrecht" (Chrysipp). Cicero reproduziert diesen Gedanken, wenn er an derselben Stelle sinngemäß sagt, dass das wahre und ewige Gesetz von Natur aus eins sei mit der allen eingepflanzten rechten (geraden, unverbogenen) Vernunft *(recta ratio, diffusa in omnes)*. Mit dieser religiösen Vorstellung gelingt es den Stoikern, die Erfahrung der Relativität des Rechts selbst zu relativieren. So lehrte Chrysipp weiter: Zwar hätten die räumlich begrenzten Staaten, deren es so viele gebe, ganz unterschiedliche Verfassungen und Gesetze. Aber diese Erfindungen seien nur Zusätze zu dem einen Naturgesetz der *Megalopolis* („Groß-Stadt") des Kosmos (SVF III 323). In demselben Sinne spricht Kaiser Mark Aurel (121–180), auch er ein Vertreter der jüngeren, der römischen Stoa, in seinen griechisch geschriebenen *Selbstbetrachtungen* vom „Menschen als Bürger des obersten Staates,

[68] Epiktet, Teles und Musonius, hg. v. W. Capelle, 1948, S. 93, 116.
[69] Reflexionen zur Rechtsphilosophie 1799, Nr. 8077, AA XIX 603 (605).

von dem die übrigen Staaten gleichsam [nur] einzelne Häuser sind" (III 11). Viele Jahrhunderte später hat Montesquieu (1689–1755), ein großer Verehrer der stoischen Philosophie, diesen Gedanken aufgenommen, pointiert und seinem Hauptwerk *De l'esprit des lois* (*Vom Geist der Gesetze,* 1748) vorangestellt:

„Das Gesetz, ganz allgemein, ist die menschliche Vernunft, sofern sie alle Völker der Erde beherrscht; und die Staats- und Zivilgesetze jedes Volkes sollen nur die einzelnen Anwendungsfälle dieser menschlichen Vernunft sein."

Nach Pascals Verzweifeln an der Relativität des Rechts hat Montesquieu sie wie kein anderer vor ihm auf stoische Weise als Entwicklungsreichtum der Völker, ihrer Lebensbedingungen und Kulturen positiv gedeutet. Hegel war davon sehr beeindruckt. Durch die Frage nach den verschiedenen Gründen jener Rechtsvielfalt ist Montesquieu zu einem Gründervater von Rechtsethnologie und Rechtssoziologie geworden, verdankt die Unvergänglichkeit seines Weltruhms allerdings vornehmlich dem kleinen Kapitel über die Verfassung Englands (XI 6) mit einer bestimmten Version der Gewaltenteilungslehre. Auch sie hat in der Theorie von der gemischten, d. h. aus monarchischen, aristokratischen und demokratischen Elementen zusammengesetzten Verfassung eine stoische Wurzel (später § 27).

Der Universalismus der von Nichtgriechen begründeten stoischen Philosophie überschreitet im Hellenismus und dann mit dem Römischen Weltreich die äußeren Grenzen der griechischen Welt und mit ihnen die inneren Schranken ihres politisch-rechtlichen Denkens. Im Kosmopolitismus der Stoa geht unter, was noch für die politische Philosophie des Aristoteles konstitutiv war: der Unterschied zwischen den Griechen in ihren Städten und den Barbaren mit ihren Reichen, zwischen den sozialen Schichten der Polis, zwischen Freien und den Sklaven von Natur. So ist mit dem neuen Universalismus aus innerer Notwendigkeit ein neuer, menschheitsweit egalisierender Personalismus verbunden. Nachdrücklich gibt Mark Aurel zu bedenken, „wie eng die Verwandtschaft des Menschen mit dem ganzen Menschengeschlecht ist" und dass dies „nicht eine Gemeinschaft des Blutes oder Samens, sondern des Geistes (ist)", weil der Geist eines jeden von Gott stamme (XII 26). So ist dem Menschen nicht nur der Selbsterhaltungstrieb (der dann im Neustoizismus der frühen Neuzeit, bei Hobbes etwa, eine so große Rolle spielt – später § 24) etwas Natürliches, sondern auch die Menschenliebe und gegenseitige Vertrautheit der Menschen.[70] Auch Seneca akzentuiert mit der göttlichen Vernunftnatur des Menschen den religiösen Gehalt der Lehre und mahnt von daher eindringlich zu menschlicher Behandlung der Sklaven (Ep. 47). Kein Mensch ist von Natur Sklave, hatte schon Chrysipp gelehrt (SVF III 352). Und die stoische Pflicht, tugendhaft und d. h.: gemäß der Natur-Vernunft zu leben und gewissenhaft zu handeln (Seneca, Ep. 41 § 2), trifft jedes Vernunftwesen in gleicher Weise, ohne Rücksicht auf die soziale Stellung. Aus der stoischen Philosophie haben die römischen Juristen gelernt, dass nach dem Recht der Natur im Gegensatz zum *ius gentium* alle Menschen frei geboren werden (Dig. 1, 1, 3), dass sie im Hinblick auf das Naturrecht alle gleichwertig *(aequales)* sind (Dig. 50, 17, 32) und dass die Sklaverei gegen die Natur ist (Dig. 1, 5, 4). Auch an die Schutzgesetzgebung zugunsten der Sklaven ist in diesem Zusammenhang zu denken – nebst Verbesserungen der Rechtsstellung der Frauen.

Mit den Gedanken der natürlichen Gleichheit und Freiheit der Menschen und ihrer Brüderlichkeit waren bereits in der stoischen Philosophie die geistigen Grundsteine für die modernen Menschenrechte gelegt. Denn wenn die Menschen alle „Kosmopoliten" sind, dann sind sie es – anders als die Mitglieder einer konkreten Polis in ihren vielfältigen Beziehungen der Ungleichheit – offenbar alle in einer prinzipiell gleichen Weise. Trotzdem regt sich nirgendwo in der stoischen Philosophie auch nur der Hauch eines Protestes gegen die antiken Zustände elender Ungleichheit weit über die Sklaverei hinaus. Muss man doch auch an das Los der Kleinbauern denken. Sie konnten sich gegen die Konkurrenz der Patrizier, die das Gemeindeland zum großen Teil in ihren privaten Besitz gebracht hatten und nach phönizischem Vorbild als Plantagen durch Sklaven bewirtschaften ließen, nicht halten. Überschuldet zogen sie als Proletarier in die Stadt. Die Brüder Gracchus wollten mit ihrer Bodenreform gegensteuern. Die Stoiker aber, wenn sie sich überhaupt äußerten, verteidigten den Besitz. Selbst der freigelassene Sklave Epiktet, von der Gewalttätigkeit seines früheren Herrn gezeichnet, wollte zwar die Sklaven als Menschen anerkannt wissen, argumentierte jedoch nicht gegen die Sklaverei. Stärker als alles andere wirkte letztlich der stoische Fatalismus. Aus dem höchsten Ziel: Im Einklang mit der Natur-Vernunft leben, folgt die Forderung, sich in das Schicksal der Weltvernunft zu ergeben – und sei es die Sklaverei.

[70] Cicero: De finibus bonorum et malorum III 62 ff.; dt. v. O. Büchler: Vom höchsten Gut und vom größten Übel, 1957, S. 141 ff.

Die Doppeldeutigkeit des stoischen Naturbegriffs, der einerseits einen sachlichen Befund bezeichnet, andererseits eine normative Wertung einschließt, ist schon in der Antike kritisiert worden. In moderner Terminologie: Man hielt Sein und Sollen nicht auseinander (vorne § 2). Gleichwohl hat die Schule mit ihrer Lehre von einem natürlichen, aus der dem Menschen vorgegebenen Seinsordnung folgenden Recht mit bestimmten Geboten und Verboten ein über die Jahrhunderte wirksames, aus bestimmten negativen Erfahrungen mit einer gewissen Zwangsläufigkeit sich erneuerndes Denkmuster geprägt. Charakteristisch ist dafür also zum einen die Begründung des Rechts in einer Seinslehre („Ontologie") und nicht in einer idealen Sollensordnung. Als ein Teil des Kosmos lebt der Mensch nach dessen Gesetz, sagen die Stoiker. Folglich verwendet man für derartige Lehren den Begriff des ontologischen („seinswissenschaftlichen") Naturrechts. Es umfasst – und das ist das zweite Charakteristikum – nach seinem Anspruch ersichtlich nicht nur die Gerechtigkeitsidee oder ähnlich abstrakte Leitgedanken, sondern bestimmte Gebote und Verbote, mithin konkrete Verhaltensnormen. Aus der Zielrichtung des Rechten wird selbst Recht, höheres Recht. Und das ist schließlich das dritte wesentliche Merkmal: die Vorstellung einer Normenhierarchie. Danach stehen die naturrechtlichen Gesetze – anders als bei Aristoteles – nicht als Regulierungen gewisser Lebensbereiche *neben* den menschlichen Satzungen für die offenen Fragen, sondern – mit Geltungsvorrang – *über* den menschlichen Gesetzen. Es ist dasselbe Schema, wie es in der säkularisierten Form der Unterscheidung von vorrangigem Verfassungs- und einfachem Gesetzesrecht unser juristisches Denken auch heute wieder bestimmt. Den klarsten und weitaus einflussreichsten Ausdruck dieser Vorstellungen finden wir bei dem stärker als die anderen Stoiker juristisch denkenden Cicero. Wir erinnern uns an die Sentenz aus seinem *Staat* über das eine wahre Gesetz. In seinen *Gesetzen* (*De legibus* I 42 ff.) – die beiden Titel sind eine Huldigung an Platon (vorne § 17 II u. III) – hat er den Gedanken breiter ausgeführt. Die Gemeinschaft der Menschen sei durch ein einziges Recht *(unum ius)* gebunden, das ein einziges Gesetz *(lex una)* begründe, gleichbedeutend mit der richtigen, der aufrechten Vernunft im Befehlen und Verbieten. Ohne diese Gerechtigkeit von Natur *(iustitia natura)* gäbe es überhaupt keine Gerechtigkeit, sondern nur beliebig manipulierbare Regelungen nach Nützlichkeit. Es könnten dann, wenn es die Menge gutheiße, die schlimmsten Verbrechen für Recht erklärt werden. Alles hänge mithin am Richtmaß der Natur *(naturae norma),* die in den Menschen gemeinsame Vorstellungen angelegt habe. Das in der Natur gegründete Gesetz, heißt es im *Staat* (III 22) weiter, gelte überall und zu allen Zeiten in gleicher Weise, und zu seiner Erklärung brauche man keine Rechtsgelehrten. Es könne folglich auch nicht abgeschafft werden, und die Menschen vermöchten selbst durch ihre höchste Gesetzgebungsinstanz davon nicht gelöst zu werden. Jeden Versuch der Einschränkung oder Änderung bezeichnet Cicero – am Horizont erscheint Antigone – als Frevel. Die größte kulturhistorische Wirksamkeit der Rechts- und Staatsphilosophie Ciceros erwuchs allerdings aus einem weiteren Grundgedanken der beiden zitierten Schriften: der Vorstellung nämlich, dass das natürliche Gesetz im römischen Recht als *ratio scripta* seine Verwirklichung gefunden habe. Diese den römischen Weltherrschaftsanspruch untermauernde Überzeugung trug die außerordentliche Wertschätzung des römischen Rechts auch noch zu Beginn der Neuzeit bei den Humanisten und einem Teil der Reformatoren, als der mittelalterliche Grund der Hochachtung dieses Rechts als des Rechts der Kaiser schon verblasst war.

Bei alledem vermögen Vagheit der Formulierungen und Häufung angeblich synonymer Ausdrücke jedoch nicht über die schon erwähnte prinzipielle Schwierigkeit des doppeldeutigen, zwischen Bezeichnung von etwas tatsächlich Vorhandenem und Behauptung eines Maßstabes schwankenden Begriffs der Natur-Vernunft oder Vernunft-Natur hinwegzuhelfen. Insofern diese auch mit den sittlichen Vorstellungen der Menschen identifiziert wird, wie sie sich von selbst entwickelt haben und „in unseren Seelen angelegt" sein sollen, kann sich dieser Strang der Überlieferung einer *recta ratio* von der stoischen Kosmologie jedoch emanzipieren. Anstelle elitärer Schau des Wesentlichen wird dann der *consensus omnium* zum Unterpfand von Wahrheit und rechtlicher Richtigkeit. Und Ciceros Satz, dass „die Übereinstimmung Aller die Stimme der Natur ist"[71], mag dann von der bloßen Anzeige eines Naturgesetzes zur Begründung einer Regel fortschreiten. Die erste neuzeitliche Rechtstheorie des Hugo Grotius beruht auf diesem Schritt (vorne § 9).

II. Christliches Naturrecht

Pantheismus, Humanismus und Tugendlehre der Stoa boten reichlich Anhalt für Umdeutungen und Indienstnahmen durch das Chris-

[71] Cicero, Gespräche in Tusculum, I 30 u. 35. Dazu H. Welzel, Naturrecht und materiale Gerechtigkeit, [4]1990, S. 46 f.

tentum. Die grundlegende stoische Lehre von der Weltvernunft *(logos)* gemäß den Eingangsworten des Johannes-Evangeliums („Im Anfang war das Wort [logos] ...") auf den christlichen Schöpfergott zu beziehen, lag nahe. Gleichwohl hat das antike Naturrecht erst verhältnismäßig spät, nämlich erst mit der Rezeption der aristotelischen Philosophie (einschließlich gewisser Neuplatonismen) im 12. und 13. Jh. Eingang in die christliche Lehre gefunden. Zunächst dominiert bei den Kirchenvätern ein anderer Grundgedanke: Die durch den Willen des christlichen Schöpfergottes geschaffene Ordnung der Natur, wie sie in Gesetz und Evangelium kundgetan wurde, ist durch den Sündenfall (Erbsünde) verkehrt worden und wird erst in Christus wiederhergestellt. Folglich kann das Gesetz des integren Urzustandes – vor allem das Liebesgebot – erst wieder nach vollkommener Erlösung im Reiche Gottes durch die wiederhergestellte Natur und Gerechtigkeit des neuen Menschen voll erfüllt werden. Bis dahin bleibt das Bemühen geboten, sich von der Sünde abzukehren und Christus nachzufolgen. Diesen Standpunkt eines christlichen Naturrechts der Liebesordnung als wahrer Naturordnung hat insbesondere auch der Kirchenvater Augustinus (354–430) vertreten (*De civitate Dei* XII 8, XV 22), während er vor seiner Bekehrung insoweit stoischen Lehren angehangen hatte, wie seine teilweise wörtlichen Anlehnungen an Cicero bezeugen. In jener christlichen Sicht der Liebe und Gnade vom Anfang der Welt und ihrem Ende erweist sich als Abfall vom Guten, was in der postlapsar-sündigen Welt als natürlich gilt. Wir sind dieser Haltung, welche die Reformatoren und die protestantische Orthodoxie geprägt hat, schon einmal begegnet: bei Blaise Pascal (vorne § 17 I).

Unter dem Einfluss des vornehmlich von den Arabern vermittelten Aristotelismus bekehrt sich die christliche Naturrechtslehre der sog. „Scholastik", d. h. des schulmäßigen Wissenschaftsbetriebs auf der Grundlage christlicher Dogmen, indes wieder zur Ontologie. Thomas von Aquin (1224/5–1274), Dominikanermönch aus lombardisch-süditalienischem Hochadel, 1567 zum Kirchenlehrer erhoben und seit 1879 offizieller kath. Kirchenphilosoph, dieser „Fürst" der scholastischen Philosophen, greift auf den stoischen Begriff des ewigen Weltgesetzes zurück und schreibt in seiner berühmten *Summa theologica* (I/II qu 91 a 2)[72]:

[72] Man zit. die theolog. Summe (S. th.) nach ihren drei Hauptteilen, deren zweiter sich wieder in zwei Teile gliedert (I/II u. II/II), sodann nach den Fragen (quaestiones = qu) und den Artikeln (a).

„Weil alles, was der göttlichen Vorsehung unterliegt, vom ewigen Gesetz geregelt und gemessen wird, ergibt sich, daß auch alles irgendwie teil hat am ewigen Gesetz *(lex aeterna),* insofern nämlich alle Dinge durch dessen Einwirkung die Ausrichtung zu den ihnen eigentümlichen Tätigkeiten und Zielen haben. Unter allen übrigen Dingen sind die vernünftigen Wesen in bevorzugter Weise der göttlichen Vorsehung unterstellt; sie erhalten nämlich selbst an der Vorsehung Anteil, auf daß sie für sich und andere vorsehen können. Daher haben sie teil an der ewigen Vernunft *(ratio aeterna),* durch welche sie eine natürliche Ausrichtung auf die Tätigkeit und das Ziel erhalten, welche ihnen bestimmt sind. Und diese Teilhabe am ewigen Gesetz in der vernünftigen Kreatur wird Naturgesetz *(lex naturalis)* genannt ... (Es) ist das Licht der natürlichen Vernunft *(lumen rationis naturalis),* mit welcher wir unterscheiden, was gut und was böse sei. Weil diese Unterscheidung zum natürlichen Gesetz gehört, ist dieses nichts anderes als ein Abbild des göttlichen Lichtes in uns. Also ist offenkundig, daß das Naturgesetz nichts anderes ist als eine Teilhabe am ewigen Gesetz durch die vernünftige Kreatur."

Fragt man von daher weiter nach den angeborenen höchsten Vernunftgrundsätzen menschlicher Praxis, ist der Befund enttäuschend. Thomas unterlegt die *lex naturalis* nicht mit einer materialen Wertethik und kann das nach seinen eigenen Voraussetzungen auch nicht tun. Der hauptsächliche Grund ist die Dominanz des Zweckgedankens in dem von ihm übernommenen aristotelischen Naturbegriff (S. th. I qu 103 a 1). Denn die Natur von etwas ist danach dessen vollendete Gestalt, die durch die im Organismus liegende Kraft von innen selbst sich entwickelt. Sie wird also durch das Ziel bestimmt, das sie in sich hat. Der Begriff dafür heißt „Entelechie" (von griech. *en* = in, *telos* = Ziel, Zweck und *echein* = haben). Der natürlichen Vernunft gemäß handeln heißt folglich zuallererst, dem jeweils vorgegebenen Zweck entsprechend agieren und nicht nach bestimmten Regeln. Der Zweck ist höher als die Ordnung. Der moderne Verwaltungsjurist würde wohl vom Vorrang finaler gegenüber konditionalregelhafter Programmierung sprechen. Zum zweiten ist zu bedenken, dass für Thomas nicht mehr die göttliche Offenbarung der ursprünglichen Natur, sondern wieder die natürliche Vernunft Prinzip des Naturrechts ist. Die biblischen Gebote zählen demnach nur deswegen zum Naturrecht, weil sie angeblich der Vernunft entsprechen (I/II qu 100 a 1, a 3). Mit dieser Rehabilitation des heidnischen Vernunftbegriffs ist der Grund gelegt auch für die neuzeitliche Autonomie der Vernunft. Bei Thomas ergeben sich zunächst einige recht naturalistische Schlussfolgerungen (I/II qu 94 a 2): Da es eine natürliche Neigung aller Dinge sei, der belebten wie der unbelebten, sich selbst zu erhalten, entspreche das der Selbsterhaltung dienende Verhalten einem Vernunftgebot. Unter dem Gesetz, das die Natur „alle Lebewesen gelehrt hat", steht gemäß dem natürlichen Fortpflanzungstrieb von Mensch und Tier auch die Verbindung von Mann und Frau und das Aufziehen der Kinder. Im engen Anschluss an Aristoteles rechnet Thomas die patriarchalische Ordnung von Familie und Haus einschließlich der Sklaven ebenfalls zum Naturrecht (II/II qu 57 a 2, a 3). Als Vernunftwesen hat schließlich allein der Mensch die natürliche Neigung zu Wahrheitserkenntnis, Geselligkeit und politischer Ordnung (II/II qu 109 a 3 ad 1 u. ö.). Damit wurzelt der Staat also in den – guten – Naturanlagen des Menschen und nicht in dessen Sündhaftigkeit. Freilich ließ Thomas seinen eigenen Grundsatz, dass die natürlich-vernünftige Ordnung sich aus den natürlichen Neigungen ergebe (I/II qu 94 a 2), nur gelten, soweit kein Widerspruch zur christlichen Sittenlehre entstand. In solchen Fällen behalf er sich dann mit der Unterscheidung von sinnlicher und vernünftiger Natur und – wie beim Lobpreis der Jungfräulichkeit – zwischen körperlichen und seelischen Gütern.

Nachdrücklich vertritt Thomas den ciceronianischen Grundsatz, dass das, was dem Naturrecht widerspricht, nicht durch positives menschliches Recht für gerecht erklärt werden kann (I/II qu 94 a 5, qu 95 a 2; II/II qu 57 a 2 ad 2). Je nach dem Grad des Verstoßes dürfen ungerechte Gesetze nicht befolgt werden oder bewirken zumindest keine Gewissensbindung (I qu 96 a 5). Allerdings hat die These jetzt einen anderen Hintergrund: Im Falle eines Zweifels über den Widerspruch bleibt nicht nur der Rekurs auf die unmittelbare Erfahrung des Natürlichen oder eine gemeinsame sittliche Überzeugung. Sind doch inzwischen das Wissen in der von den Klerikern beherrschten Universität Paris institutionalisiert und die moralische Entscheidungskompetenz in der Papstkirche hierarchisiert. Überhaupt bedeutet Ordnung für Thomas so viel wie eine Rangordnung – im Himmel wie auf Erden. Das Prinzip autoritativer Ordnung *(ordo praelationis)* sei von Gott selbst gestiftet, gelte daher überall und statuiere, dass „die Niederen nach natürlichem und göttlichem Recht verpflichtet sind, den Oberen zu gehorchen" (II/II qu 104 a 1). Als natürliche Ordnung der Gesellschaft erscheint danach etwas kurzschlüssig die Monarchie (I qu 96 a 4; qu 103 a 3; *De regimine principum* I 1–6, 12, 13). Der alte, von Sophisten und Stoikern entwickelte naturrechtliche Grundsatz ursprünglicher Gleichheit und Freiheit aller fällt den mittelalterlichen Vorstellungen einer strengen Ständegesellschaft zum Opfer. Mit Aristoteles meinte Thomas, dass es Menschen gebe, die von Natur zur Knechtschaft bestimmt seien (*Summa contra gentiles* III 81). Allerdings gehöre die Sklaverei nur zum sekundären, d. h. abgeleiteten, nicht unbedingt und überall geltenden Naturrecht – aber eben doch zum Naturrecht (I qu 96 a 4). Von der Schultheologie übernommen, hatte diese Lehre fürchterliche Folgen. Es war ein Ordensbruder des Aquinaten (Matías de Paz), der die Westindischen Dekrete des Borgia-Papstes Alexander VI. von 1493 zur Rechtfertigung der spanischen Kolonisation Amerikas (bei gleichzeitiger Abgrenzung der spanischen und portugiesischen Kolonisationsbereiche) dahin interpretierte, dass die Indianer versklavt werden dürften, wenn sie die spanische Herrschaft hartnäckig ablehnten oder „das süßeste Joch unseres Erlösers" abwiesen.[73] Tatsächlich sind die Indianer jedoch in geringerer Zahl als Kriegsgefangene versklavt als in einer etwas anderen rechtlichen Form massenhaft zur Zwangsarbeit herangezogen worden. Und als die Indianer, ihr nicht gewachsen, reihenweise wegstarben, war es wieder ein Dominikaner, Bartolomé de Las Casas, der Kaiser Karl V. zur Schonung seiner geliebten Indianer riet, an ihrer Stelle Negersklaven einzusetzen.[74] Der Versuch, das Recht durch eine Ontologie prinzipiell zu festigen, hat so zu neuer Erfahrung ungerechten Rechts geführt.

[73] J. Höffner, Kolonialismus und Evangelium, [3]1972 ([1]1947 u. d. T. Christentum und Menschenwürde), S. 216 ff.; s. auch S. 74 ff., 187 f. u. L. Hurbon, The Church and Afro-American Slavery, in: The Church in Latin America 1492–1992, hg. v. E. Dussel, 1992, S. 372 ff.

[74] Der moderne Thomismus suchte dies nach Maßgabe der Zwecke-Hierarchie als Wahl des kleineren Übels gegenüber dem wirtschaftlichen Ruin der spanischen Unternehmen zu rechtfertigen: G. M. Manser, Angewandtes Naturrecht, 1934, S. 66.

Zweites Kapitel
Die irdische Empörung der Arbeiter im Weinberg

§ 19 Ungerechtigkeit durch Ungleichbehandlung und die Gerechtigkeit der Gleichheit nach Aristoteles

I. Gerechtigkeit der politischen Ordnung

Nicht alle Unrechtserfahrungen sind so entsetzlich wie die Versklavung, so spektakulär wie Schopenhauers Beispiele höchster Ungerechtigkeit, so dramatisch wie Antigones Verurteilung. Viele gehören zum Alltag unseres sozialen Lebens. Denn wenn es diesseits der Schwelle gewalttätiger Verletzungen etwas gibt, was die Menschen im Kleinen wie im Großen empört, dann ist es ihre – wirkliche oder vermeintliche – Benachteiligung, ihre Zurücksetzung oder die Bevorzugung anderer, kurz: die allenthalben in den unterschiedlichsten „Machtverhältnissen" begegnende Ungleichbehandlung.[75] Doch kann andererseits auch die Gleichbehandlung des Ungleichen als anstößige Privilegierung des einen respektive Diskriminierung des anderen Teils empfunden werden. Mithin verlangt der janusköpfige Gleichheitssatz in einem „Egalisierung *und* Differenzierung" (M. Heckel). Man denke nur daran, dass etwa dieselbe Norm des Berufs- oder Versorgungsrechts, auf Männer und Frauen in gleicher Weise angewendet, durchaus unterschiedliche Folgen haben, mithin zu Ergebnisungleichheit führen kann, Ergebnisgleichheit insoweit also nur durch Regelungsungleichheit zu erreichen ist. Auf das Problem der Gleichbehandlung des Ungleichen werden wir zurückkommen. Fürs Erste bleiben wir bei der aus Ungleichbehandlung entspringenden Unrechtserfahrung. An Beispielen herrscht kein Mangel. Jeder kennt sie – von Kindesbeinen an. In den östlichen Landesteilen Deutschlands ist das Empfinden ungerechter Ungleichbehandlung seit Jahren gar ein Massenphänomen. Auch wenn man abzieht, was da alles abzuziehen ist, bleibt ein großer und beunruhigender Rest vielfältiger Erfahrung ungerechter Ungleichbehandlung. Welche Ursachen im Einzelnen „Gerechtigkeit" in den

[75] Dazu H. Nef, Gerechtigkeit und Gleichheit, 1941, S. 69–79.

neuen Bundesländern zum Reizwort gemacht haben, darüber sind wir durch detaillierte sozialwissenschaftliche Umfragen recht gut informiert.[76] Bei derartigen Untersuchungen hat es sich bewährt, drei Bereiche zu unterscheiden, die unter dem Aspekt der Gerechtigkeit bewertet werden können, nämlich Austausch von Leistungen, ferner Zuteilungen von Gütern sowie von Macht, Rechten und Pflichten und schließlich Vergeltungen für schädliches Tun und Lassen. Diese Differenzierung korrespondiert mit jener dreiteiligen Ordnung von allgemeiner Gesetzesgerechtigkeit und zwei Sonderformen gerechten Erwerbs bzw. gerechter Zuteilung von Gütern, unter der zuerst Aristoteles den Sinn für Gerechtigkeit als Streben nach Gleichheit in einer systematischen Weise philosophisch ausgearbeitet hat. Allerdings pflegt die aristotelische Lehre gewöhnlich nach einem zweiteiligen Schema reproduziert zu werden. Musterbeispiel dafür ist Gustav Radbruchs lange vorbildliche, von 1914 an in mehreren Auflagen verbreitete *Rechtsphilosophie.* Darin heißt es über die „berühmte Lehre des Aristoteles von der Gerechtigkeit" (Gesamtausg. 2, 258): Im Unterschied zur wertmäßig absoluten Gleichheit des Tausches mache danach „die verhältnismäßige Gleichheit in der Behandlung verschiedener Personen, etwa die Besteuerung nach Maßgabe der Tragfähigkeit, die Unterstützung nach Maßgabe der Bedürftigkeit, die Belohnung und Bestrafung nach Verdienst und Schuld" das Wesen der zuteilenden Gerechtigkeit aus. Im einen Fall stünden zwei Personen einander gleichberechtigt gegenüber. Im anderen Fall der austeilenden Gerechtigkeit dagegen sei eine Person der anderen übergeordnet, denen sie „Lasten auferlegt oder Vorteile gewährt". Die eine Form der Gerechtigkeit, nämlich die Tauschgerechtigkeit des Privatrechts, gelte mithin im Verhältnis der Nebenordnung, die andere, die distributive als Gerechtigkeit des öffentlichen Rechts, im Verhältnis der Über- und Unterordnung. Diese austeilende Gerechtigkeit aber sei die Urform der Gerechtigkeit, weil sie die Tauschgerechtigkeit erst dadurch ermögliche, dass sie den Beteiligten gleichen Status und damit gleiche Verkehrsfähigkeit verleihe.

Diese letzte These Radbruchs ist ganz individualistisch-modern, staatsrechtlich-egalitär gedacht und hat mit der aristotelischen Vorstellung einer „natürlichen" Ordnung des politischen Ganzen nichts

[76] Dazu L. Montada, Gerechtigkeitsansprüche und Ungerechtigkeitserleben in den neuen Bundesländern, in: Arbeit und Gerechtigkeit im ostdeutschen Transformationsprozeß, hg. v. W. R. Heinz/St. E. Hormuth, 1997, S. 231 ff.

zu tun. Denn diese Einheit integriert eine Vielzahl von Unterschieden. Es sind die elementaren Ungleichheiten von Reichen und Armen, Starken und Schwachen, Edlen und Schlechten, Herrschenden und Beherrschten, Vollbürgern und Schutzgenossen, Freien und Sklaven, Männern und Frauen, Vätern und Kindern, die die Struktur der Polis prägen. Die volksstaatliche Verteilung der politischen Beteiligungsrechte nach dem Prinzip *arithmetisch* proportionaler Pro-Kopf-Gleichheit auf alle frei Geborenen betrachtet Aristoteles gegenüber der *geometrisch* proportionalen, verdienstabhängigen politischen Gleichheit als eine Verirrung (*Politik* III 9 ff., VI 2, 4). Für seine politische Theorie einschließlich der Lehre von der Gleichheitsgerechtigkeit sind Statusunterschiede schlechterdings konstitutiv. Selbst die Demokratie, also die von ihm als politische Entartung kritisierte Pro-Kopf-Gleichheit der politischen Teilhabe, ist hier ja nur Grenzfall einer ständischen Gliederung und reicht über die Minderheit der frei geborenen Männer nicht hinaus.

Die Reduktion der aristotelischen Gerechtigkeitslehre auf die zwei Gesichtspunkte quantitativ exakter Ausgewogenheit im Rechtsverkehr zwischen Privaten und proportionaler Angemessenheit des hoheitlich, also öffentlich-rechtlich Zugemessenen, hat eine lange Vorgeschichte. Sie beginnt mit der ersten lat. Übersetzung durch den scholastischen Philosophen Robert Grosseteste um 1246, auf die auch die thomistischen Termini *iustitia commutativa* für ausgleichende und *iustitia distributiva* für austeilende Gerechtigkeit zurückgehen. Vor dem Hintergrund unserer rechtssystematischen Vorstellungen besitzt diese Zweiteilung eine gewisse Plausibilität. Denn die meist vergessene *allgemeine* Gerechtigkeit *(iustitia universalis)* des Aristoteles zielt als *iustitia legalis*, als Gesetzesgerechtigkeit oder Achtung der Rechtsordnung, ebenso wie die austeilende Gerechtigkeit auf die im Verhältnis der Über- und Unterordnung gedachten Relationen des Ganzen zu seinen Teilen. Darin unterscheiden sich beide von der ausgleichenden Gerechtigkeit zwischen den Einzelnen auf der Ebene der Gleichordnung. Auch mag es für die Überlieferung eine Rolle gespielt haben, dass in dem vornehmlich den Sonderformen der Gerechtigkeit gewidmeten 5. Buch der *Nikomachischen Ethik* von der *allgemeinen*, an Platons umfassenden Tugendbegriff der Gerechtigkeit anknüpfenden *iustitia legalis* nur kurz die Rede ist. Denn diese Materie hat ihren Sitz in der aristotelischen *Politik*, die die Gerechtigkeit vom Ganzen her in den Blick nimmt. Das Ganze, das ist für Aristoteles die Polis, so wie für Hegel der Staat. Und wie für Hegel ist auch für Aristoteles das Ganze das

Wahre und demnach die Polis – zwar nicht historisch, aber logisch – „von Natur aus“ *vor* ihren Bestandteilen. Daraus folgt die Hinordnung aller Teile, also aller Bürger, auf den Gesamtzweck dieses Ganzen, mithin auf das Gemeinwohl. Und wie für Hegel der Staat die Totalität sittlichen Lebens bedeutet, so ist für Aristoteles die Polis die vollendete gegliederte Gemeinschaft vollständiger Autarkie. Mithin ist sie es auch, die die Gerechtigkeit in der Ordnung der staatlichen Gemeinschaft nach Maßgabe des höchsten Ziels verwirklicht: der Wohlfahrt des Ganzen. Die Lehre von der Gemeinwohlbindung der staatlichen Gesetzgebung hat dann später Thomas von Aquin übernommen und verbreitet. Ob das Glück des Gemeinwesens auf diese Weise erreicht wird, hängt von der Vollkommenheit der Gesetze ab. Sind sie weniger sorgfältig ausgearbeitet, ist auch die Wirkung weniger günstig. Die nomologische Differenz zwischen dem Recht und dem Rechten erscheint demnach als ein bloßes Mehr oder Weniger an gesetzlicher Zielgenauigkeit und Zweckerreichung.

Damit rückt der Begriff der Gerechtigkeit in einen andersartigen Kontext. In der Tragödie hatte der Begriff auf Sitte und Herkommen verwiesen, bei Platon die höchste und vollendete Tugend bezeichnet, die alle anderen umfasst. Stoische Philosophie und Scholastik bringen die Gerechtigkeit mit dem Naturrecht in Verbindung. Aristoteles kennt Platons umfassenden Tugendbegriff der Gerechtigkeit selbstverständlich, übernimmt ihn auch, verändert ihn aber zu einem Begriff allgemeiner, „politischer“ Gesetzesgerechtigkeit. Diese *iustitia universalis* behandelt er auf der Grundlage seiner Theorie der Polis *(Politik)* in der Gerechtigkeitslehre des 5. Buches seiner *Nikomachischen Ethik* (NE) nur kurz, um dort dann einen *speziellen* Tugendbegriff der Gerechtigkeit zu entwickeln; ihn nannte man später *iustitia particularis.* Schon durch die Verknüpfung der Gerechtigkeit mit der konkreten Ordnung der Polis hat Aristoteles den Begriff in diesen institutionellen Rahmen hereingeholt. Erst recht aber ist durch die Entfaltung seiner Theorie einer besonderen Gerechtigkeit der Gleichheit als der mittleren Ausgeglichenheit zwischen den Extremen zu großer Vor- und zu großer Nachteile das bewirkt worden, was man eine Versachlichung des Gerechtigkeitsbegriffs nennen kann: Aus einem Tugendbegriff bzw. einem überpositiven Normbegriff des Richtigen wird ein der positiven Ordnung der Polis, also des „Staates“, immanentes Prinzip geordneter Verhältnisse, ein inneres Maß des Rechts.

II. Recht und Billigkeit

Mit seiner anfänglichen Gleichsetzung von Gerechtigkeit mit Gesetzesgerechtigkeit hatte Aristoteles die abstrakte Antithese von Naturrecht und positivem Recht aufgehoben. Denn weder ist das Naturrecht für ihn eine abstrakte Norm noch die Polissatzung etwas schlechthin Beliebiges. Vielmehr versteht er das von Natur Rechte sowohl als beschreibbaren Sachverhalt wie als Norm der die ganze Menschennatur umfassenden und entfaltenden Lebenswirklichkeit der Polis, die gewisse Satzungen sozusagen natürlicherweise einschließt. Demzufolge scheint die nomologische Differenz zwischen dem Recht und dem Rechten auf die größere oder geringere Geschicklichkeit zu schrumpfen, das von dem natürlich Richtigen her bestimmte Gemeinwohl durch die Satzungen der Polis besser oder weniger gut zu realisieren. Aber kraft der Erfahrung, dass gesetztes Recht sich in eklatantes Unrecht verkehren kann, taucht die Frage dann doch noch einmal in einer grundsätzlicheren, gleichwohl aber immer noch rechtsimmanenten Form wieder auf. Aristoteles sieht jenen Umschlag nämlich als mögliche negative Folge eines besonderen Vorzugs des gesetzten Rechts: seiner Allgemeinheit. Abstraktheit und Generellität korrespondieren der ethischen Gleichheit. Alle Rechtsvorschriften, heißt es in der *Nikomachischen Ethik,* verhalten sich zum konkreten Rechtsfall wie das Allgemeine zur Einzelheit. In seiner *Rhetorik* hat Aristoteles die Vorzüge der Gesetzesallgemeinheit im Einzelnen dargelegt.[77] Der Text der Ethik hingegen zeigt das Problem, dass wegen der Allgemeinheit des Gesetzes im Einzelfall u . U. eine Berichtigung der Gesetzesgerechtigkeit notwendig wird. Diese höhere Form der Gerechtigkeit nennt Aristoteles *epieikeía,* Epikie, Billigkeit. Die römischen Juristen haben demgemäß dann zwischen *ius strictum* und *ius aequum* unterschieden und das *ius strictum* mit der so gewonnenen Korrekturmöglichkeit davor bewahrt, bei der zur letzten Konsequenz getriebenen Anwendung *(summum ius)* in größtes Unrecht *(summa iniuria)* umzuschlagen.

Nicht immer sei es möglich, lehrt Aristoteles, eine allgemeine Bestimmung so zu fassen, dass sie für alle darin eingeschlossenen Einzelfälle richtig sei. Er begreift solch unvermeidliche „Fehler" des Gesetzes als Gesetzeslücken, als Mangel an entsprechenden Sonderregelungen. Von daher postuliert er für diese Fälle ein Verfahren interpretatorischer Gesetzesergänzung aus dem Geist der jeweiligen

[77] Dazu Hofmann, Allgemeinheit des Gesetzes (N 36), S. 264.

Regelung (NE V c. 14). Für den Juristen liegt der Gedanke an Art. 1 des Schweizerischen Zivilgesetzbuches nahe: „Kann dem Gesetz keine Vorschrift entnommen werden, so soll der Richter nach Gewohnheitsrecht und, wo auch ein solches fehlt, nach der Regel entscheiden, die er als Gesetzgeber aufstellen würde." Im Gegensatz zu dieser modernen Bestimmung akzentuiert Aristoteles jedoch die Vorstellungen des historischen Gesetzgebers und damit deren Einbindung in die objektive Sittlichkeit der Polis. Wiewohl die Epikie im Hinblick auf den bewussten strukturellen Mangel der Gesetzesgerechtigkeit eine der Legalität gegenüber höhere Form der Gerechtigkeit ist, bleibt sie doch ganz und gar ein ordnungsimmanentes Korrekturmittel, das dem ähnelt, was heute eine den Gesetzeswortlaut überschreitende teleologische Interpretation heißt.[78]

Den offenbar zeitlosen Typus eines Michael Kohlhaas bedenkend, berücksichtigt die aristotelische Ethik auch noch die subjektive Seite der Billigkeit und bezeichnet sie als die Haltung dessen, der sein Recht nicht mit kleinlicher Genauigkeit so lange verfolgt, bis es zum Unrecht wird, sondern sich mit einem bescheideneren Teil zufrieden gibt.

In der *Rhetorik* geht Aristoteles dann doch noch einen Schritt weiter. Dort stellt er die Billigkeit dem natürlichen Gesetz gleich, indem er von ihr sagt, „sie bleibe sich immer gleich und ändere sich nicht" (1375a 31). Gewiss relativiert der Kontext – Aristoteles zeigt, wie man sich vor Gericht auf die Billigkeit berufen soll, wenn man das Gesetz gegen sich hat – diesen Anschluss an das überpositive Naturrecht. Aber da gibt es an derselben Stelle eben auch noch – der Kreis schließt sich – den Bezug auf die berühmtesten Verse der *Antigone,* ihre Beschwörung der ungeschriebenen, ewigen, unwandelbaren Normen (vorne § 16 I). Indem Aristoteles jene „Gottgebote" im Namen der Billigkeit mit den natürlichen Gesetzen identifiziert, die alle zivilisierten Gemeinschaften miteinander teilen, geschieht zweierlei: Zum einen wird die lebensweltliche Gleichsetzung von Gerechtigkeit und Legalität der Polis durch die Erinnerung an das tragische Aufbrechen der nie mehr ganz zu schließenden Differenz zwischen dem Recht und dem Rechten erschüttert; zum anderen deutet sich hier aber zugleich jene Milderung der Spannung an, wie sie im Rekurs auf die weltbürgerliche Vernunft der Menschheit das spätere Naturrecht der Stoa betrieben hat. Davon war schon die Rede (vorne § 18 I).

[78] Dazu K. Larenz/C.-W. Canaris, Methodenlehre der Rechtswissenschaft, [3]1995, S. 153 ff., 210 ff.

III. Austeilende und ausgleichende Gerechtigkeit

Von jener allgemeinen Gerechtigkeit der Achtung vor dem Gesetz als der Ordnung der Polis unterscheidet Aristoteles die besondere Gerechtigkeit oder genauer – auch er geht von der negativen Erscheinung aus –: die spezielle Ungerechtigkeit der Missachtung und Verletzung der Gleichheit im Sinne gleichmäßiger Güterverteilung (NE V 1 u. 2).[79] Sie wird als ein Unterfall der *iustitia universalis* bezeichnet; denn jede Verletzung der gleichmäßigen Güterverteilung kränke auch die Ordnung der Polis, nicht aber beinhalte jeder Gesetzesverstoß auch eine Verletzung der Güterverteilung (NE V 5). Schon damit ist an sich klar, dass diese *iustitia particularis* weder die Strafjustiz noch die Lastenverteilung betrifft oder was sonst zur guten Polisordnung gehört. Welches spezielle Maß aber verletzt der Ungerechte in diesem Fall, wenn es nicht schlechthin Ordnung, Gesetz und Brauch der Polis ist? Was heißt hier Gleichheit? Nach Maßgabe seiner Tugendlehre bestimmt Aristoteles die Gleichheit als das Mittlere zwischen den Extremen der zu großen Vorteile und zu großen Nachteile für die Einzelnen. In diesem speziellen Sinn bedeutet Gleichheit mithin die Ausgeglichenheit einer Gewinn- und Verlustrechnung. Die Identifikation des Gerechten mit der Gleichheit, setzt Aristoteles hinzu, entspreche im Übrigen einer „allgemein verbreiteten Annahme, für die kein Beweis verlangt wird" (NE V 6). Bei der Missachtung der Gleichheit im Sinne einer ausgewogenen Güterverteilung unterscheidet er sodann zwei Arten und demgemäß auch zwei Formen der besonderen, eben nur die Güterverteilung betreffenden Gerechtigkeit (NE V 5): „Die eine ist wirksam bei der Verteilung von öffentlichen Anerkennungen, von Geld und sonstigen Werten, die den Bürgern eines geordneten Gemeinwesens zustehen. Hier ist es nämlich möglich, daß der eine das gleiche wie der andere oder nicht das gleiche zugeteilt erhält." Hier geht es also um Gerechtigkeit in Ansehung der Person. Die zweite Grundform ist die, „welche dafür sorgt, daß die vertraglichen Beziehungen von Mensch zu Mensch rechtens sind".

Dieser zweiten Version der Tauschgerechtigkeit, einer Gerechtigkeit ohne Ansehen der Person, unterstellt der Autor dann außerdem diejenigen individuellen Rechtsbeziehungen, die wir als gesetzliche Schuldverhältnisse kraft ungerechtfertigter Bereicherung oder uner-

[79] Dazu K. Günther, Was heißt: „Jedem das Seine"?, in: Auf der Suche nach der gerechten Gesellschaft, hg. v. G. Frankenberg, 1994, S. 151 (155 ff.).

laubter Handlung verstehen, die zu Ausgleich oder Schadensersatz verpflichten. Für alle diese Schuldverhältnisse sucht Aristoteles ein inneres sachliches, d. h. in der Sache selbst liegendes Maß des gerechten, nämlich angemessenen Ausgleiches, die „Sachmitte", wie Thomas kommentiert (S. th. II/II qu 61 a 2 ad 1). Beim Ausgleich von Gewinn und Verlust liegt sie nach Aristoteles gewissermaßen in der arithmetischen Mitte zwischen beidem, verlangt also einen präzisen Wertausgleich. Die Möglichkeit exakter Wertbestimmung aller in Betracht kommenden Gegenstände wird dabei vorausgesetzt. Größere Schwierigkeiten macht der Ausgleich dagegen, wenn die Polis ihren Bürgern etwas schuldet, wenn es m. a. W. darum geht, „das Gemeinsame in angemessener Weise auf die einzelnen zu verteilen" (S. th. ebd. a 1). Hier dürften die Zuwendungen nicht einfach quantitativ gleich sein, sondern müssten im „geometrischen Verhältnis" proportionaler Gleichheit erfolgen. Aber proportional wozu? Sind gemeinsam erwirtschaftete Geldmittel zu verteilen, wird sich die Verteilung, wie Aristoteles sagt, „an das Verhältnis zu halten haben, in dem die (zum Ganzen) beigesteuerten Beträge zueinander stehen" (NE V 7). Problematisch bleibt danach nur die Frage, nach welchem inneren sachlichen Maß die Polis ihre Ehren und d. h. auch: ihre Ämter und Machtpositionen sowie ihre Kriegsbeute verteilt. Für Aristoteles ergibt sich das aus der Ungleichheit der Bürger unter dem Aspekt des Reichtums, des Geburtsadels, der Tüchtigkeit oder der Freiheit, kurz: aus dem sozialen Rang (NE V 6). Versteht man den politischen Status des Bürgers mit Thomas (S. th. II/II qu 61 a 2) als Ausdruck seiner Wichtigkeit für das Ganze, lässt sich die aristotelische Lehre von der austeilenden Gleichheits-Gerechtigkeit auf den einen Grundsatz: Güterverteilung nach dem Beitragsprinzip reduzieren. Kann doch höheres Ansehen und politische Bedeutung (im Grenzfall sogar die freie Geburt) als Beitrag zur guten Ordnung der Polis interpretiert werden.[80]

§ 20 Ungerechtigkeit durch Gleichbehandlung: Das biblische Gleichnis

Auf dem Feld, das der distributiven, nach dem Maß *geometrischer* Proportionalität messenden Gleichheits-Gerechtigkeit vorbehalten

[80] So K. F. Röhl, Die Gerechtigkeitstheorie des Aristoteles aus der Sicht sozialpsychologischer Gerechtigkeitsforschung, 1992, S. 40 ff.

ist, müsste die Missachtung von Statusunterschieden demnach als Unrecht erscheinen, weil sie (jedenfalls von den Ranghöheren) als ungerechte Gleichbehandlung von wesentlich Ungleichen empfunden würde. Solche Unrechtserfahrungen benachteiligender Gleichbehandlungen sind aber keineswegs an hierarchisch geschichtete („stratifizierte") Gesellschaften gebunden. Man kann sie genauso wie die der ungerechten Ungleichbehandlung machen, wo einer – aus welchen Gründen auch immer – die Macht hat, andere gleich oder ungleich zu behandeln. Ein hintergründiges Beispiel dafür bietet das Gleichnis Jesu von den Arbeitern im Weinberg des Herrn nach dem Matthäus-Evangelium (20, 1–16). Gewiss: Die Parabel hat nicht die irdische Gerechtigkeit als solche zum Gegenstand. Vielmehr will sie einen Hinweis auf die himmlische „Gerechtigkeit" geben, die von gänzlich anderer Art ist. Aber gerade diese Absicht verlangt die Kontrastierung mit einer allgemein geläufigen und geteilten Vorstellung von irdischer Gerechtigkeit. Und um eben die dreht es sich hier.

In der Zeit der Weinlese geht ein Weinbergsbesitzer, so beginnt die Erzählung, fünfmal, zuerst um 6 Uhr, schließlich sogar noch einmal um 17 Uhr, d. h.: eine Stunde vor Arbeitsschluss, auf den Markt, um Arbeiter einzustellen. Auch wenn die größeren Güter damals mit Sklaven bewirtschaftet wurden, war es in Zeiten erhöhten Arbeitsanfalls gleichwohl üblich, kurzfristig zusätzliche Arbeitskräfte einzustellen. Mit den zuerst Angeworbenen vereinbart der Gutsbesitzer einen Tagelohn von einem Denar, einem Zehner oder „Groschen", wie Luther die Bezeichnung für die kleinste Silbermünze übersetzt. Das war der allgemein übliche Satz. Denn 200 Denare zu je kupfernen 24 Assen sollen seinerzeit ausgereicht haben, den Lebensunterhalt für eine neunköpfige Familie ein Jahr lang zu bestreiten. Denen, die er erst im Laufe des Tages einstellt, sagt der Arbeitgeber keinen bestimmten Lohn zu. Er will ihnen geben, was gerecht ist. Bei der Auszahlung des Tagelohns am Ende des Arbeitstages wird der Gutsverwalter eingeschaltet und vom Herrn angewiesen, mit der Auszahlung bei den Arbeitern anzufangen, die zuletzt angeheuert worden waren. Überraschend empfängt jeder dieser Kurzarbeiter, weit über das hinaus, was zu erwarten war, den vollen Tagelohn von einem Denar. Jetzt treten diejenigen heran, die sich seit den frühen Morgenstunden geplagt haben. Nach dem Vorangegangenen meinen sie, heißt es in der Geschichte, „sie würden mehr empfangen" (V 10). Aber auch sie erhalten vom Verwalter nur je einen Denar. Da begehren diese Arbeiter auf. Sie haben nicht nur viel mehr geleistet als die anderen, sondern auch in der Gluthitze des Tages und nicht bloß in der beginnenden Abendkühle gearbeitet. Empört wenden sie sich mit höchst unhöflicher Direktheit, ohne Anrede, an den Gutsbesitzer selbst und murren: „... du hast sie", nämlich jene, die wesentlich weniger gearbeitet haben, und das auch noch unter minder beschwerlichen Umständen, „uns gleichgemacht" (V 11, 12). Dem entgegnet der Herr des Weinbergs mit dem Hinweis, dass er seine vertragliche Zahlungsverpflichtung den Unzufriedenen gegenüber korrekt erfüllt habe und dass er mit seinen Mitteln im Übrigen nach Gutdünken verfahren könne: „... habe ich nicht Macht, zu tun, was ich will, mit dem Meinen?" (V 14, 15). Ob sie vielleicht neidisch seien wegen seiner Güte den anderen gegenüber? Aber plagt die Leute wirklich nur der Neid, dass andere von der Großzügigkeit des Herrn ganz unverhältnismäßig profitiert haben? Gewiss: ein Stachel der Geschichte steckt in der extremen Ungleichheit der Vertragspartner, also darin, dass der Gutsherr so reich erscheint, wie die Tagelöhner arm sind. Offenbar wäre es ihm ein Leichtes gewesen, alle Arbeiter sozusagen übertariflich zu bezahlen. Dies, was zugleich die Brücke zum religiösen Verständnis der Geschichte ist, verschärft das Unrechtsempfinden der Arbeiter. Aber da ist noch das andere Moment: der bewusste Aufbau der Erwartung, es werde einen Zuschlag zum vertraglichen Lohn geben. Diese Erwartung, „sie würden mehr empfangen", ist nach den Umständen und dem Abrechnungsmodus verständlich. Ist sie auch berechtigt?

Im Sinne des geltenden deutschen Rechts wohl kaum. Um überhaupt über den (korrekt erfüllten) vertraglichen Vergütungsanspruch hinaus eine möglicherweise weitergehende Anspruchsgrundlage zu gewinnen, müsste man die kurzfristige und relativ selbstständige Gelegenheitsarbeit zunächst dem Arbeitsrecht unterstellen. Das mag im Hinblick auf das Kriterium der Abhängigkeit des Arbeitnehmers vom Arbeitgeber höchst zweifelhaft sein, entspricht aber dem Sinn der Geschichte. Denn außerhalb einer solchen übergreifenden Ordnung als Bezugsrahmen besagt der Gleichbehandlungsgrundsatz überhaupt nichts. Der Gleichheitsgedanke aber ist als Folie für das Handeln des Gutsherrn unverzichtbar. Nun wird der Arbeitgeber durch den arbeitsrechtlichen Gleichbehandlungsgrundsatz zwar nicht gehindert, einzelne Arbeitnehmer besser zu stellen als andere. Doch darf er sie, soweit sie sich in einer vergleichbaren Lage befinden, nicht ohne sachlichen Grund unterschiedlich behandeln, sie also nicht willkürlich schlechter stellen. Davon kann indes nur dann die Rede sein, wenn der Arbeitgeber bei seiner Entscheidung über eine individuelle Besserstellung zu erkennen gibt, dass sie über das einzelne Arbeitsverhältnis hinaus die Bedeutung einer Regel haben soll. Die Maßnahme muss, wie man das nennt, „betriebsbezogen" sein, einen „kollektiven Charakter" haben. Dem Verhalten des Gutsbesitzers ist indes nur die Maxime zu entnehmen, dass jedem Tagelöhner ein voller Tageslohn zuteil werden soll – ohne Rücksicht auf die Zeitdauer der Tätigkeit. Dafür, dass an eine Regel über Zuschläge proportional zur Beschäftigungsdauer gedacht war, gibt es keinen Anhaltspunkt. Eher könnte man gegenläufig an eine willkürlich und damit rechtswidrig differenzierende Regulierung von Zuschlägen zu dem den Kurzarbeitern mangels vertraglicher Vereinbarung gemäß § 612 Abs. 2 BGB zu zahlenden „üblichen" Entgelt (= Bruchteil eines Tagelohns) denken, weil die freiwilligen Zusatzleistungen des Arbeitgebers umso höher ausfallen, je geringer die geleistete Arbeit war, und weil die Vollzeitarbeiter dabei ganz leer ausgehen. Sinnfälliger ist hier indes die Zeitperspektive des Geschehens, nämlich die durch die Abrechnungspraxis erst aufgebaute Erwartung, „mehr zu empfangen". Selbstverständlich reicht das nicht für eine „betriebliche Übung" höherer Entlohnung im Sinne der Rechtsprechung über die jahrelange gleichförmige Gewährung gewisser Zusatzleistungen – einer Rechtsprechung, die außer dem Nebeneinander auch das Nacheinander dem Gleichbehandlungsgebot unterwirft. Aber immerhin erzählt unser Gleichnis in geraffter Form, wie bei den Arbeitern der ersten Stunde über eine gewisse Zeit hin der Eindruck entsteht, ja entstehen muss, es werde bei der Abrechnung nun ein anderer, nämlich höherer Tagessatz zugrunde gelegt. Nach der Rechtsprechung des Bundesarbeitsgerichts genügt es für die Begründung eines Anspruchs aus betrieblicher Übung, dass sie bei den betroffenen Arbeitnehmern den Eindruck erweckt, die üblich gewordenen übervertragsmäßigen Leistungen seien auch künftig zu erwarten. Ein entsprechender Verpflichtungswille des Arbeitgebers, sich damit auf eine Regel festzulegen, muss nicht erkennbar sein. Die arbeitsrechtliche Lehre spricht in solchen Fällen von einer „Vertrauenshaftung" des Arbeitgebers, der nicht treuwidrig gegen das Verbot des selbstwidersprüchlichen Verhaltens *(venire contra factum proprium)* verstoßen dürfe. In unserem Fall geht es offenbar um das Vertrauen in die Proportionalität der Entlohnung. Man hat in diesem „wunderlichen Gleichnis" daher einen ganz „eklatanten Verstoß gegen die *iustitia distributiva*" gesehen (K. Engisch, *Auf der Suche nach der Gerechtigkeit,* 1971, 167). Freilich macht hier kein Tagelöhner vor dem anderen einen höheren Rang, eine größere Würdigkeit im Sinne der aristotelischen Lehre von der zuteilenden Gerechtigkeit geltend. Kennt der Arbeitsmarkt doch so wenig wie ein anderer Markt irgendwelche Standesunterschiede. Die aufbegehrenden Arbeiter verlangen keine Gerechtigkeit in Ansehung ihrer Person, sondern pochen auf ihre quantitativ wie qualitativ größere Leistung. Sie wird durch die Gleichstellung mit dem geringeren Arbeitseinsatz der anderen entwertet. Daher rührt die Bitterkeit des Vorwurfs: „... du hast sie uns gleichgemacht." Falls aber die Ersten, die nun die Letzten sind, entgegen der vertraglichen Vereinbarung auf den nachträglich entstandenen Anschein einer ihnen günstigeren Abrechnungspraxis vertrauen durften, dann könnten sie möglicherweise den ihnen nach der *ausgleichenden* Gerechtigkeit zustehenden höheren Lohn für ungleich mehr Arbeit – und zwar nach *arithmetischem* Gleichheitsmaß pro Arbeitseinheit – erwarten. Zumindest dürfen sie aber damit rechnen, dass ihr in jeder Hinsicht größerer Einsatz nach der Verteilungsgerechtigkeit wenigstens in einem gewissen Umfang proportional angemessen – vielleicht mit einem zweiten Denar – honoriert wird. Jedenfalls betrachtet die arbeitsrechtliche Literatur den Gleichbehandlungsgrundsatz wegen dessen Kollektivbezugs bei der Gewährung zusätzlicher Vergünstigungen unter der Perspektive der distributiven Gerechtigkeit.

Gleichviel: Es ist das schmerzliche Unrecht der Entwertung von Leistung durch Gleichbehandlung des Ungleichen, was die irdische Perspektive der Geschichte ausmacht. Aber in ihrer gleichnishaften Verweisung auf das Himmelreich zeigt sie zugleich etwas ganz anderes: die an Mitteln unendliche Güte des himmlischen Herrn, die er *gnadenweise* „zuteilt". Niemand – das ist die ebenso tröstliche wie warnende Botschaft – hat hier von Rechts wegen einen Vorrang, niemand kann sich einen Rechtsanspruch darauf erarbeiten. Geringere Leistung schließt niemanden aus. Mögen sich die Menschen in ihrem Leben in noch so unterschiedlicher Weise geplagt haben: In anderer Hinsicht, nämlich in ihrem Erlösungsbedürfnis, sind sie alle gleich und werden gleich behandelt.

Drittes Kapitel
Der stumme Schrei der Opfer totalitärer Herrschaft

§ 21 Ahndung rechtsförmigen Staatsunrechts nach dem Wechsel des Regimes

I. Das Recht als Mittel totalitärer Herrschaft

Schopenhauer hatte von der Erfahrung einer doppelten Ungerechtigkeit gesprochen, wo einer, der zur Verhütung von Verletzungen bestellt und verpflichtet ist, selbst Übergriffe begeht (§ 15). Wegen der über solchen Missbrauch hinausgehenden systematischen Pervertierung des Rechts kann man es geradezu eine dreifache Ungerechtigkeit nennen, wenn eine totalitäre Partei die zur Wahrung eines allseitigen Friedenszustandes und zum Schutze der Person bestimmten Formen und Verfahren des Rechtswesens im Namen einer angeblich unfehlbar richtigen Ideologie zu Mitteln des Kampfes gegen einen absoluten, weltweit operierenden Feind erklärt. Mag dieser „Klasse" oder „Rasse" heißen: Der staatliche Terror richtet sich – zum Zwecke der Diskriminierung und Eliminierung oder „nur" zur Einschüchterung – unter jenen Kampfparolen primär gegen einen mehr oder weniger großen Teil der eigenen Bevölkerung. Diese Herrschaftstechnik der Indoktrination mit einer globalen Heilslehre, der Einschüchterung und Unterdrückung und dazu der Massenmobilisierung machen totalitäre Herrschaften vergleichbar, mögen die Qualität ihrer Ideologie und ihre Zielsetzungen im Einzelnen noch so unterschiedlich sein. Die massenhafte Erfahrung himmelschreiender Untaten war unter Hitler wie unter dem Stalinismus dieselbe. Recht diente allemal als Instrument und nicht als Maß der Macht.

Nach A. Wyschinskij, Stalins Chefankläger bei den berüchtigten Moskauer Schauprozessen der „Säuberungs"-Jahre 1936 bis 1938 (in denen rund 5 % der damaligen Geamtbevölkerung der Sowjetunion in Gefängnissen der Geheimpolizei saß), lehrt der Marxismus „die Notwendigkeit des Rechts als eines Mittels im Kampf für den Sozialismus, zur Umformung der menschlichen Gesellschaft auf sozialistischer Basis" (*The Law of the Soviet State*, 1954, 50). Und dort, wo man den „Staat als Mittel der nationalsozialistischen Weltanschauung ansieht", schrieb der berühmt-berüchtigte Staatsrechtslehrer Carl Schmitt, „ist das Gesetz Plan und Wille des Führers" (JW 1934, 713) – folglich der Wille des Führers mit allen Konsequenzen jederzeit Recht.[81] Für die Morde beim sog. Röhm-Putsch 1934 hat ihm das derselbe Autor noch ausdrücklich bescheinigt: „Im Augenblick der Gefahr (schafft der Führer) kraft seines Führertums als oberster Gerichtsherr unmittelbar Recht" (DJZ 1934, 945). Danach nahm die politische Unterdrückung wie bei der schon voraufgegangenen gesetzlichen „Säuberung" des öffentlichen Dienstes, der Statuierung der Ein-Parteien-Herrschaft und den „Gleichschaltungen" wieder mehr die Form des (zumeist aufgrund des sog. Ermächtigungsgesetzes von 1933 durch die Reichsregierung erlassenen) Reichsgesetzes an. Schlimmstes Beispiel ist die Rasse-Gesetzgebung von 1935 (sog. Nürnberger Gesetze). 13 Ergänzungsverordnungen nahmen den deutschen Juden im Laufe der Jahre alle „bürgerlichen" Lebensmöglichkeiten – noch bevor im Krieg europaweit die sog. „Endlösung der Judenfrage", der Holocaust, begann. Daneben lief die Aktion zur „Ausmerzung" sog. lebensunwerten Lebens. Bei diesen Vernichtungsaktionen scheute die Führung freilich von Anfang an jede Form von Rechtlichkeit, weil sie Publizität bedeutet hätte (vorne § 15) und man in diesem Fall Reaktionen der Öffentlichkeit befürchtete. Aber selbst den „erbgesunden" „arischen" Staatsbürger anerkannte das Regime als Träger von Rechten nur um seiner Pflichten willen und nach Maßgabe seiner Pflichterfüllung für den totalitären Staat (R. Freisler, *Grundlegende Denkformen des Rechts im Wandel unserer Rechtserneuerung,* 1941, 32). Und diese Pflichtenstellung des Einzelnen wurde namentlich nach der sog. totalen Mobilmachung als Reaktion auf die Katastrophe von Stalingrad (1942/3) schier grenzenlos vielfältig. Neben Gestapo, SD und SS übte v. a. der 1934 errichtete sog. Volksgerichtshof mit seinen blutrünstigen Urteilen über den Kreis der deutschen Staatsangehörigen hinaus einen entsprechenden justizförmigen Terror aus.

II. Exemplarische Fälle

Nach dem Zusammenbruch des sog. Dritten Reichs und der Wiedererrichtung einer freiheitlichen Ordnung stellte sich die Frage

[81] Dazu H. Hofmann, Legitimität gegen Legalität. Der Weg der politischen Philosophie Carl Schmitts, [5]2010, S. 177 ff.

nach dem Umgang des Rechtsstaates mit jener grausigen Vergangenheit. Und im Hinblick auf gewisse totalitäre Herrschaftspraktiken der SED wiederholte sich nach der deutschen Wiedervereinigung die Frage in strukturell ähnlicher Weise noch einmal. Dabei besteht das Problem selbstverständlich nicht in der gesetzlichen Umwertung früher praktizierter Legalität. Der von manchen Betroffenen zur Verteidigung vorgebrachte Satz, dass heute nicht Unrecht sein könne, was seinerzeit kraft Gesetzes Recht war, ist falsch. Natürlich kann und darf, ja muss der Staat altes Gesetzesrecht, wenn es ihm unerträglich erscheint, zum Unrecht erklären. Die Schwierigkeit liegt allein darin, dass eine rechtsstaatliche Justiz nach der immanenten Moralität ihrer formalen Regeln Handlungen nicht *bestrafen* darf, die zu ihrer Zeit legal waren: *nulla poena sine lege.* – Den ersten exemplarischen Fall dieser einem Regimewechsel folgenden Problematik des strafrechtlichen Rückwirkungsverbots lieferte das Nürnberger Kriegsverbrechertribunal der Alliierten 1945/46. Auf der Grundlage eines Viermächteabkommens wurden die Hauptfunktionäre des NS-Regimes wegen Kriegsverbrechen, Verbrechen gegen die Menschlichkeit und Verbrechen gegen den Frieden angeklagt. Die Verhandlung von Kriegsverbrechen an Angehörigen der gegnerischen Völker wie Tötung oder Misshandlung von Kriegsgefangenen, Hinrichtung von Geiseln, Verschleppung zur Zwangsarbeit usw. konnte sich auf positives Völkerrecht stützen; denn sie waren schon auf den Haager Konferenzen vor dem Ersten Weltkrieg definiert, wenn auch noch nicht unter internationale Strafsanktion gestellt worden. Unter Verbrechen gegen die Menschlichkeit verstand man v. a. die Judenverfolgung und die Vernichtung sog. unwerten Lebens, d. h. also: Taten, die unabhängig von der durch die Alliierten formulierten Generalklausel (s. ebenso Art. 2 c des Kontrollratsgesetzes Nr. 10 v. 30. 1. 1946) schon nach dem Strafrecht aller zivilisierten Staaten Kapitalverbrechen darstellten. Was aber war die Rechtsgrundlage für die Ahndung von Verbrechen gegen den Frieden oder – wie man in Nürnberg formulierte – der „Verschwörung gegen den Frieden“? Völkerrechtlich verbindliche Vereinbarungen darüber existierten nicht: Es gab bis dahin kein Verbot des Angriffskrieges. Die Anklage argumentierte, das Rechtsbewusstsein der Völker habe sich seit dem Ersten Weltkrieg verändert. Dies ergebe sich insbesondere aus dem Briand-Kellogg-Pakt von 1928, dessen Unterzeichnerstaaten sich verpflichtet hatten, auf den (nicht näher definierten) Angriffskrieg zu verzichten. Ob das Militärtribunal damit gegen das Rückwirkungsverbot verstieß, weil dieser Pakt nur Staaten, nicht auch Individuen verpflichtete und keine Strafsanktionen gegen einzelne Personen erwähnte, war und blieb ebenso umstritten wie die Frage, ob das Völkerrecht gegebenenfalls – gestützt auf die bedingungslose Kapitulation – Sanktionen nicht auch rückwirkend festsetzen durfte.[82]

Rechtsgrundlage für die Ahndung von Verbrechen gegen die Menschlichkeit durch die deutsche Justiz – hauptsächlich in den Einsatzgruppenprozessen und im Auschwitzverfahren – war und ist das deutsche Strafgesetzbuch. Insoweit gab es kein Rückwirkungsproblem. Folglich operierte die Verteidigung auch nicht etwa mit dem Legalitätsargument, sondern mit dem des Befehlsnotstands, mit der Behauptung also, die Täter hätten sich bei Widersetzlichkeit selbst in Todesgefahr gebracht. So entzündete sich die rechtsphilosophische Diskussion des Rückwirkungsverbots hier u. a. an eher banal-bösen Denunziantenfällen:

1946 wurde ein Justizangestellter vom Schwurgericht im thüringischen Nordhausen wegen Beihilfe zum Mord zu lebenslänglichem Zuchthaus verurteilt. Er hatte den Kaufmann G. wegen einer Toiletteninschrift „Hitler ist ein Massenmörder und schuld am Kriege" angezeigt. War sich der Denunziant auch nicht im Klaren, mit welcher Begründung G. verurteilt werden würde, aber *dass* er verurteilt und hingerichtet werden würde, das wusste und wollte der Täter. Und so geschah es – wegen „Vorbereitung zum Hochverrat". – Ganz ähnlich lag der Fall, den das OLG Bamberg 1949 entschied. Um ihren Mann loszuwerden, zeigte seine Frau ihn wegen abfälliger Äußerungen über Hitler an, die er ihr gegenüber gemacht hatte. Der Mann wurde aufgrund typischer NS-Strafvorschriften wie dem „Heimtücke-Gesetz" von 1934 zum Tode verurteilt, dann aber nicht hingerichtet, sondern zur „Bewährung" an die Front geschickt. Das Gericht verurteilte die Frau wegen Freiheitsberaubung, begangen in mittelbarer Täterschaft (SJZ 5 [1950], 207).

Die juristische Konstruktion mittelbarer Täterschaft beruht auf der Einsicht, dass verbrecherische Ziele auch durch den Einsatz willenloser oder unzurechnungsfähiger Personen verwirklicht werden können. Die NS-Richter dementsprechend als quasi willenlose Werkzeuge in der Hand des Denunzianten zu betrachten, hat den fragwürdigen Vorzug, einerseits die strafrechtliche Ahndung der Denunziation als einer hochgradig unmoralischen Handlung zu ermöglichen und

[82] Zum Problem des Rückwirkungsverbots S. Jung, Die Rechtsprobleme der Nürnberger Prozesse, 1992, S. 137 ff.

andererseits die formelle Rechtmäßigkeit des offenkundig ungerechten Richterspruchs nicht infrage zu stellen. Ja mehr noch: Es wird dabei vorausgesetzt, dass die NS-Richter selbst bei Anwendung der Hochverratsbestimmung *gegen* deren Wortlaut, Sinn und Zweck keine Rechtsbeugung verübt haben. Denn sonst wären primär die NS-Richter als Täter zu belangen gewesen, und der Denunziant hätte „nur" Beihilfe zu einem Tötungsdelikt geleistet. Tatsächlich ist das Nordhäuser Schwurgericht diesen Weg der Begründung gegangen. Es unterstellte damit freilich andererseits, dass die NS-Richter bei ihrem Hochverratsurteil wissentlich und willentlich von dem seinerzeit geltenden Recht abwichen – obwohl ihre Handlungsweise dem entsprach, was in der Justiz damals allgemein üblich war. Nicht von ungefähr zogen es andere Gerichte vor, die NS-Richter als unschuldige Werkzeuge anzusehen, sofern sie nur das, was sie taten, für rechtens hielten (oder gehalten zu haben hinterher behaupteten). Gleichzeitig argumentierte man indes damit, dass der Denunziant seinerseits wusste, dass die NS-Justiz einen Menschen aus vergleichsweise nichtigem Anlass zu Tode bringen würde. Dem Laien traute man m. a. W. zu, die NS-Justiz als Instrument des politischen Terrors zu begreifen und deswegen als Mittel für seine verbrecherischen Zwecke einzusetzen – wofür er zu bestrafen sei. Den Berufsrichtern hingegen wurde zugebilligt, so gut wie alles, was sie taten, für Recht und nichts als Recht gehalten zu haben – wofür nach dem Rückwirkungsverbot niemand nachträglich bestraft werden könne.

Die „sophistische" Trennung zwischen rechtswidriger Auslösung der Strafsanktion durch eine private Anzeige und rechtmäßiger gerichtlicher Bestrafung im Urteil des OLG Bamberg verdient, etwas näher betrachtet zu werden: Bei den der Bestrafung des Mannes zugrunde gelegten typischen NS-Strafvorschriften habe es sich „fraglos um grob unbillige Gesetze (gehandelt), die vor allem wegen ihrer harten und im Einzelfall die Möglichkeit grausamer Bestrafung einräumenden Strafdrohungen vom größten Teil des deutschen Volkes als Schreckensgesetze empfunden wurden". Wer von der Befugnis, entsprechende Taten anzuzeigen (wozu ja keine Verpflichtung bestand), Gebrauch machte, verstieß folglich „gegen das Billigkeits- und Gerechtigkeitsempfinden aller anständig Denkenden", handelte mithin rechtswidrig. Gleichwohl könnten jene Strafvorschriften

> „nicht als naturrechtswidrige Gesetze (mit der sich daraus gegen den sie anwendenden Richter zwingend ergebenden Folgerung, selbst rechtswidrig gehandelt und damit sich strafbar gemacht zu haben) bezeichnet werden; denn sie geboten nicht ein positives, durch göttliches oder menschliches

Recht nach der Auffassung aller Kulturnationen schlechthin verbotenes Verhalten, sondern geboten unter Strafe ein Unterlassen, nämlich zu schweigen. Durch ein solches vom nationalsozialistischen Gesetzgeber unter Strafe gebotenes Unterlassen verstieß niemand gegen eine über diesem positiven Gesetz stehende Pflicht zu handeln. Daraus ergibt sich, daß der in Anwendung dieser, wenn auch typisch nationalsozialistischen Gesetze urteilende und strafende Richter nicht Unrecht begangen hat."

Und das angeblich – muss man hinzufügen – selbst dann nicht, wenn das Gericht jene Schreckensgesetze eigenmächtig auf *nichtöffentliche* Äußerungen ausdehnte, wie das (in Übereinstimmung freilich mit dem Reichskriegsgericht und dem Reichsgericht, aber im Widerspruch zum wissenschaftlichen Schrifttum) auch hier geschehen war. Indes bleibt zur Ehrenrettung der deutschen Justiz anzumerken, dass der Bundesgerichtshof dieser schizophrenen Rechtsprechung drei Jahre später in einem gleichliegenden Fall durch die Feststellung ein Ende gemacht hat, dass die Frage der Rechtmäßigkeit der Urteilsfolge für alle Beteiligten, insbesondere also für den Denunzianten und den Richter nur einheitlich entschieden werden kann (BGHSt 3, 110). Zum Problem der rechtlichen Geltung des typischen NS-Strafrechts brauchte der BGH übrigens nicht Stellung zu nehmen, da er schon in der Art der Anwendung jener Vorschriften gegen ihren Wortlaut – zutreffend – Willkür erkannte.

III. Die Radbruch'sche Formel

Der erste der erwähnten Denunziantenfälle gehörte zu einer Serie von Gerichtsentscheidungen, die Gustav Radbruch 1946 zu einer grundsätzlichen Betrachtung über „Gesetzliches Unrecht und übergesetzliches Recht" veranlassten (SJZ 1/1946, 105 ff. = Gesamtausg. 3, 83 ff.). Obwohl selbst politisches Opfer des NS-Regimes, plädierte Radbruch dafür, „die Forderung der Gerechtigkeit" gegenüber dem „gesetzlichen Unrecht" der Hitler-Herrschaft „mit einer möglichst geringen Einbuße an Rechtssicherheit zu verwirklichen". Demgemäß akzeptierte er die Konstruktion der mittelbaren Täterschaft des Denunzianten, welche den Blutrichtern die Rolle gutgläubiger Werkzeuge zuwies. Radbruch räumte zwar ein, dass wegen völliger Unverhältnismäßigkeit der Todesstrafe objektiv Rechtsbeugung vorgelegen haben könnte, entschuldigte die Richter aber subjektiv mit der rhetorisch gemeinten Frage, ob sie, „die von dem herrschenden Positivismus soweit verbildet waren, daß sie ein anderes als das gesetzte Recht nicht kannten, bei der Anwendung positiver Gesetze den Vorsatz der Rechtsbeugung haben (konnten)?". Diese These Radbruchs, dass es der Gesetzespositivismus war, der „den deutschen Juristenstand wehrlos gemacht (hat) gegen Gesetze willkürlichen und verbrecherischen Inhalts", ist indes längst revidiert. Zwar bleibt es richtig, dass Legalität der Funktionsmodus jeder modernen staatlichen Bürokratie ist und die Juristen darauf eingeschworen sind. Doch resultierte die Korruption des Rechtswesens und namentlich der Justiz unter dem NS-Regime weniger aus positivistischer Treue gegenüber den spezifischen NS-Gesetzen als gerade aus der „unbegrenzten Auslegung" der vorhandenen Rechtsvorschriften im Sinne der NS-Ideologie als einer Art von übergesetzlichem Naturrecht.[83] In seinen *Neuen Leitsätzen für die Rechtspraxis* hatte der schon erwähnte prominente Jurist C. Schmitt an exponierter Stelle (JW 1933, 2793; Dt. Recht 1933, 201) bereits 1933 verkündet:

„Das gesamte heutige deutsche Recht ... muß ausschließlich und allein vom Geist des Nationalsozialismus beherrscht sein ... Jede Auslegung muß eine Auslegung im nationalsozialistischen Sinne sein."

So sind die meisten Unrechtsurteile *gegen* die Regeln einer positivistischen Rechtspraxis zustande gekommen. Auch in unserem Fall begründet ja nicht die traditionelle Strafvorschrift über den Hochverrat, sondern deren absurde Anwendung das Unrecht des Gerichtsurteils. Aus Gründen der Rechtssicherheit wollte Radbruch auch den NS-Gesetzen nur in den äußersten Fällen größten Unrechts die Rechtsgeltung absprechen. Ausdrücklich erwähnt er als Beispiele hierfür die Bestimmungen über das politische Monopol der NSDAP, die Gesetze, „die Menschen als Untermenschen behandelten und ihnen die Menschenrechte versagten", sowie Strafdrohungen, die allein zum Zwecke der Abschreckung in undifferenzierter Weise überzogene Sanktionen wie insbesondere die Todesstrafe festsetzten. Die allgemeine Fassung dieses Gedankens ist als „Radbruch'sche Formel" berühmt geworden:

„Der Konflikt zwischen der Gerechtigkeit und der Rechtssicherheit dürfte dahin zu lösen sein, daß das positive, durch Satzung und Macht gesicherte Recht auch dann den Vorrang hat, wenn es inhaltlich ungerecht und unzweckmäßig ist, es sei denn, daß der Widerspruch des positiven Gesetzes zur Gerechtigkeit ein so unerträgliches Maß erreicht, daß das Gesetz als 'unrichtiges Recht' der Gerechtigkeit zu weichen hat. ... wo Gerechtigkeit nicht

[83] Dazu B. Rüthers, Die unbegrenzte Auslegung, ^{5}1997.

einmal erstrebt wird, wo die Gleichheit, die den Kern der Gerechtigkeit ausmacht, bei der Setzung positiven Rechts bewußt verleugnet wurde, da ist das Gesetz nicht etwa nur 'unrichtiges Recht', vielmehr entbehrt es überhaupt der Rechtsnatur."

Im Kern rekurriert der Text auf die besonders von Aristoteles formulierte Erfahrung, dass Ungleichbehandlung unter Gleichen als elementare Form der Ungerechtigkeit erfahren wird. Im Übrigen bleibt bei der Unmöglichkeit, ein ontologisches Naturrechtssystem zu erneuern oder eine kosmische Vernunft zu beschwören, nur der Hinweis auf das Gerechtigkeitsstreben, die Bemühung um das platonische Ideal (vorne § 17 II). Konkret bedeutet das eine der Tendenz zu allgemeinen Beurteilungen entgegenlaufende Bestrebung, alle Entscheidungen in einer möglichst differenzierten Weise den jeweiligen Gegebenheiten anzupassen (vorne § 17 III).

Trotz der offenkundigen Unterschiede zwischen Ausmaß und Schwere der NS-Gewaltverbrechen, unter deren Eindruck Radbruch geschrieben hatte, und den Tötungshandlungen an der innerdeutschen Grenze durch Posten der DDR hat der BGH zur Bestrafung dieser sog. „Mauerschützen" auf die Formel Radbruchs zurückgegriffen. Das Gericht verneint jeden Rechtfertigungsgrund für jene Todesschüsse – gleichviel ob er aus Anordnungen der Exekutive oder aus dem Grenzgesetz der DDR von 1982 abgeleitet wurde. Denn, sagt der BGH (BGHSt 41, 101/105), ein solcher Rechtfertigungsgrund,

„der einer Durchsetzung des Verbots, die DDR zu verlassen, Vorrang vor dem Lebensrecht von Menschen gab, indem er die vorsätzliche Tötung unbewaffneter Flüchtlinge gestattete, ist wegen offensichtlichen, unerträglichen Verstoßes gegen elementare Gebote der Gerechtigkeit und gegen völkerrechtlich geschützte Menschenrechte unwirksam. Der Verstoß wirkt hier so schwer, daß er die allen Völkern gemeinsamen, auf Wert und Würde des Menschen bezogenen Rechtsüberzeugungen verletzt; in einem solchen Fall muß das positive Recht der Gerechtigkeit weichen (sogenannte *Radbruch*'sche Formel)."

Richtig ist zunächst, dass Radbruch mit seiner These keineswegs nur auf massenhafte Entrechtungen zielte, sondern ausdrücklich auch unverhältnismäßige Strafdrohungen meinte. Insofern gibt es also durchaus einen Anknüpfungspunkt, weil auch bei dem aktuellen Fall die Unverhältnismäßigkeit der generellen Anordnungen „rücksichtslosen" Schusswaffengebrauchs in die Augen fällt. Richtig ist auch, dass der Zynismus der DDR-Führung in der Menschenrechtsfrage nicht außer Betracht bleiben kann. So suchte sich die DDR international Ansehen zu verschaffen, indem sie die Charta der Vereinten Nationen und deren Allgemeine Menschenrechtserklärung von 1948 offiziell zu Grundsätzen ihrer Staatspraxis erklärte und darüber hinaus 1974 dem dann 1976 in Kraft getretenen Internationalen Pakt über bürgerliche und politische Rechte von 1966 beitrat – ohne indes ihre damit übernommene völkerrechtliche Verpflichtung, ihren Bürgern u. a. die Ausreisefreiheit zu garantieren, innerstaatlich zu erfüllen. Richtig ist schließlich die gerichtliche „Gesamtwertung des Grenzregimes" der DDR. Mag deren Führung auch allen Grund gehabt haben, politische und wirtschaftliche Destabilisierung durch Auswanderung zu befürchten, mag sie insbesondere Veranlassung gesehen haben, nach der politischen Logik mancher Entwicklungsländer die Auswanderung gut ausgebildeter Bürger zu unterbinden: Das prinzipielle Ausreiseverbot, die Erklärung des unerlaubten Grenzübertritts zu einem die äußersten Konsequenzen rechtfertigenden „Verbrechen", schon wenn die Flüchtlinge zu zweit waren oder etwa eine Leiter mit sich führten, verbunden mit einer tödlich-perfekten nach innen gerichteten Grenzsicherung, die einem KZ-Zaun weit ähnlicher war als Grenzanlagen zivilisierter Staaten – dies zusammen machte das Grenzregime mitten in Europa schlechterdings zu einer Kulturschande.

Aber: Die Bundesrepublik ist kraft eben der vom BGH beschworenen menschenrechtlichen Grundsätze durch die eigene Verfassung auf das Rückwirkungsverbot des *nulla poena sine lege*-Grundsatzes festgelegt (Art. 103 Abs. 2 GG). Zwar bestimmt Art. 7 Abs. 2 der Europäischen Menschenrechtskonvention von 1950, dass durch den Grundsatz *nulla poena sine lege* Bestrafungen nicht ausgeschlossen werden dürfen, wenn die Tat „im Zeitpunkt ihrer Begehung nach den von den zivilisierten Völkern allgemein anerkannten Rechtsgrundsätzen strafbar war". Doch hat die Bundesrepublik bei der Ratifizierung der Konvention insoweit einen völkerrechtlich zulässigen Vorbehalt zugunsten des Art. 103 Abs. 2 GG gemacht. Darf sie also die Todesschüsse an der innerdeutschen Grenze bestrafen, die nach DDR-Recht zu beurteilen sie durch den Fusionsvertrag zwischen den beiden deutschen Staaten berechtigt und verpflichtet ist? Kann sie es als Rechtsstaat ohne Selbstwiderspruch tun? Hier gerät die Argumentation des BGH auf Abwege. Die Schützen, meint das Gericht, konnten nicht i. S. des Art. 103 Abs. 2 GG „darauf vertrauen, daß eine künftige rechtsstaatliche Ordnung die menschenrechtswidrige Praxis auch in Zukunft hinnehmen und nicht sanktionieren werde" (BGHSt 41, 101/111 f.). Wie das? Weil es nach Auffassung des BGH schon zur Tatzeit nach dem Wortlaut der einschlägigen Vorschriften objektiv möglich gewesen wäre, das einschlägige DDR-Recht „menschenrechtsfreundlich", also rechtsstaatlich zu interpretieren. Nur, dass der Rechtsstab der DDR nicht an so etwas dachte und die Grenzposten daher sicher sein konnten, in der DDR selbst bei einem allmählichen Wandel der Verhältnisse wegen ihrer Schüsse niemals zur Verantwortung gezogen zu werden. Um dem Rückwirkungsverbot auszuweichen, unterlegt das Gericht dem (Un-)Rechtswesen der DDR mithin retrospektiv eine latente, potenzielle Rechtsstaatsstruktur, mit der die zur Tatzeit geltenden Verhaltens- und Beurteilungsnormen schlechterdings nichts zu tun hatten. Das Bundesverfassungsgericht hat die einschlägigen Urteile des BGH bestätigt (BVerfGE 95, 96), das Problem dabei freilich vollends eher vernebelt als geklärt, indem es das verfassungsrechtliche Rückwirkungsverbot in seiner „strikten Formalisierung" zunächst für „absolut" erklärt, um es anschließend zu relativieren und einer materiellen Abwägung zu unterwerfen. Eine ebenso eingehende wie überzeugende Analyse des gesamten Komplexes findet sich (mit vielen Nachw.) bei H. Dreier (*Gustav Radbruch und die Mauerschützen,* JZ 1997, 421 ff.). Temperamentvoll vertritt die Gegenposition z. B. G. Werle (*Menschenrechtsschutz durch Völkerstrafrecht,* ZStW 109 1997, S. 808 ff.).

IV. Harts Kritik

Das zweite der unter II. zitierten Denunziantenurteile hat H. L. A. Hart zum Gegenstand rechtsphilosophischer Kritik gemacht und dabei Radbruchs Position einbezogen (*Recht und Moral,* 1971, 14 ff.). Anders als im ersten Fall beruhte die durch die Denunziation ausgelöste Verurteilung hier auf typischem NS-Recht. In einem verständlichen Irrtum meinte Hart, die Verurteilung der Denunziantin beruhe auf der Annahme des Gerichts, dass das fragliche NS-Strafrecht „gegen das Billigkeits- und Gerechtigkeitsempfinden aller anständig Denkenden verstoßen (habe)" und deswegen ungültig gewesen sei. Eine solche Begründung als Sieg der Lehren des Naturrechts über den Positivismus zu feiern, hält Hart gemäß seiner positivistischen Trennung von Recht und Moral im Dienste persönlicher Freiheit (vorne §§ 4 I, 5 II) für die Verschleierung eines Dilemmas. Derartige Urteile erweckten nämlich den Anschein, als ließen sich alle unsere Werte bruchlos in einem einzigen System unterbringen. Es gebe aber Fälle, „in denen das Leben uns zwingt, von zwei

Übeln das geringere zu wählen", und die seien mit vollem Bewusstsein „wie Brennesseln an(zu)fassen". So könne man in diesem Fall 1. die Frau freisprechen, damit dem positiven Recht Rechnung tragen und Moralprinzipien aufopfern; 2. die Frau aufgrund rückwirkender Strafgesetzgebung verurteilen, d. h. die Ansprüche der Moral befriedigen und den rechtsstaatlichen Grundsatz des Rückwirkungsverbots preisgeben; 3. die Frau angeblich ohne Verstoß gegen das Rückwirkungsverbot verurteilen, damit den moralischen Ahndungsanspruch befriedigen und mit der Leugnung des Dilemmas die Redlichkeit aufopfern.

Gegen Radbruch wendet Hart hauptsächlich ein, dessen Formel sei letztlich illiberal, also freiheitsfeindlich. Beruhe sie doch auf der Vorstellung, dass mit der Qualifikation einer Norm als gültiger Rechtsnorm auch schon die Frage moralischer Rechtfertigung und einer moralischen Befolgungspflicht entschieden sei. Offenkundig geht Hart vor einem ganz anderen Erfahrungshintergrund von einer selbstbewussten freien Bürgergesellschaft aus, in der positives Recht Moralnormen nicht einfach zu verdrängen oder zu ersetzen vermag, die Anerkennung einer Norm als positives Recht folglich auch nicht ohne weiteres deren moralische Billigung oder gar Rechtfertigung bedeutet. In einer solchen Gesellschaft erschüttert „ungerechtes" Recht nicht das Moralbewusstsein und sieht in einem gerichtlichen Freispruch niemand irgendeine Art von Billigung unmoralischen Verhaltens. Recht erscheint in diesem Kontext bloß als ein notwendiges Instrument der Sicherheit und persönlicher Freiheit, dessen gerade kraft moralischer „Neutralität" verlässliche soziale Funktion nicht durch Leugnung der Geltungskraft aus irgendwelchen moralischen Gründen infrage gestellt werden darf. Notwendige Korrekturen – das steht im Hintergrund – erfolgen über das für alle Einflüsse offene Gesetzgebungsverfahren. Im Übrigen bleibt es jedermann unbenommen, Gesetzen, die er für unmoralisch hält, nicht zu gehorchen, wenn er bereit ist, die allemal vorhersehbaren, also kalkulierbaren Konsequenzen zu tragen.

Dies ist die ganz und gar zukunftsgerichtete Sicht des Rechts einer freien Gesellschaft freier Bürger. Mit dem Entwurfcharakter des Rechts und der Rationalität gesetzmäßiger Berechenbarkeit der Staatstätigkeit ist jede Rückwirkung von Hoheitsakten unvereinbar. Durch die Erfassung abgeschlossener Sachverhalte widerspräche sie, sagt Rousseau, der Allgemeinheit des Gesetzes und verstieße nach B. Constant gegen die Logik des Gesellschaftsvertrages. So gesehen scheint die Frage nach den moralischen Grenzen einer für die Betroffenen in keiner Weise disponiblen, selbstherrlichen Macht, welche das Recht als Kampf- und Unterdrückungsmittel für sich in Dienst genommen hatte, in unzulässiger, ja selbst geradezu unmoralischer Weise nach rückwärts gewandt. In Wahrheit hat die moralische Frage nach der Gerechtigkeit einer selbstherrlichen, illiberalen Macht jedoch keinen spezifischen Zeitsinn und kann folglich nicht in eine Zukunfts- und eine Vergangenheitsdimension zerlegt werden. Daher ist sie gegen den Einwand verbotener Rückwirkung nach ihrem Selbstverständnis moralisch sozusagen immun. Denn: Kann man – zumal aus der „Teilnehmer"-Perspektive (vorne § 5 I) – gegenüber staatlicher Barbarei überhaupt einen „liberalen" theoretischen Standpunkt einnehmen? Angesichts jener schrecklichen historischen Erfahrungen der NS-Herrschaft kehrt eine vor-liberale Art der Problemstellung fast zwangsläufig wieder, wie sie sich ursprünglich in der Kritik der Praxis einer autokratischen Obrigkeit herausgebildet hatte. Muss Herrschaft, wo sie nicht der Freiheit dient, doch wenigstens letzte Grenzen der Gerechtigkeit wahren? Die strikte Trennung von Recht und Moral kann nur unter der Dominanz des Freiheitsgedankens vollzogen werden.

Am Ende mag die freie Gesellschaft freier Bürger sich pluralistisch indes so ausdifferenzieren, dass der Grundkonsens nur noch aus Überlappungen heterogener Weltanschauungen besteht, die Gesellschaft sich also nur noch äußerlich über Recht und gar nicht mehr über Moral integriert. Das provoziert dann allerdings leicht gegenläufige Tendenzen zu Re-Moralisierungen des Rechts.

DRITTER TEIL
NOTWENDIGES RECHT DER FREIHEIT AUS DER SELBSTREFLEXION DES INDIVIDUUMS

Erstes Kapitel
Krieg aller gegen alle: Das neue Denkmuster eines Naturzustandes

§ 22 Umwälzung eines alten Gedankens

Der Mensch ist nach seiner Natur zu allem fähig, im Guten wie im Bösen. Und gerade zu den größten Untaten, meint Thomas Hobbes, neigten die Menschen besonders. Denn wegen der weitgehenden Gleichheit ihrer natürlichen Fähigkeiten gebe es zwischen ihnen zwangsläufig stets Konkurrenz, Misstrauen und Ruhmsucht (*Leviathan* [L] c. 13 – s. § 7 II). „Anthropologischen Pessimismus" nennen das die einen, „Realismus" die anderen. Die erste jener drei Konfliktursachen

> „führt zu Übergriffen der Menschen des Gewinns, die zweite der Sicherheit und die dritte des Ansehens wegen. ... Daraus ergibt sich klar, daß die Menschen während der Zeit, in der sie ohne eine allgemeine, sie alle im Zaum haltende Macht leben, sich in einem Zustand befinden, der Krieg genannt wird, und zwar in einem Krieg eines jeden gegen jeden. Denn Krieg besteht nicht nur in Schlachten oder Kampfhandlungen, sondern ... in der bekannten Bereitschaft dazu während der ganzen Zeit, in der man sich des Gegenteils nicht sicher sein kann ... Deshalb trifft alles, was Kriegszeiten mit sich bringen, in denen jeder eines jeden Feind ist, auch für die Zeit zu, während der die Menschen keine andere Sicherheit als diejenige haben, die ihnen ihre eigene Stärke und Erfindungskraft bieten."

In einer solchen Lage völliger Unsicherheit könne sich keine Zivilisation entfalten. Denn

> „es herrscht, was das Schlimmste von allem ist, beständige Furcht und Gefahr eines gewaltsamen Todes – das menschliche Leben ist einsam, armselig, ekelhaft, tierisch und kurz".

In diesem Naturzustand gebe es weder ein bestimmtes Mein und Dein, weder Gerechtigkeit noch Ungerechtigkeit: Ungerechtigkeit nicht, weil kein Gesetz einer gesetzgebenden Gewalt vorhanden sei, das verletzt werden könnte – Gerechtigkeit nicht, weil sie keine Tugend sei. Anderenfalls müsste diese Tugend ja auch bei einem allein auf der Welt lebenden Menschen genau so in Erscheinung treten wie seine Sinne und Leidenschaften. Einziges Maß ist im Naturzustand vielmehr der individuelle Nutzen für den Überlebenskampf (*De cive / Vom Bürger* c. 1 n. 10). Wenn Hobbes dann gleichwohl von Naturgesetzen *(leges naturales)* spricht, meint er damit lediglich die „von der Vernunft ermittelten Vorschriften" der Selbsterhaltung (L c. 14). Diese zweckrationalen Klugheitsregeln zielen hauptsächlich auf die vertragliche Einrichtung einer höchsten Gewalt, „die in der Lage ist, die Menschen vor dem Angriff Fremder und vor gegenseitigen Übergriffen zu schützen" (L c. 17), sowie auf die Bewahrung dieses Vertrags und des durch ihn erzeugten Friedens (L cc. 14 u. 15). Diesen natürlichen „Verpflichtungen" folgend begibt sich der Mensch um seiner Sicherheit willen seines einzigen natürlichen subjektiven Rechts *(ius naturale).* Und das ist seine *Freiheit*, alles zu tun, was nach eigenem Urteil der Vernunft des Individuums dessen Selbsterhaltung dient (L c. 14). Von der physischen Selbsterhaltung zur moralischen Selbstbestimmung fortschreitend hat später auch Kant formuliert, das „Urrecht" sei ein einziges: die Freiheit (vorne § 7 I).

Mit seiner Lehre vom Naturzustand macht Hobbes aus einer alten Geschichte ein modernes Instrument der Analyse. In ihr lösen sich die herkömmlichen Grundlagen der Philosophie des Rechts und der Politik auf. Die von Hobbes reaktivierte Vorstellung eines vorzivilen, vorpolitischen oder – wie wir heute zu sagen pflegen: vorstaatlichen – Ur- oder Naturzustandes der Menschheit ist in der Tat uralt. In der Sophistik des 5. vorchristl. Jh. gewann sie mit der Entgegensetzung von Natur und rechtlicher Konvention zuerst aufklärerische politisch-rechtsphilosophische Bedeutung (vorne § 16 II). Hauptsächlich diente die Geschichte seit Epikur, Lukrez und Cicero dazu, die Entstehung von Gesellschaft, Herrschaft und rechtlicher Ordnung historisch zu erklären und teleologisch durch das Ziel vollkommeneren Lebens zu rechtfertigen. Im Kontrast dazu ist 100 Jahre nach Hobbes die zur Geschichtserzählung gegenläufige analytische Funktion des Naturzustandsgedankens längst eine Lehrbuchweisheit für Jura-Studenten:

„Um in dieser Wissenschaft (sc. vom Recht der Natur) auf den Grund zu kommen, muß man bis auf solche Vorstellungen zurückgehen, da weder Staaten, noch andere Gesellschaften, oder willkürlich eingegangene Verbindungen, den Zustand des Menschen bestimmen; Man muß sich zuerst zwey oder mehrere Menschen *ohne alle Verbindung* vorstellen, und alsdann erörtern, was einer gegen den anderen für Rechte und Verbindlichkeiten habe, ohne noch eine verbindliche Handlung (factum obligatorium) vorgenommen zu haben; um sodann bestimmen zu können, was solche Handlungen für neue Gerechtsamen und Obliegenheiten hervorbringen, und was in diesem ursprünglich natürlichen Zustande der Mensch für Rechte und Mittel habe, zu Erhaltung seines Rechts zu gelangen und gegen Beleidigungen sich sicher zu stellen."

Bei dem berühmten aufklärerischen Reichs- und Naturrechtler Johann Stephan Pütter (*Neuer Versuch einer Jurist. Encyclopädie u. Methodologie,* 1767, 8 f.) ist das freilich nicht mehr mit derselben quasi-naturwissenschaftlichen Radikalität gedacht wie bei dem Verfasser des *Leviathan.* Dessen Staatsphilosophie war methodisch von dem neuen Wissenschaftsideal der geometrisch-mathematisch – *more geometrico* – betriebenen Physik und Astronomie geprägt. Nach dem Vorbild Galileo Galileis (1564–1642), der zuerst die resolutive oder analytische Methode mit der kompositiven oder synthetischen verbunden hatte, wollte Hobbes nun auch die sozialen und politischen Erscheinungen in ihre letzten Elemente zergliedern und in deren Zusammenhang eindringen, um hieraus die Gesetzmäßigkeit des Ganzen und das Bedingungsgefüge seiner Hervorbringung zu erkennen, modern gesprochen: die Gegenstände zu rekonstruieren.[84] Rechts- und staatsphilosophisch ist der springende Punkt folglich der, dass mit diesem „methodologischen" Individualismus gegen die aristotelische Tradition, d. h. gegen den logischen Vorrang der Polis vor den Bürgern, des Ganzen vor dem Teil, als das Ursprüngliche im menschlichen Gemeinschaftsleben jetzt der Einzelne begriffen und das Ganze als ein Verhältnis von Einzelnen konstruiert wird. Damit hört der Naturzustand auf, etwas Vergangenes und Überwundenes, ein genetisches Erklärungsmodell des Bestehenden zu sein. Er wandelt sich zur immerfort latent anwesenden Möglichkeit des Anderen der Zivilisation, zu ihrem Abgrund, bleibt aber zugleich deren Unter- und Hintergrund. Denn der bürgerliche Zustand *(status civilis)* wird ja nicht mehr als ein qualitativ neuer, höherer Status von Kultur und Frieden, sondern als ein optimierter Zustand konkurrierender Selbsterhaltungs- und Machterweiterungsbestrebungen gedacht.

In der Perspektive dieser Naturzustandslehre gibt es zudem – und das ist der zweite wesentliche Punkt – nur *eine* Art der Vergesell-

[84] Dazu G. Scholtz, Art. Rekonstruktion, in: Hist. Wörterb. d. Philosophie, hg. v. J. Ritter u. K. Gründer, 8 (1992), Sp. 570. Zum Siegeszug des Mechanik-Modells W. Pross, „Natur", Naturrecht und Geschichte, in: Internat. Arch. f. Sozialgesch. d. dt. Lit. 3 (1978), S. 38 (55 ff.).

schaftung und eine einzige Form der Repräsentation: die politische.[85] Für eine eigenständige Kirchenorganisation fehlen darin Grund und Raum. Die pure Physik der Vergesellschaftung kennt keinen eigenständigen Bereich des Geistlichen. Folglich hält die Herrscherfigur auf dem Titelkupfer des *Leviathan* (§ 6 II) mit Schwert und bischöflichem Krummstab sowohl das Zeichen der weltlichen wie das Symbol der geistlichen Macht in den Händen. Fast die Hälfte des Werks ist der Zurückweisung aller theokratischen Herrschaftsansprüche gewidmet, vorzugsweise derjenigen der Römischen Kirche (Teil IV: „Vom Reich der Finsternis"). Dies und die Beschwörung des Krieges aller gegen alle legen einen Zusammenhang der Theorie mit der Erfahrung der konfessionellen Bürgerkriege in England (1642–1646, 1648/9) nahe. Tatsächlich sah sich Hobbes wegen seiner Verteidigung der Souveränität des Königs gegenüber dem Parlament aber bereits 1640 zur Flucht nach Paris veranlasst und hat die erste Version seiner Staatslehre *(De cive / Vom Bürger)* schon 1642 veröffentlicht (anonym, versteht sich). Indessen sind die größten politischen Gegensätze bereits dort aus der Heftigkeit *geistiger* Auseinandersetzungen erklärt. Keine Kriege würden heftiger geführt als die zwischen verschiedenen Parteien *eines* Staates oder zwischen den verschiedenen Sekten *einer* Religion (c. 1 n. 5). Das Anschauungsmaterial hatten die Hugenottenkriege in Frankreich (1562–1598) und die ersten Phasen des 30-jährigen Krieges in Deutschland (1618–1635) längst eindrucksvoll geliefert. Nichts ist wahrlich entsetzlicher, als wenn für absolute Wahrheiten, letzte Prinzipien, wenn im Namen höchster Gerechtigkeit gekämpft, der Gegner demzufolge zum Teufel oder zum Verbrecher gestempelt wird. Deshalb wollte Hobbes dem Streit über Glaubenssätze ein für allemal den Boden entziehen: In diesem Leben seien auch die Leiber der Gläubigen materiell und vergänglich. Folglich gebe es im diesseitigen Leben auch keine andere Herrschaft über einen Staat oder eine Religion als eben eine irdisch-zeitliche; deshalb dürfe auch kein Untertan eine Lehre verbreiten, deren Verbreitung der Herrscher über Staat und Religion verbietet. „Und dieser Herrscher muß *eine* Person sein, oder aber es ergeben sich im Staat notwendig Hader und Bürgerkrieg …" (L c. 39).[86]

[85] Dazu G. Duso, Der Begriff der Repräsentation bei Hegel und das moderne Problem der politischen Einheit, 1990.

[86] Unter Person versteht Hobbes stets sowohl einen einzelnen Menschen wie eine Versammlung von Menschen, „die ihre Einzelwillen durch Stimmenmehrheit auf einen Willen reduzieren können" (L c. 17; s. auch c. 16).

Gleichwohl ist die Rechts- und Staatsphilosophie von Thomas Hobbes mehr als nur eine politische Reaktion auf die konfessionellen Bürgerkriege nach der Glaubensspaltung durch die Reformation. Tiefergehend reflektiert diese Philosophie eine wissenschaftliche Revolution (§ 23) und artikuliert einen prinzipiellen Wechsel der Perspektive (§§ 25, 26). Er erschließt einen neuen Ausgangspunkt des Denkens über Gesellschaft, Recht und politische Ordnung. Hier wird der Grund für den modernen Staatsgedanken gelegt. So etwas nennt man heute nach Th. S. Kuhn (*The Structure of Scientific Revolutions*, 1962) gern einen „Paradigmenwechsel". Er ist wichtiger und wirkt nachhaltiger als die von Hobbes selbst daraus entwickelte Problemlösung. Deren Kernstück – die Vertragslehre – haben wir schon bei der Behandlung der verschiedenen Theorien subjektiver Normbegründung besprochen (§ 13 I). Dass der Hobbes'sche *Leviathan* sich nicht einfach auf das seinerzeit aktuelle politische Gegenrezept des Absolutismus reduzieren lässt, zeigt sich an dem ausgeprägt szientistischen Modellcharakter der Theorie. Der in der Umdeutung des alten Naturzustandsgedankens sich vollziehende prinzipielle Wechsel der Perspektive macht das Recht zu einem Produkt unbegrenzter menschlicher Freiheit und zugleich zur einzigen Barriere gegen deren Selbstzerstörung. So bekommt das Recht von der Wurzel her Zwangscharakter, der dem Begriff des Rechts eine bis dahin nicht gekannte Schärfe verleiht (dazu § 24 I). Zudem erfährt dieses Zwangsmoment des Rechts seine Rechtfertigung nicht mehr aus der Realisierung von Vernunftgrundsätzen im Sinne sittlicher oder moralischer Gebote und Verbote, sondern ganz zweckrational aus der Überwindung der Schrecken des Naturzustandes durch die Organisation des Chaos und die Herrschaft von Regeln (dazu § 24 II). Auch der Staat des Hobbes ist so ein „Rechtsstaat", aber nicht weil er aufgrund philosophischer oder theologischer Einsicht die rechte, tugendhafte Ordnung durchsetzt, sondern weil er eine Rechtsordnung im Sinne eines allgemeinverbindlichen Regelwerks produziert: *Authoritas, non veritas, facit legem* (L c. 26). Wenn es aber die Autorität der irdischen Herrschaftsgewalt ist, die das Recht begründet, und nicht die Wahrheit, Richtigkeit oder Vernünftigkeit der Vorschrift, dann muss eben diese Autorität im Horizont der Weltlichkeit nach der Logik des Naturzustandes und d. h.: nach der Logik des methodologischen Individualismus, von den Einzelnen her sich legitimieren. Dieser Individualismus souverän den eigenen Vorteil kalkulierender Subjekte bedeutet mehr und etwas anderes als der Personalismus, d. h. Bedeutung, Wertschätzung und Schutz des Einzelnen, wie sie die stoische Philosophie entwickelt, das Römische Recht auf dieser Grundlage zu praktizieren begonnen und das Christentum mit neuer religiöser Inbrunst kultiviert hatte.

In Deutschland herrschte bis Kant allerdings eine abgemilderte Version der Hobbes'schen Vertragstheorie. Die Konstruktion im „Natur- und Völkerrecht" (*De Jure Naturae et Gentium*, Lund 1672) von Samuel Pufendorf (1632–1694) war weder exklusiv absolutistisch noch konsequent individualistisch. Pufendorfs Annahme zweier aufeinander aufbauender Verträge, eines Vereinigungs- und eines Unterwerfungsvertrages, bot die theoretische Grundlage für eine ständische Beschränkung der königlichen Gewalt. Und infolge starker Nachwirkung der klassischen Moralphilosophie rangierten bei ihm die Pflichten der Menschen in den verschiedenen Formen seiner natürlichen „Sozialität" vor dessen Rechten. Aber so oder so resultiert aus dieser epochalen Wende ein neuer, zukunftsgerichteter Begriff des Gesetzes, der auf dessen Positivität und voluntaristischen Charakter abhebt. Denn wenn es nicht mehr ehrwürdiges Alter oder inhaltliche Richtigkeit und innere moralische Nötigung zur Befolgung sind, die einen Satz zum Gesetz machen, sondern die Autorität eines Gesetzgebers, dann werden einleuchtenderweise dessen Wille und die Bestimmtheit seiner Äußerung die maßgeblichen Kriterien. Das aber, was allein im Willen des Sprechenden gründet, ist ein Befehl: *legem esse imperatum* (L cc. 25, 26). Auch darüber haben wir schon gesprochen, und zwar im Zusammenhang mit der sog. Imperativentheorie des Rechts (vorne § 11 II), und müssen später in § 24 I noch einmal darauf zurückkommen.

§ 23 Physik der Vergesellschaftung

I. Kopernikanische Wendung und die Naturgesetze der Mechanik

In der Vorrede zur zweiten Auflage seiner *Kritik der reinen Vernunft* (1787) verglich Kant seine grundstürzende Annahme, wonach der Erkenntnisgegenstand als Objekt der sinnlichen Wahrnehmung „nach der Beschaffenheit unseres Anschauungsvermögens (sich richtet)" und nicht umgekehrt, mit der Ersetzung des alten geozentrischen durch ein heliozentrisches Weltsystem im Hauptwerk des Nikolaus Kopernikus (1473–1543) *Über die Umläufe der Himmelskörper* (*De revolutionibus orbium coelestium*, 1543). Bekanntlich verbesserte sich die Erklärung der Himmelsbewegungen, als Kopernikus nach Kants Worten anstelle der Voraussetzung, „das ganze Sternenheer drehe sich um den Zuschauer“, „den Zuschauer sich drehen, und dagegen die Sterne in Ruhe ließ“. Seither spricht man von der „Kopernikanischen Wendung“ Kants zur Erkenntniskritik. Dieser von Kant ohne jede falsche Bescheidenheit gezogene Vergleich sollte die prinzipielle Bedeutung seines philosophischen Neuanfangs in der Erkenntnislehre beleuchten, deutet aber auch einen gewissen sachlichen Zusammenhang an. Denn die Revolution des Kopernikus versetzt den Menschen und seine Erde vom Zentrum an den Rand und verwandelt die gestufte himmlische Ordnung, wie sie durch die Darstellungen des Jüngsten Gerichts in den Kirchen jedermann vor Augen hatte, in einen abgründigen Raum: „Der Abstand Sonne : Erde ist im Verhältnis zur Weite des Firmaments geringer als der Halbmesser der Erde zu ihrem Abstand von der Sonne, und“ – sagt Kopernikus – „ich füge hinzu, daß das Verhältnis zur Weite des Firmaments gar nicht anzugeben ist.“ Aus solcherart veränderter Selbstwahrnehmung muss der Mensch sich, seinen Ort und seine Verhältnisse neu bestimmen. Dieser Weg führt einerseits in die Weite der Welt, ganz buchstäblich auf Entdeckungsreisen und sodann zu dem Versuch, den Kosmos mithilfe der Mathematik als ein Gefüge mechanischer Gesetzmäßigkeiten zu begreifen, und andererseits nach innen, zur Selbstreflexion, um in ihr die unbezweifelbare Basis sicherer Erkenntnis zu ergründen.

Epoche machende Programmschrift dieses Unternehmens war die kleine *Abhandlung über die Methode des richtigen Vernunftgebrauchs und der wissenschaftlichen Wahrheitsforschung* (*Discours de la méthode pour bien conduire sa raison et chercher la verité dans les sciences*, 1637) von René Descartes (1596–1650). Gegen den Wissenschaftsbetrieb seiner Zeit, gegen die bloßen „Bücherwissenschaften“, d. h. gegen all die end- und fruchtlosen Erörterungen bloßer Lehrmeinungen von Autoritäten – nicht nur über geistliche Dinge, sondern eben auch über die Welt, in der wir leben –, stellte er vier einfache Regeln: 1. nur das als wahr behaupten, was man so klar und deutlich erkennt, dass man daran nicht zweifeln kann; 2. jedes Problem in Teil-Sachverhalte zerlegen; 3. den Zusammenhang der Teil-Sachverhalte erkennen oder rekonstruieren und dann stufenweise erst die einfachsten und später die jeweils komplizierteren erklären; 4. durch umfassende Übersichten sicherstellen, dass kein Problem übersehen wird. – Die erste Regel beinhaltet das Prinzip des methodischen Zweifels an allem und jedem, für den Descartes vor allem berühmt geworden ist. Damit war keine Skepsis, keine Verzweiflung an der Erkennbarkeit der Welt gemeint, sondern ein Verfahren, das ganz im Gegenteil zu unbezweifelbar sicherer Erkenntnis führen soll. Denn während ich zu denken versuche, alle meine Vorstellungen von den Dingen seien falsch, muss ich konstatieren, dass ich, der das denkt, „irgend etwas sein muss". Folglich ist der Satz „Ich denke, also bin ich" *(Ego cogito, ergo sum, sive existo)* die erste, unbezweifelbare, grundlegende Wahrheit. „Ich erkannte daraus", fuhr Descartes fort, „daß ich eine Substanz sei, deren ganze Wesenheit *(essence)* oder Natur bloß im Denken bestehe ..." – In der Rückschau mag bescheiden erscheinen, was damals schlechterdings revolutionär war. Schon in Descartes' Verzicht, anerkannte Autoritäten zu zitieren, lag eine Provokation. Und die Forderung nach unbezweifelbarer Wahrheit aus der Vernunft des denkenden Ich anstelle der hin- und hergehenden Kontroversen über Lehrmeinungen machte die Sache gefährlich. Denn die Lehrautoritäten mit ihren Meinungen, gegen die Descartes antrat, waren die der aristotelischen und der thomistischen Tradition, welche unter dem Schutz des Lehramts der kath. Kirche standen. Und deren indirekte Macht reichte weit. Noch 1624 hatte der Pariser Gerichtshof *(Parlement)* jedermann bei Todesstrafe verboten, „irgendwelche Grundsätze gegen die alten approbierten Autoren zu vertreten oder zu lehren oder andere Disputationen zu veranstalten als solche, die durch die Doctores der Sorbonne" – der Pariser Universität – „gebilligt sind". Und wiewohl Descartes nicht mehr beabsichtigte, als die kath. Lehre von innen heraus umzugestalten, hatte er es vorsichtshalber doch vorgezogen, in die freieren Niederlande auszuweichen. Die Verwerfung seiner Lehre durch die römische Kirche (1663) – bei Neuerungen damals üblich und als eine Art Leseempfehlung für wissenschaftlich Interessierte dem Erfolg letztlich eher förderlich – musste er nicht mehr erleben.

Die cartesische Philosophie des Ich-Bewusstseins samt dessen eingeborenen Vorstellungen *(ideae innatae)* hat zu einer neuen Teilung der Welt geführt. Hatte sie Platon in die uneigentliche Welt der schattenhaften Erscheinungen und die wahre und eigentliche Wirklichkeit der ewigen Ideen gespalten, so traten nach Descartes der *res cogitans,* der Seele, dem denkenden Bewusstsein, die *res extensae,* die sinnlich erfahrbaren Körper der Außenwelt gegenüber, die nicht mehr durch einen immanenten Sinn, einen in ihnen liegenden Zweck, ein geistiges Prinzip, sondern nur noch durch ihre Maße und ihre Bewegungen definiert werden. In der Vorrede zur französischen Ausgabe seiner *Prinzipien der Philosophie* hat Descartes seinen Gedankengang 10 Jahre später (1647) noch einmal knapp und präzise geschildert: Aus der

Existenz des denkenden Bewusstseins und dessen Inhalten – zuvörderst der Idee eines vollkommenen Wesens, Gottes, des Schöpfers von allem und des Garanten sicherer Erkenntnis alles vom Verstand klar und deutlich Erfassten – leite er „in der klarsten Weise die körperlichen und physischen Dinge ab, nämlich daß es nach Länge, Breite und Tiefe ausgedehnte Körper gibt, die mit einer Mannigfaltigkeit von Gestalten versehen sind, und die sich auf verschiedene Weise bewegen" (Ed. A. Buchenau, [8]1992, XXXVIII). Unter dem Aspekt seiner Körperlichkeit gilt das aber wiederum auch für den Menschen. Damit hat Descartes die neuzeitliche Version des schier unerschöpflichen Leib-Seele-Problems gestiftet, der Frage also nach dem Verhältnis von Geist und Materie, von Bewusstsein und körperlichen Vorgängen. Ihm selbst schien die menschliche Einheit von *res cogitans* und *res extensa,* von „Außen" und „Innen", Subjekt und Objekt, Grundlage der Möglichkeit einer einheitlichen Erklärung des gesamten Wirklichkeitszusammenhangs aus der Mechanik der Bewegungen und Wirkungen anorganischer Körper. Dieses mechanistische Weltbild seiner Korpuskulartheorie verbindet ihn mit Hobbes, und beide fußen auf Galileis neuer wissenschaftlicher Fragestellung nach dem messbaren „Wie" der Naturvorgänge statt nach dem „Was" ihres Wesens und dem „Warum" ihres Geschehens. Bei Galilei erschien der moderne Gedanke der Gleichheit vor dem Gesetz zuerst als der Gedanke der prinzipiellen Gleichheit aller Bewegungsfiguren vor dem Naturgesetz. Er habe, meinte der große Pisaner ironisch, die Adelsregister der geometrischen Figuren nicht studiert (*Opera* 4, 319) und drückte damit seine Absage an das traditionelle Wesensdenken aus, das den mechanischen Bewegungsfiguren wie etwa dem Kreis und der Ellipse unterschiedliche Grade der Vollkommenheit zugeschrieben hatte. Denn wie die Zahlen – man denke nur an die Symbolik der Drei- und Vier-Zahl – galten auch die geometrischen Figuren als Ausdruck der Weltharmonie und daher als Träger magischer und sittlicher Qualitäten.[87] Galilei indes löste in sich geschlossene Bewegungsvorgänge wie die Kreisbahn in eine Raum- und eine Zeitkomponente auf und ordnete jeden Punkt auf der Wegstrecke nach einer festen Regel einem bestimmten Punkt der Zeitlinie zu.

Aber wie stark auch das mechanistische Weltbild, der Glaube an eine universelle wissenschaftliche Methode und die abgrundtiefe Abneigung gegen den alten scholastischen Wissenschaftsbetrieb

[87] Dazu A. J. Gurjewitsch, Das Weltbild des mittelalterlichen Menschen, [4]1989, S. 329.

Descartes und Hobbes verbanden: Sie waren doch sehr verschieden. Da stand auf der einen Seite der puritanisch erzogene englische Empirist von zweifelhafter Christlichkeit, der kluge Absolutist, Hauslehrer von Adligen, der die antiken Dichter und Historiker, Thukydides vor allem schätzte, und auf der anderen Seite der chevalereske französische Rationalist mit seiner Lehre von den eingeborenen Vorstellungen, der fromme Jesuitenschüler, Jurist und Soldat, der ein Feind der Historie war, dauernd über praktische Verbesserungen des Lebens durch Wissenschaft nachdachte und sich, mit einem gewissen Sendungsbewusstsein ausgestattet, als katholischer Rebell verstand, zwar vorsichtig auch er, aber doch freiheitlicher gesinnt, jedenfalls fortschrittsgläubiger. Von einem gewissen Konkurrenzneid geplagt, mochten sich die beiden nicht.

II. Soziale Mechanik: Markt und Konkurrenz

Mit alledem ist der neue Erfahrungshorizont umrissen, in dem sich die dem Recht zugeschriebene Bedeutung änderte und vom Grunde her sich das wandelte, was man unter dem gleichbleibenden Namen des Naturrechts verstand. Denn anders als Descartes hat Hobbes versucht, die mechanistische Philosophie auch auf moralische, soziale und politische Phänomene anzuwenden. Zwar gibt es keinen zwingenden Ableitungszusammenhang, auch wenn die Abfolge seiner Werke *Vom Körper (De corpore), Vom Menschen (De homine)* und *Vom Bürger (De cive)* logische Konsequenz suggeriert. Aber die philosophische Grundhaltung ist dieselbe. So verwirft er nicht nur die cartesische Behauptung einer zweiten, nämlich der denkenden Substanz, sondern auch die Annahme moralischer Grundsätze oder Normen, die nicht bloß instrumentelle Regeln zur Erlangung begehrter Güter sind. Denn gut oder böse kann der Mensch nach Hobbes nur danach unterscheiden, was er begehrt oder zurückweist. Und das sind für ihn mechanische Bewegungen, auf die etwas Unkörperliches wie das denkende Bewusstsein gar nicht einzuwirken vermag. Ist der Wille doch nichts anderes als „die Neigung, die beim Überlegen" – einer Hin- und Herbewegung – „am Schluß überwiegt" (L c. 6). Die Neigungen der Menschen aber gehen immer auf ein angenehmes Leben und dessen Sicherung (L c. 11), d. h. grundsätzlich auf Selbsterhaltung und nach Möglichkeit auf Genuss (L c. 13). Das bedeutet freilich nicht, dass es für Hobbes schlechterdings keine moralischen Normen gäbe. Aber diese *leges naturales* sind, wir hörten es schon, nichts anderes als Klugheitsregeln, die – der Mechanik der Neigungen entsprechend – im Dienste dessen stehen, was die Menschen für ihr Interesse halten.

Demgemäß besteht auch der Wert aller Dinge – den Menschen eingeschlossen – allein in dem Preis, den andere nach ihrem Bedarf und ihrer Einschätzung etwa für die Dienste eines fähigen Heerführers oder eines gelehrten und unbestechlichen Richters zu zahlen bereit sind (L c. 10). Bedarf und Einschätzung aber schwanken naturgemäß. Sie sind im Krieg anders als im Frieden. Diese These enthält eine revolutionäre Preistheorie und stürzt die aristotelische Lehre der distributiven Gerechtigkeit um.[88] Hobbes scheint sich über den Protest der Arbeiter im Weinberg zu amüsieren, wenn er spottet: „Als wäre es ungerecht, jemandem mehr zu geben, als er verdient!" (L c. 15). Hier bemisst sich der Preis einer Ware nicht mehr nach der investierten Arbeit oder sonst einem Gerechtigkeitsmaßstab, sondern gemäß dem Mechanismus von Angebot und Nachfrage. Und dieser Grundsatz gilt für alle Güter, nicht nur für die materiellen. Er betrifft insbesondere auch die Arbeit, die „wie jedes andere Ding eine Ware (ist), die mit Gewinn ausgetauscht werden kann" (L c. 24). Das Zweite: Die Theorie kennt keine von der Natur vorgegebene feste soziale Rangordnung mehr, die das Maß öffentlicher Zuwendungen vorgibt. Auch hier entscheidet das Leistungsangebot einerseits und Bedarf wie Einschätzung andererseits. Auch hier „bestimmt nicht der Verkäufer den Preis, sondern der Käufer. Denn mag jemand, wie es die meisten Leute tun, sich selbst den höchsten Wert beimessen, so ist doch sein wahrer Wert nicht höher, als er von anderen geschätzt wird" (L c. 10). Maßgebliches Prinzip der Güterverteilung ist demzufolge der Marktmechanismus, der keine Standesunterschiede kennt. Auf dem Markt kauft und verkauft der König bekanntlich nach denselben Regeln wie der Handwerker – vorausgesetzt der Markt ist frei. Das „natürliche" Marktgeschehen der Hobbes'schen Theorie setzt mithin eine ideale Marktsituation voraus, in der kein Monopolist die Preise diktiert (was Hobbes in c. 22 kritisiert) und die Beteiligten sich an die Tauschregeln halten, also nicht etwa mit Gewalt nehmen, was sie begehren. Hier wiederholt sich das Problem des Naturzustandes: Der natürliche Triebmechanismus funktioniert nur unter künstlichen Schutzvorkehrungen optimal. Nötig ist,

[88] Dazu U. Steinvorth, Stationen der politischen Theorie, [2]1983, S. 25 ff. Zur Auflösung der Lehre vom gerechten Preis in der Spätscholastik bes. bei dem span. Jesuiten Luis de Molina (1535–1600) J. Höffner, Statik und Dynamik in der scholastischen Wirtschaftsethik, 1955, S. 25 ff.

was man im 19. Jh. dann den liberalen Nachtwächterstaat genannt hat: ein politisches System also, das die Sicherheit von Person und Eigentum garantiert und die Einhaltung der Regeln des Marktes gewährleistet.

Dieser sich aufdrängende Eindruck rechtsstaatlicher Liberalität hat zu einer großen Diskussion über die „Bürgerlichkeit" der politischen Philosophie des „Weisen von Malmesbury" geführt. Darin geht es um die Frage, ob die absolutistische Theorie souveräner Herrschaft ausweislich ihrer mechanistischen Elemente und der daraus folgenden Markttheorie im Kern nicht die Theorie einer frühbürgerlichen, von Kaufleuten geprägten Gesellschaft war. Dann müsste der angebliche Realist Hobbes bei seinem *bellum omnium contra omnes* allerdings den Klassenzusammenhalt des interessenhomogenen Bürgertums vergessen haben. Deswegen beharren andere auf der älteren Meinung, die schon Descartes vertreten hatte, wonach die mechanistischen Annahmen über die menschliche Natur für die eigentliche politische Lehre von Hobbes überflüssig seien (diese folglich andererseits aber auch nicht nur für Marktgesellschaften gelte). Dann hätte sich Hobbes in einem bemerkenswerten Umfang über den Sinn seines Werks getäuscht. So ganz richtig scheint daher weder die eine noch die andere Auffassung zu sein. Sie vernachlässigen beide den Charakter seiner neuartigen Konstruktion eines wissenschaftlichen Modells. Und darin hat Hobbes die Notwendigkeit einer übergeordneten staatlichen Zwangsgewalt mit der konfliktträchtigen Konkurrenzsituation individuellen Gewinnstrebens, der Ruhmsucht und des wechselseitigen Misstrauens begründet, einer Ausgangslage, die in letzter Konsequenz zum Krieg aller gegen alle führe (L c. 13; s. § 22). Unterstellt man als unausgesprochene Randbedingung der Konkurrenz Güterknappheit, ist die Folgerung von Hobbes in der Tat nicht zwingend. Denn ein solcher Mangel könnte auch zum Zusammenschluss von Gruppen führen, die die begehrten Güter gegen andere Gruppen verteidigen, selbst aber keiner Staatsgewalt bedürften. Doch gibt Hobbes im 17. Kap. eine zusätzliche Begründung für die selbstmörderischen Konsequenzen des Naturzustandes und die Notwendigkeit einer staatlichen Zwangsgewalt. Entsprechend der schon in *De cive* (cc. 1 u. 5 – vorne § 22) geäußerten Auffassung, wonach *geistige* Auseinandersetzungen die gefährlichsten und schlimmsten seien, erklärt er hier, nur scheinbar paradox, der Hauptgrund für „Wirren und Bürgerkrieg" liege in der spezifisch menschlichen Vernunft.[89] Dieses Argument folgt nämlich aus Hobbes' Mechanik, welche die Psycholo-

[89] Dazu Steinvorth (N 88), S. 37 ff.

gie einschließt, passt andererseits freilich schlecht zur Interessenhomogenität des Bürgertums und dessen rationaler Weltsicht. Denn Vernunft meint hier in strikter Folgerung aus seinen theoretischen Voraussetzungen in einem rein instrumentellen Sinn das Urteil eines jeden Einzelnen über das ihm und der Allgemeinheit Nützliche. Vernunft ist folglich immer etwas Individuelles. Eine gemeinsame Vernunft gibt es nicht. Nach einer solchen Auffassung ist in allen Fragen des Guten und Richtigen nur eine einzige Form „vernünftiger" Übereinstimmung denkbar: die durch Vertrag, der nichts Natürliches, sondern etwas Künstliches ist (L c. 17). Wenn also eine natürliche Übereinstimmung in den Anschauungen vom Guten, Gerechten, Wahren und Richtigen über die sog. Goldene Regel hinaus (L c. 26) naturgesetzlich ausgeschlossen erscheint, dann müssen alle offenen Fragen in der Tat durch das Gesetz einer in übereinstimmenden Individualinteressen gegründeten und durch Vertrag etablierten Autorität entschieden werden, um die mörderischen Konsequenzen individueller Rechthaberei hintanzuhalten.

Fest steht jedenfalls: Hobbes entwickelt seine Lehre von Staat und Recht aus einem sozialen Konkurrenz- und Konfliktmodell. Das ist eine prinzipielle Absage an die traditionellen gesellschaftlichen Harmoniemodelle von Haupt und Gliedern, natürlichen Ständen, statischen hierarchischen Ordnungen, in denen jeder seinen durch Geburt oder Naturanlage bestimmten Platz hat. Nach diesem Umsturz sind die philosophischen Lehren über Recht und Staat künftig – auch bei den Gegnern des *Leviathan* – Rekonstruktionen einer prinzipiell anderen Art.

§ 24 Frieden durch autoritäre Gesetzgebung: Sicherheit statt Gerechtigkeit

I. Hobbes' Reduktion allen Rechts auf „bürgerliche Gesetze": Der gesetzespositivistische Versuch einer Negation der nomologischen Differenz

Ursprünglich, so hatten wir von Hobbes gehört (vorne § 22), gebe es nur das subjektive Recht eines jeden auf alles, genauer: die Freiheit eines jeden, mit allen Mitteln für seine Selbsterhaltung vorzusorgen. Zugleich drängten seine Interessen, gewisse Neigungen und Klugheitsregeln (natürliche Gesetze) den Menschen aber auch zu friedlichem Ausgleich. Doch erst im bürgerlichen Zustand, d. h. unter staatlicher Zwangsgewalt, existierten feste Regeln, die es ermöglichen, Recht und Unrecht, nämlich das Regelwidrige und das der Regel Entsprechende voneinander zu unterscheiden. Diese Regeln seien die Befehle der im Namen des Staates handelnden Einzelperson oder Versammlung, kurz: des Souveräns. Nur solche Befehle besäßen die Qualität wirklicher Gesetze und hießen ihrer Herkunft wegen zivile (bürgerliche) Gesetze (L c. 26). Den Befehlscharakter dieser einzig wirklichen Gesetze buchstabiert Hobbes in allen Einzelheiten aus, um ihre unbegrenzte Unwiderstehlichkeit in jeder denkbaren Hinsicht zu demonstrieren. Zu diesem Zweck behauptet Hobbes zunächst die Exklusivität (ebd. nn. 1 u. 3) und Unteilbarkeit (n. 6) staatlicher Rechtssetzung und stellt klar, dass niemand sich gegen den Souverän auf das Gesetz berufen kann. Denn der Befehlshaber selbst ist an seine Befehle nicht gebunden. Andernfalls müsste es jemanden Höheren geben, der über den Widerspruch entschiede, und damit hörte der Souverän auf, souverän zu sein. Hobbes formuliert den Grundsatz des Absolutismus (und markiert damit zugleich den politischen Geburtsmakel der sog. Imperativentheorie des Rechts – vorne § 11 II): Der Souverän ist den bürgerlichen Gesetzen nicht unterworfen (n. 2): *legibus absolutus*. Fern noch von allen aufklärerisch-rechtsstaatlichen Theorien über die immanente Beschränkung staatlicher Rechtssetzungsmacht auf *allgemeine* Gesetze (dazu § 26) besteht Hobbes – wie in unserer Zeit Kelsen – darauf, dass Gesetze sowohl generell wie individuell sein könnten und richterliche Urteile kraft des zugrunde liegenden Gesetzesbefehls für die Parteien Gesetz seien.

Dies ist die Grundlage für den ersten historischen Versuch, um der Sicherheit des Friedens willen allen Antigonen und allen Anti-Absolutisten die Berufung auf göttliche Gebote (3), die Gesetze der Natur (2) oder der Vernunft (1) gegen die Richtigkeit, Geltung und Verbindlichkeit staatlicher Gesetze in einer systematischen Weise abzuschneiden.

(1) Zunächst nimmt sich Hobbes die Juristen vor (nn. 7 u. 8), namentlich den Richter Sir Edward Coke, Verfechter der Parlamentsrechte gegen die absolutistischen Tendenzen der Stuart-Könige und Urheber der berühmten *Petition of Right* von 1628. Gesetze müssen, meinen die Rechtsgelehrten, mit der Vernunft übereinstimmen. Richtig, sagt Hobbes, um spitz hinzuzufügen: Aber mit wessen Vernunft? Damit könne nämlich weder die Vernunft eines jeden Privatmannes noch der geschulte Sachverstand der Juristen gemeint sein. Wenn Sir Edward „eine ausgebildete Vollkommenheit der Ver-

nunft, erlangt durch lange Studien, Beobachtungen und Erfahrungen", für sich in Anspruch nehme, verkenne er, dass lange Studien irrtümliche Urteile vermehren und befestigen können. „Wo die Menschen auf einem schlechten Grund bauen, da wird die Ruine um so größer, je mehr sie bauen." Maßgeblich sei vielmehr allein die Vernunft desjenigen, der den Staat verkörpert, da die Gesetze ja nichts anderes seien als dessen Befehle. Und da der Souverän nur *eine* Person sei, könne „nicht leicht eine Widersprüchlichkeit der Gesetze entstehen". Wo dies aber doch geschehe, werde sie durch eben diese Vernunft des Gesetzgebers bereinigt. So, wenn der Souverän selbst seine Befehle ändere oder authentisch interpretiere. Im Übrigen hätten die Richter stets auf die Gründe zurückzugehen, die den Souverän zum Erlass des Gesetzes bewogen, um von daher dessen Absicht zu erkennen. Mit dieser im Sinne der Imperativentheorie ebenso konsequenten wie sachlich unzureichenden historisch-subjektiven Auslegungsmethode will Hobbes in einer kühnen Volte auch alle Lücken- und Billigkeitsprobleme lösen. Im Zweifel sei es eben der Wille des Souveräns, dass nach Billigkeit oder nach der Natur der Sache geurteilt werde. Und der Richter sei vom Souverän dazu berufen, im Streitfall mit Gesetzeskraft zu entscheiden, was diesen Kriterien entspricht.

(2) Schwerer tut sich Hobbes mit dem Verhältnis von Naturrecht und staatlichem Gesetz. Denn seine Behauptung, die natürlichen Gesetze – keine „eigentlichen" Gesetze, sondern nur Beweggründe für den Friedensschluss und dessen Erhaltung – würden mit der Staatserrichtung zu Befehlen des Souveräns und damit wirkliche Gesetze (n. 4) und kämen dergestalt mit den bürgerlichen Gesetzen zur Deckung, trägt nicht weit genug. Zunächst scheint die Sache freilich einfach: Die natürlichen und die bürgerlichen Gesetze sind nur zwei Seiten einer Medaille. „Das Gesetz der Natur und das bürgerliche Gesetz schließen sich gegenseitig ein und sind von gleichem Umfang." Was immer den Menschen zum Friedensschluss hindrängt, im Naturzustand aber umstrittene und unsichere Bedeutung hat – wie Billigkeit, Gerechtigkeit, Tugend –, gewinnt mit Gründung des Staates unbestreitbare Eindeutigkeit, weil die jeweilige gesetzliche Definition den Charakter eines zwingenden Befehls annimmt. Aus den natürlichen Neigungen zur Ordnung wird die ungeschriebene Pflicht, dem geschriebenen Gesetz zu gehorchen, das als Garant der natürlicherweise erstrebten Sicherheit selbst auch „ein Teil der Anordnungen der Natur (ist)". Und was das natürliche Recht eines jeden auf alles betrifft, so sei es gewissermaßen der natürliche Zweck

der Gesetze, durch Einschränkung der natürlichen Freiheit des Einzelnen deren Selbstzerstörung zu verhindern, einen Friedenszustand herzustellen und dessen Erhaltung und Verteidigung zu organisieren, kurz: den Zustand natürlicher Freiheit zu optimieren.

Was Hobbes hier am Ende des Abschnitts mit dem Hinweis auf die Verteidigungsbedürfnisse des Staates nur ganz beiläufig berührt, macht freilich das eigentliche Problem aus: geht die staatliche Gesetzgebung doch ganz selbstverständlich über die bloße Streit- und Gewaltvermeidung unter den Bürgern und die Regulierung ihrer Konflikte mehr oder weniger weit hinaus. Schon die mit der Organisation der Landesverteidigung bis hin zur Kriegsdienstpflicht verbundenen Lasten können nicht mehr als bloße Sanktionierung natürlicher Neigungen begriffen werden. Zudem mag der Souverän zur Erhaltung der staatlichen Ordnung eine Menge mehr für notwendig erklären. Gleicher Umfang der natürlichen und der bürgerlichen Gesetze? Wird der Einzelne zum Einsatz seines Lebens verpflichtet oder soll er es als Straftäter gar nach dem Befehl des Souveräns verlieren, so überzeugt auch die These von der Optimierung der natürlichen Freiheit durch die staatlichen Gesetze nicht mehr so recht. Da bleibt nur dreierlei: die Behauptung der Verpflichtung aller zur Verteidigung des Staates aus dem Zweck des Urvertrages (L c. 21), das Zugeständnis, dass die durch Todesfurcht ausgelöste Mechanik der Selbsterhaltung jeder rechtlichen Verpflichtung spottet (*Vom Bürger* c. 2 n. 18; c. 6 nn. 13 u. 14), und das wiederum mit dem Zweck des Staatsvertrages begründete Verbot, zugunsten eines Verurteilten – er sei schuldig oder nicht – dem Staate Widerstand zu leisten (L c. 21). Am Ende nimmt Hobbes Zuflucht zu einer Umformulierung. Aus der Behauptung, natürliche und bürgerliche Gesetze deckten sich, wird die These, dass der Souverän alles zum Gesetz machen kann, was nicht dem Gesetz der Natur *widerspricht* (L c. 2). Ob aber ein solcher Widerspruch vorliegt, kann offenbar nur der Souverän selbst entscheiden.

(3) Schließlich vermag gegen die bürgerlichen Gesetze auch niemand göttliche Gebote ins Feld zu führen. Denn was die Befehle Gottes sind, das werde überall auf der Welt vom Staat bestimmt (L c . 26). Indessen verlange der Staat auch insoweit ja nur Gehorsam, nicht Glauben. Für christliche Staaten und christliche Bürger im Besonderen gelte: Für das Heil genügten zwei Tugenden, der Glaube an Christus und der Gehorsam gegen die bürgerlichen Gesetze (L c. 43). Da die Erlösung weitere Glaubenssätze nicht voraussetze, sei Streit darüber eine nicht gerechtfertigte politische Widersetzlichkeit. Daraus – und d. h. im Klartext: aus den konfessionellen Bürgerkrie-

gen – könnten folglich auch keine echten Märtyrer hervorgehen. Nur der Tod für den einzigen Glaubensartikel, dass Jesus der Christus ist, verdiene den Ehrennamen des Martyriums (L c. 42). Den Gehorsam gegen Gott mit dem Gehorsam gegen den bürgerlichen Souverän in Einklang zu bringen, sei daher nicht schwierig. Hobbes argumentiert (L c. 43): Wenn der Souverän Christ ist, erlaubt er den Glauben an den zentralen Glaubenssatz und alles, was sich daraus ergibt. Sollte der Herrscher aus jenem Glaubenssatz falsche Schlüsse ziehen oder einem Untertan das Bekenntnis seiner Meinungen darüber verbieten, so gibt es keinen Richter über den Souverän, berührt im Übrigen aber auch nicht den wahren Kern des Glaubens. Ist der bürgerliche Souverän jedoch ein Ungläubiger, so sündigt ein Untertan, der Widerstand leistet, gegen das göttliche wie das natürliche Gesetz, welche zum Gehorsam gegenüber der Obrigkeit verpflichten. Den inneren und unsichtbaren Glauben betrifft das nicht. In Gefahr müssen die Untertanen sich deswegen nicht begeben. Tun sie es jedoch, sollten sie ihren Lohn im Himmel erwarten und nicht über ihren Souverän klagen. „Denn wer sich nicht über jede echte Gelegenheit zum Märtyrertum freut, hat nicht den Glauben, den er bekennt, sondern gibt ihn nur vor, um seiner Widerspenstigkeit ein Mäntelchen umzuhängen" (L c. 43).

II. Gewaltmonopol der homogenen Staatsmacht

Wenn Hobbes die staatlichen Gesetze als Befehle des höchsten Machthabers deutet, ist dabei die Gehorsamspflicht des Adressaten immer schon vorausgesetzt (L c. 36). Die Pflicht, dem Souverän als Befehlshaber zu gehorchen, folgt aus dessen vertraglicher Ermächtigung. Sie macht alle Untertanen theoretisch zu Urhebern der Anordnungen dessen, der den so gegründeten Staat verkörpert. Über diese Konstruktion haben wir in anderem Zusammenhang bereits gesprochen (§ 13 I). Ihre Detailprobleme, die in dem Versuch der Lösung jener Paradoxie logischer Ableitung des Rechtsfriedens aus dem Krieg aller gegen alle beschlossen sind, mögen hier auf sich beruhen.[90] Nur der (aus heutiger Sicht) zentrale Punkt muss uns noch ein wenig beschäftigen. Weniger, weil er in der Analyse des Werks das größte Gewicht erlangt hat, sondern wegen der über den historischen Kontext hinausgehenden Perspektive. Sie erschließt sich aus

[90] Dazu H. Hofmann, Repräsentation, ^{4}2003, S. 386 ff.

der mangelnden Auflösung der Kernfrage: Worin sah Hobbes die Haltbarkeit seiner individualistischen Vertragskonstruktion begründet angesichts der Macht von Interessengruppen? Wir sind diesem Problem in anderer Gestalt bereits begegnet, bei der Frage nämlich nach der Stimmigkeit der Voraussetzungen seiner Konstruktion (§ 23 II): Denn wenn man die Ausgangslage als Situation der Güterknappheit begreift, führen die unvermeidlichen Auseinandersetzungen in der Tat wohl eher zur Bildung von Interessengruppen als zu einem Krieg aller gegen alle. Schlüssig scheint dieses Kriegskonzept nur unter der expliziten (freilich nicht ganz widerspruchsfrei begründeten) Annahme von Hobbes, dass die Individuen konstitutionell unfähig seien, unabhängig von ihren Individualinteressen zu einer politisch tragfähigen, also ordnungsstiftenden inhaltlichen Übereinstimmung über geistige Prinzipien zu gelangen, gleichwohl aber geradezu zwanghaft ständig darum stritten.

Hier geht es also um die Frage, was die Autorität des Souveräns sichert und wie er alle Untertanen unter seiner Gewalt halten kann. Die Antwort scheint einfach: Begründung und Fortdauern eines fürstlichen Gewaltmonopols resultieren aus der Furcht eines jeden vor dem Naturzustand und der allgemeinen Einsicht, dass es für die Interessen eines jeden besser ist, wenn nur ein Einziger Zwang ausübt. Diese Herrschaft mag immer wieder zu Unzufriedenheit führen. Aber solange die Zahl der Änderungswilligen nicht überwältigend groß ist, wird jeder Einzelne das (Kriegs-)Risiko eines Autoritätswechsels scheuen. Voraussetzung solcher Kalkulation ist die Annahme, dass die Kräfte der Anziehung und Abstoßung zwischen den einzelnen Individuen etwa gleich groß sind, dass insbesondere niemand ein natürliches Übergewicht in der Fähigkeit besitzt, andere zu bedrohen. Darüber hinaus muss unterstellt werden, dass diese von Hobbes entsprechend hervorgehobene Grundvoraussetzung (L c. 13) auch im *status civilis* erhalten bleibt. Zieht man indessen in Betracht, dass die Gesellschaft sich aus Gruppen, Klassen oder Schichten zusammensetzt, die in ihren Interessen und in ihren Fähigkeiten sehr verschieden sind, also einerseits leichter und besser zusammenhalten als Gruppenfremde, andererseits eher ein überlegenes Drohpotenzial aufbauen können, zudem auch im Staat stärkeren Einfluss zu nehmen vermögen, dann ändert sich die Kalkulationsgrundlage für die Individuen vollständig. Für die einen wird der Staatsvertrag uninteressant, soweit er die natürliche Überlegenheit ihrer Gruppe zu schmälern geeignet ist, für die anderen geradezu nachteilig, weil er eine weitere Minderung ihrer Durchsetzungschancen sowie Befestigung von Abhängigkeit und Ausbeutung bedeutet.[91]

Wenn Hobbes nun trotz Kenntnis der ökonomischen Machtgefälle in der englischen Gesellschaft seiner Zeit auf seinen theoretischen Prämissen bestand, dann vielleicht deshalb, weil er andere Frontstellungen in den parlamentarischen Parteiungen für gefährlicher hielt. Jedenfalls erscheint seine Theorie vor diesem Hintergrund als eine politische Entscheidung für den Absolutismus. (Und die offenbar kontrafaktisch festgehaltene These von dem grundsätzlich gleichen Drohvermögen eines jeden nimmt unter diesen Umständen normative Züge eines Postulats der gleichen Freiheit aller an.) Für eine politische Dezision vor allen theoretischen Deduktionen spricht der Umstand, dass Hobbes seinem Souverän in Kap. 18 alle Tribute absoluter Herrschaft beigelegt (Unabsetzbarkeit, Unverantwortlichkeit usw.) und seinen Staat „Leviathan" genannt hat. Denn mit dem Namen dieses biblischen Seeungeheuers aus dem Buche Hiob erklärt er den Staat zum irdischen Gott *(Mortall God)* mit einer Macht, der sich auf Erden niemand vergleichen kann (Hiob 41, 24). Und dies, obwohl die Vertragskonstruktion zunächst bloß auf die Einsetzung eines Richterkönigs mit Gewaltmonopol hinauszulaufen schien, der Frieden und Sicherheit garantiert (L c. 17). Dieser Ansatz hätte sogar den Vorbehalt individueller Rechte nahe gelegt, wie ihn später John Locke ausgearbeitet hat. Stattdessen folgt die Proklamation diesseitiger Göttlichkeit unumschränkter Herrschaft. Was im Hinblick auf die tatsächliche Struktur der Gesellschaft als mangelnder Realitätssinn erscheint, hat normativen Gehalt. Nimmt diese Souveränitätslehre doch allen anderen Herrschaftsansprüchen jede Eigenständigkeit, delegitimiert also, was man seit Montesquieu die „intermediären Gewalten" nennt. Wer immer im Staat politische Anordnungsbefugnisse behauptet, muss sie vom Souverän ableiten. Ausdrücklich erklärt Hobbes daher alle verwandtschaftlichen Parteibildungen sowie religiöse Parteien und geburtsständische Organisationen für rechtswidrig (L c. 22). Verboten soll sogar sein, dass ein Privatmann sich mehr Bedienstete hält, als er nach seinen wirtschaftlichen Verhältnissen benötigt. Das private Vereinswesen hat die und nur die Freiheit, die das Gesetz ihm lässt. Denselben politischen Sinn bezeugt der Ausschluss eines jeden Widerstandsrechts, von dem alle konfessionellen Bürgerkriege ihren Ausgang genommen hatten. Gewiss bleiben Widersetzlichkeiten und Aufstände gegen den Souverän denk-

[91] Dazu Steinvorth (N 88), S. 49.

bar. Aber das sind dann Rückfälle in den Naturzustand. Für sie gilt das Kriegsrecht. Innerhalb des Staates jedoch gibt es keinen Rechtstitel, der einen Befehl des Souveräns entkräftete und Widerstand erlaubte. Und wenn einer aus Furcht vor dem Tod seine Pflichten verletzt oder sich widersetzt? Dann kann man ihm zwar keinen Vorwurf machen, davon war schon die Rede, doch berührt das die Verbindlichkeit des staatlichen Befehls nicht. Alle anderen müssen jedenfalls gehorchen. Niemand darf sich – und das ist der springende Punkt – mit dem, der Widerstand leistet, und sei es ein unschuldig Verurteilter, von Rechts wegen solidarisieren. Damit wird jede politische Instrumentalisierung einer begründeten Gehorsamsverweigerung ausgeschlossen. In *De cive* (c. 2 n. 18) hatte Hobbes noch Klartext geschrieben: Es genügt dem Staatszweck, „daß die anderen ihn (sc. den Verurteilten) nicht verteidigen".

Gerade dort aber, wo diese politische Philosophie aus der Sicht heutiger Interpreten die sozio-ökonomische Realität verkennt, liegt ihre fortdauernde theoretische Bedeutung. Denn hier wird nicht nur das Machtmonopol des modernen Staates – und dessen „Monopol legitimer physischer Gewaltsamkeit" (Max Weber) – begründet, sondern auch die Vorstellung von Homogenität und Einheitlichkeit der Staatsgewalt schon im Titelkupfer des *Leviathan* verdeutlicht und eingeprägt. Der Gedanke, dass die Staatsgewalt eine einzige sei und von einer Basis gleichartiger Elemente ausgehe, wirkt in der demokratischen Doktrin vom Volk als dem „Träger" der Staatsgewalt insofern nach, als damit die Einheit der egalitären Stimmbürgerschaft gemeint ist. Die Bedeutung dieser Einheitsvorstellung wird in besonderer Weise bewusst, da die modernen Entwicklungen der politischen Systeme mit ihrer strukturellen Vielfalt sie überholen. Ist doch die Hierarchie als Organisationsprinzip geschwächt, droht die Staatsgewalt doch in der Kooperationsverwaltung wie in den inter- und supranationalen Verflechtungen zu zerfasern, das staatliche Recht seine Systemeinheit zu verlieren.[92] Da sucht manch einer seine Zuflucht bei einem homogenen, dezisionistischen Staatsmodell Hobbes'scher Prägung. Viele, Ökonomen zumal, folgen andererseits noch immer Hobbes' revolutionärer Idee, dass die Interessen des Ganzen, das „Gemeinwohl", ausschließlich aus den Eigeninteressen der Individuen herzuleiten seien.

[92] Dazu H. Dreier, Hierarchische Verwaltung im demokratischen Staat, 1991, S. 277 ff.; St. Breuer, Der Staat, 1998, S. 291 ff.

Zweites Kapitel
Die Fackel des Prometheus: Frieden durch Fortschritt und individuelle Freiheit statt Gerechtigkeit

§ 25 Recht aus Selbstreflexion in neuer Zeitperspektive

I. Frieden aus Freiheit durch Fortschritt

Als Hobbes' Staats- und Rechtslehre *Vom Bürger* 1642 anonym im Pariser Exil erschien, wurde sie von einem französischen Wissenschaftler dem Autor der Methodenabhandlung von 1637, also Descartes, zugeschrieben. Der allerdings erkannte den Autor Hobbes am Stil der Argumentation und kritisierte, wie wir hörten, deren mangelnde sachliche Schlüssigkeit. Bei der Zuschreibung an Descartes wirkte offenbar das neue Wissenschaftsverständnis als maßgebliches Kriterium. Und in der Verwerfung des alten scholastischen Wissenschaftsbetriebes waren sich die beiden unterschiedlichen Vorkämpfer der Moderne ja in der Tat ganz einig. Allerdings gab es auch hier unterschiedliche Akzente. Hobbes wollte den todbringenden politischen Wirren ein Ende machen, die aus den Herrschaftsansprüchen unterschiedlicher kirchlicher Lehrmeinungen resultierten. Seine Mittel waren die Delegitimierung der alten wissenschaftlichen Autoritäten durch eine neue *more geometrico* betriebene Wissenschaft, die Privatisierung der religiösen Sphäre und die „Vergöttlichung" der staatlichen Repressionsmacht. Descartes dagegen kämpfte mehr gegen die Hemmung des wissenschaftlichen Fortschritts durch das auf aristotelische Weise philosophierende Lehramt der kath. Kirche. In seinem *Leben des Galilei* hat Bert Brecht ein farbiges Bild dieser ziemlich rigorosen Blockade entworfen. Die scholastische Physik arbeitete mit einem heute etwas seltsam anmutenden Sammelsurium von selbstständigen Elementen, Substanzen, Formen, Quantitäten und Qualitäten sowie gefühlvoll gedeuteten Beziehungen zwischen ihnen. Auf diese Weise gab es für alle Erscheinungen irgendeine Deutung, aber nichts, woraus man weiterführende Schlüsse hätte ziehen oder praktische Nutzanwendungen hätte ableiten können. Dagegen überzeugt Descartes mit der Wahrheit der Einfachheit. Ist sie in dieser Form auch längst überholt, hat sie selbst dafür noch den Grund gelegt. Descartes reduzierte die Fülle der scholastischen Begriffe auf lediglich zwei mit der ausgedehnten Substanz *(res extensa)* untrennbar verbundene Bestimmungen: Gestalt und Bewegung. Das sollte ausreichen, alle Naturphänomene zu erklären.[93] Aber es ging nicht nur um den Effekt der Vereinfachung. Vielmehr ließ sich auf dieser Basis ein mechanistisches Modell der Welt konstruieren, das weitere Schlüsse ermöglichte und – das zum Bau von Maschinen anleitete, wozu die scholastische Physik gänzlich unfähig gewesen war. Schon in seiner *Abhandlung über die Methode* hatte Descartes über den Vorzug seiner physikalischen Vorstellungen geschrieben (57 f.):

> „Diese Begriffe haben mir die Möglichkeit gezeigt, Ansichten zu gewinnen, die für das Leben sehr fruchtbringend sein würden, und statt jener theoretischen Schulphilosophie eine praktische zu erreichen, wodurch wir die Kraft und die Fähigkeit des Feuers, des Wassers, der Luft, der Gestirne, der Himmel und aller übrigen uns umgebenden Körper ebenso deutlich wie die Geschäfte unserer Handwerker kennenlernen und also imstande sein würden, sie ebenso praktisch zu allem möglichen Gebrauch zu verwerten und uns auf diese Weise zu Herren und Eigentümern *(maitres & possesseurs)* der Natur zu machen."

Die Fortsetzung des Textes pointiert zudem die korrespondierende Verschiebung der Heilserwartungen. Die bislang ganz außerordentlich aufwendige Sorge um das Seelenheil verliert gegenüber der Sorge um Heilung des Leibes, um Gesundheit und langes Leben an Gewicht. Institutionell geht die Entwicklung, wie M. Walzer (*Sphären der Gerechtigkeit,* 1992, 137 ff.) formuliert hat, von der Kirche zum Krankenhaus. So preist Descartes seine Methode nicht nur als Mittel „zur Erfindung unendlich vieler mechanischer Künste, kraft deren man mühelos die Früchte der Erde und alle deren Annehmlichkeiten genießen könnte", sondern vorzugsweise wegen ihrer Bedeutung für die „Erhaltung der Gesundheit".

Nicht anders als Hobbes sah auch Descartes die neuen wissenschaftlichen Möglichkeiten politisch und machte deren scholastische

[93] Fundamentalkritik der scholastischen „genera, species, tota, partes, entia, modi, substantiae, accidentia, etc." auf cartesischer Grundlage bei dem niederländischen Philosophen Arnold Geulincx (1624–1669): Metaphysica ad mentem Peripateticam (1691), in: Sämtl. Schriften, hg. v. H. J. de Vleeschauwer, Bd. 2, 1968, S. 199 ff. Dazu B. G. Kuznecov, Philosophie–Mathematik–Physik, Moskau 1974, dt. 1981, S. 211 ff.

Blockade für die Übelstände der Zeit über den Bereich der Wissenschaft hinaus verantwortlich. Doch anders als der Verfasser des *Leviathan* glaubte Descartes, dass allein schon die neue Wissenschaft wegen ihrer offenkundigen Vorteile durch den Konsens aller zum Frieden führen würde.

II. Ende und Erbe des alten Naturrechts: Das Vernunftrecht

In dem mechanistischen Bild einer entseelten Welt bloßer Quantitäten hat das ontologische Naturrecht der pantheistischen, von einer Allvernunft ausgehenden Stoa keinen Platz mehr. Zugleich verliert die Annahme naturgegebener Zwecke und der danach zu bemessenden Vollkommenheit der Dinge in der aristotelisch-thomistischen Tradition ihren physikalischen Rückhalt. Von nun an gilt: Man kann aus dem Sein der Natur an Sinn nur herausholen, was man zuvor philosophisch hineininterpretiert oder in einem Glaubensakt hineingelegt hat. Denn unversehens wird aus der Mathematisierung oder genauer: der Geometrisierung der Natur*wissenschaft,* welche die natürlichen Erscheinungen auf ihre intellektuellen Urbilder und Grundfiguren hin durchschaut, die Geometrisierung der bloß noch durch Raum, Gestalt und Bewegung definierten *Natur* selbst. Obwohl sich Descartes des problematischen Verhältnisses von wissenschaftlichem Modell und wirklicher Welt noch bewusst war, geht der Philosophie auf diese Weise letztlich die Natur verloren, verstanden als anschaulicher, uns umfassender Zusammenhang dessen, was aus sich selbst entsteht und in sich zurückgeht. Dieser Verlust unmittelbarer Anschaulichkeit und Vorstellbarkeit der die Welt bestimmenden Ordnung in abstrakten Modellrechnungen gilt freilich nicht nur für den cartesischen Rationalismus, sondern ebenso für den englischen Empirismus samt Newtons Mathematisierung der Natur.[94] Folgerichtig hat Robert Boyle (1627–1691), ein britischer Chemiker und Physiker, 1682 vorgeschlagen, auf den Begriff der Natur im Sinne einer selbsttätigen und daher nicht ganz berechenbaren Größe überhaupt zu verzichten. Für „Natur" im Sinne von „Welt" schlug er die Termini „fabric of the world", „system of the universe" oder „cosmical mechanism" vor (mit dem biblischen Schöpfergott im Hintergrund, versteht sich, um den latenten Atomismus der modernen Na-

[94] Das Folg. nach H. Hofmann, Natur und Naturschutz im Spiegel des Verfassungsrechts, in: Perspektiven (N 36), S. 406 (411 ff.) mit Nachw.

turwissenschaft für die Theologen annehmbar zu machen). Edmund Husserl (1859–1938), Begründer der einflussreichsten Ausprägung der modernen Phänomenologie („Erscheinungslehre“), hat kritisch von der „schon bei Galilei sich vollziehenden Unterschiebung der mathematisch substruierten Welt der Idealitäten für die einzig wirkliche, die wirklich wahrnehmungsmäßig gegebene, die je erfahrene und erfahrbare Welt – unsere alltägliche Lebenswelt“ gesprochen. Als bloßer Gegenstand des Experiments, der Ausbeutung oder Verwertung, als Inbegriff prinzipiell beherrschbarer Geschehensabläufe oder Material technischer Produktionsprozesse erscheint Natur nur noch als Teil der menschlichen Praxis. Außer ihr ist die Natur „für den Menschen *nichts*“, sagt später Karl Marx.

Die Folgen dieses Natur-Nihilismus sind bekannt. Dass die *recta ratio* der stoischen Tradition als Maßstab richtigen Rechts (§ 18 I) nicht mehr ohne weiteres als Übereinstimmung mit der Natur definiert werden kann, zeigte schon die erste moderne Rechtstheorie auf der Epochenschwelle: des Hugo Grotius' *Recht des Krieges und des Friedens* (s. §§ 7 II, 9, 13 I, 15). Vom Frieden ist in diesem Werk kaum die Rede; er wird nur als Ziel des Krieges genannt. Und Krieg bedeutet hier jede Art von Gewalt- oder Zwangsanwendung, nicht nur die zwischen Staaten, sondern auch die private *(bellum privatum)*. Schon in diesem Werk ist die menschliche Gesellschaft also hauptsächlich unter dem Aspekt ihrer Konfliktträchtigkeit – als potenzielles *bellum omnium contra omnes* – in den Blick genommen. Von daher wird der systembildende Gedanke sichtbar: Es ist der Begriff des Rechts als einer Ordnung von Sanktionen, d. h. der Gedanke eines Systems gesetzlicher Legitimierung und Limitierung von Gewalt – und zwar (den Fall purer Gottlosigkeit ausgenommen) unter Ausschluss religiöser und theologischer Gründe aus dem Kreis der normativen Bedingungen von Zwangsanwendung. Dabei argumentiert Grotius zwar noch in traditioneller Form mit dem Naturrecht als den naturgemäßen Geboten der Vernunft, aber er behauptet nicht mehr, sie an der Natur abzulesen, sondern entnimmt sie der Übereinstimmung aller einschlägigen literarischen Zeugnisse. Daneben tritt die andere Form des rechtsbegründenden Konsenses: die freie Willensübereinstimmung der Völker, welche sich im Völkerrecht dokumentiert. Auf diese Weise versucht der Calvinist Grotius – auch er infolge der konfessionellen Bürgerkriegswirren im (französischen) Exil –, diesseits der Glaubensspaltung auf eine gemeineuropäische Rechtstradition zu bauen und das von Theologie und scholastischer Moral gesonderte Recht zudem durch eine neue, humanistisch-protestantische

Ethik des friedlichen Ausgleichs und der Toleranz zu unterfangen. Die willentliche Rechtsschöpfung hört auch theoretisch auf, die Rolle bloßer Ergänzung der natürlichen Normenhierarchie zu spielen. Sie gewinnt grundlegende Bedeutung. Und diese Rechtssetzung ist nicht mehr Angelegenheit einer bestimmten Autorität, sondern prinzipiell die Sache aller.

Im Kontext des mechanistischen Weltbildes sieht der methodologische Individualismus den Menschen mit zunehmender Schärfe des Bewusstseins in einer Welt, die nicht von sich aus in Ordnung ist, sondern erst in Ordnung gebracht werden muss, in die hinein erst feste und verlässliche Normen zu stiften sind. Zur Erfüllung dieser Aufgabe bleibt dem Menschen aber nichts anderes, als dass er, dass das Individuum auf sich selbst, seine eigene „Natur", seine Beschaffenheit, seine Bedürfnisse, Interessen, Fähigkeiten und Vorstellungen, seine eigene Vernunft rekurriert. Folglich geht es unter dem alten Namen „Naturrecht" nun nicht mehr um das Recht der Natur in einem umfassenden Sinne. Das Pathos von Naturrecht aus Naturreligion in der nächtlichen Rütliszene von Schillers *Wilhelm Tell* (1804) –

> „Wenn der Gedrückte nirgends Recht kann finden,
> Wenn unerträglich wird die Last – greift er
> Hinauf getrosten Mutes in den Himmel
> Und holt herunter seine ewgen Rechte,
> Die droben hangen unveräußerlich
> Und unzerbrechlich wie die Sterne selbst" –

ist nur eine poetische Reminiszenz. Philosophisch wird allein noch das Recht der Menschennatur, insbesondere der menschlichen Vernunft verhandelt. „Vernunftrecht" ist daher die bessere Bezeichnung für die Rechtsphilosophie des 17. und 18. Jh. zwischen Grotius und Kant. Solche Selbstreflexion zeitigt zum einen, wie wir an Hobbes' *Leviathan* sahen, zweckrationale Ordnungskonstruktionen eines *instrumentellen Vernunftgebrauchs.* Die Errichtung eines Staates und die Einrichtung einer Rechtsordnung erscheinen nach Hobbes' *Leviathan* als technische Probleme, losgelöst von den alten Vorstellungen einer naturgegebenen Ordnung des sittlich-guten Lebens tugendhafter Bürger. Kant hat es in seinem philosophischen Entwurf *Zum ewigen Frieden* auf den Punkt gebracht (2. Abschn., 1. Zus.):

> „Das Problem der Staatserrichtung ist, so hart wie es auch klingt, selbst für ein Volk von Teufeln (wenn sie nur Verstand haben), auflösbar und lautet so: 'Eine Menge von vernünftigen Wesen, die insgesamt allgemeine Gesetze für ihre Erhaltung verlangen, deren jedes aber in Geheim sich davon auszu-

nehmen geneigt ist, so zu ordnen und ihre Verfassung einzurichten, daß, obgleich sie in ihren Privatgesinnungen einander entgegen streben, diese einander doch so aufhalten, daß in ihrem öffentlichen Verhalten der Erfolg eben derselbe ist, als ob sie keine solche böse Gesinnungen hätten'. Ein solches Problem muß *auflöslich* sein. Denn es ist nicht die moralische Besserung der Menschen, sondern nur der Mechanism der Natur, von dem die Aufgabe zu wissen verlangt, wie man ihn an Menschen benutzen könne, um den Widerstreit ihrer unfriedlichen Gesinnungen in einem Volk so zu richten, daß sie sich unter Zwangsgesetze zu begeben einander selbst nötigen, und so den Friedenszustand, in welchem Gesetze Kraft haben, herbeiführen müssen."

Aber das ist nur die eine Seite. Die Selbstreflexion führt zum anderen auch auf den Descartes'schen Weg nach innen und produziert – wieder ist Kant unser Kronzeuge – das Bewusstsein der eigenen *praktischen, d. h. normsetzenden Vernunft,* führt zur Vorstellung moralischer Selbstgesetzgebung („Autonomie"). Von daher wird dann aber auch die Frage nach der Richtigkeit des Rechts inhaltlich neu gestellt.

Wegen des Verlustes ihrer naturphilosophischen Basis ist die alte ontologische Naturrechtslehre nur noch aufgrund eines Glaubensaktes in der bisherigen Weise weiterzubetreiben. So geschieht das in der kath. Kirche bis heute. Doch macht sich daneben auch dort ein eher personales Verständnis und das Bewusstsein geschichtlicher Wandelbarkeit überpositiver Grundsätze geltend.[95] Das bedeutet freilich nicht, dass das ältere Naturrecht nur mehr im kirchlichen Bereich Bedeutung besäße. Ganz im Gegenteil: Bestimmte Elemente namentlich der stoischen Philosophie – Recht und Pflicht der Selbsterhaltung und der Verbesserung der eigenen Lebensverhältnisse, ursprüngliche Freiheit und Gleichheit, Universalität der Humanität – sind erst über die moderne Selbstreflexion des Individuums als wesentliche Momente des Selbstverständnisses in den neuzeitlichen Menschenrechtserklärungen zu höchster Wirksamkeit gelangt. Außerdem gilt für die alten Naturrechtslehren dasselbe wie für die christlichen Traditionen: Sie werden nur noch zu einem vergleichsweise geringen Teil im genuinen naturphilosophischen, pantheistischen oder schöpfungstheologischen Kontext reflektiert, d. h. als Teile einer bestimmten Weltdeutung oder einer theologischen Dogmatik verstanden und behandelt. Stattdessen sind sie durch Eingang in das kulturelle Ethos einer nachmittelalterlich-nachchristlichen Welt praktisch wirksam. Als solche Elemente

[95] Dazu K. Demmer, Naturrecht IV, in: Staatslexikon (N 40) III, ^{7}1987, Sp. 1308 ff.

gesellschaftlichen Selbstverständnisses, einer sozialen Wertewelt können sie dann auch auf neue Weise wieder zum Gegenstand der Philosophie, nämlich der ethischen Prinzipienreflexion werden. Es handelt sich mithin um einen ähnlichen Vorgang, wie Friedrich Engels ihn für die Rezeption des Deutschen Idealismus durch die Arbeiterbewegung behauptet hat: Sie habe ihn beerbt, aber nicht als Philosophie, sondern als Weltanschauung. Aus Ideen und Begriffen der Philosophen werden Werte der Gesellschaft.

Im Übrigen schafft Einsicht in die Mängel der Antwort aller ontologischen Naturrechtslehren die Frage nicht aus der Welt und noch weniger die Verletzungserfahrung, die jene Frage nach Richtigkeit und Halt des Rechts hervorgebracht hat und in leidvollen Wiederholungen beständig erneuert. Die uns äußerlich so fern gerückte Antigone bleibt uns darin innerlich nahe.

III. Wechsel des Gesichtspunkts

Mag die Selbstreflexion des neuzeitlichen Individuums nun zu rein zweckrationalen Ordnungskonstruktionen einer bloß instrumentell verstandenen Vernunft oder zur Idee der Selbstgesetzgebung kraft praktischer Vernunft führen: In jedem Fall liegt darin ein prinzipieller Wechsel der Perspektive gegenüber dem ontologischen Naturrecht. In gewisser Weise stellt diese Änderung die kopernikanische Wendung auf den Kopf: Sie rückt das Ich ins Zentrum und macht die Welt zur Peripherie. Entsprechend verlagert sich der Schwerpunkt der rechts- und staatsphilosophischen Begriffsbildung. Statt vom Ganzen auf die Teile geht der Blick jetzt von den einzelnen Elementen auf deren Verbindung. Und in dieser Perspektive tritt – das ist die auffälligste Veränderung – der Begriff der individuellen Freiheit beherrschend in den Vordergrund. Das ist schon bei Hobbes so. Hat die ursprüngliche Freiheit als das natürliche Recht des Einzelnen, alles zu tun, was nach eigenem Urteil der Selbsterhaltung dient, auch nicht viel Wert, weil die gleichen Rechte aller anderen diese ursprüngliche Freiheit schier zunichte machen: Gleichwohl steht sie am Anfang seiner ganzen Konstruktion (vorne § 22). Dieser Begriff von Freiheit ist allerdings zugleich ein Ausdruck von Unsicherheit und Angst, von Nöten, die aus dem Wegfall bisheriger Gewissheiten und der Tendenz der Freiheit zur Selbstzerstörung resultieren. Solche elementaren Erfahrungen stellen alle Lehren und Behauptungen eines nicht-positiven Rechts wegen ihrer fundamentalen Unsicherheiten infrage. Stattdessen lassen sie staatlich verordnetes und durchgesetztes Recht als eine Notwendigkeit erleben, die von den Menschen selbst bewerkstelligt werden kann und muss. Kehrseite der Medaille ist das Hochgefühl der Freiheit des von allen lehramtlichen Bevormundungen (zumindest innerlich) freien Konstrukteurs seiner neuen Welt, des Eigentümers und Meisters der Natur. Die entsprechende politische Lösung formulierte in seinem *Tractatus theologico-politicus* von 1670 (Cap. XX) Benedictus de Spinoza (1632–1677): „Zweck des Staates ist die Freiheit" (*Finis ergo reipublicae revera libertas est*). Der aus der jüdischen Gemeinde Amsterdams ausgestoßene Freigeist, Verfasser einer streng nach Descartes'scher Methode ausgearbeiteten *Ethik*, dessen Pantheismus (Gott = Natur: *Deus sive natura*) für die deutsche Geistesgeschichte bis hin zu Goethes Naturlyrik größte Bedeutung erlangte, verteidigte in seinem Traktat die Glaubens- und unbeschränkte Meinungsfreiheit als „teuerstes und köstlichstes Gut". Tatsächlich war die calvinistische, großbürgerlich-liberale Republik Holland nach der Befreiung vom spanisch-katholischen Joch (Frieden von Utrecht 1579) der freieste Staat Europas, Zuflucht für religiös und politisch Verfolgte. Geistesfreiheit stimulierte die wirtschaftliche Entwicklung, die Seefahrt, Wissenschaft und Kunst. Die rechtlichen Schranken der individuellen Handlungsmöglichkeiten folgen im Prinzip nicht mehr aus den vorgegebenen natürlichen Strukturen oder den Zwecken einer guten Ordnung, aus einer die Natur durchwaltenden Normenhierarchie oder der Idee der Gerechtigkeit, sondern aus der Freiheit des Individuums selbst: sei es, dass sich die Freiheit in dem allein durch die eigene freie Unterwerfung autorisierten Befehl des Souveräns, oder dass sie sich in der Konkurrenz gleicher Freiheiten aller selbst begegnet. So verliert Recht die bis dahin zumindest immer mitschwingende Bedeutung einer Anleitung zum Leben in Einklang mit der uns umgebenden natürlichen Ordnung und wird – als objektive Norm verstanden – zum Inbegriff von Freiheitsbeschränkungen. Nicht mehr Gerechtigkeit oder die *recta ratio*, der naturgemäße Vernunftgebrauch, sondern Freiheitsverträglichkeit ist das Maß des rechten Handelns. Unter der Überschrift „Allgemeines Prinzip des Rechts" lehrt Kant (MdS AA VI 230):

> „Eine jede Handlung ist *recht*, die oder nach deren Maxime die Freiheit der Willkür eines jeden mit jedermanns Freiheit nach einem allgemeinen Gesetze zusammen bestehen kann."

Zu dem gewandelten Kontext des nun hauptsächlich auf das positive Gesetz konzentrierten Rechtsbegriffs – Freiheit, Zwang, Selbsterhaltung, Konkurrenz, Konflikt, Sicherheit, individueller Nutzen, vertraglich begründete Herrschaft usw. – gehört auch eine bestimmte Zeitorientierung durch die neue Perspektive der *Zukunft*. Die Rechts- und Staatsphilosophie des Hobbes entbehrt zwar noch eines bestimmten Zeithorizonts. Die Mechanik der Naturtriebe ist zeitlos. Auch lag dem Freund griechischer Geschichtsbetrachtung die Vorstellung eines zielgerichteten historischen Prozesses denkbar fern. Dennoch: Mit der entschiedenen Reduktion allen Rechts auf bloße Befehle des Souveräns eröffnet sich die gedankliche Möglichkeit einer die bloße Unterdrückung von Verletzungshandlungen überschreitenden Steuerung des sozialen Verhaltens und der Gestaltung gesellschaftlicher Verhältnisse durch Recht. Tatsächlich haben die Landesherren im alten deutschen Kaiserreich schon seit dem 15. Jh. damit begonnen, den Lebenswandel ihrer Untertanen durch ebenso umfassende wie detaillierte fürstliche Anordnungen einer neuen Art zu verbessern. „Vorschriften über das Gerichtswesen und das Wirtschaftsleben, über Gottesdienstbesuch und Klosterreform, über das Schankwesen, verbotene Feiertagsarbeit und Glücksspiele füllen diese Gesetze."[96] Den Gedanken der Lenkbarkeit der Menschen durch Gesetze hat dann v. a. Montesquieu in seinem *Geist der Gesetze* (1748) verbreitet. Auch wenn wir heute wissen, dass das Problem sozialer Steuerung in differenzierten Gesellschaften viel zu kompliziert ist, als dass es durch einfache Befehle gelöst werden könnte: Generationen war der Gedanke gesetzlicher Verhaltenssteuerung, einmal gefasst, ganz selbstverständlich. Solches Gebots- und Verbotsrecht aber gilt von jetzt an für die Zukunft. – Im Gegensatz zu Hobbes entwirft Descartes seine Epoche machende Philosophie unter den Stichworten der Verbesserung der Lebensverhältnisse und der Befriedung durch Fortschritt[97] ausdrücklich im Horizont der Zukunft. Sie ist jetzt die dominierende Richtung der Zeit, die für die Europäer der Moderne folglich „mit dem 'Nachher', nicht mit dem 'Vorher' anfängt" (Ortega y Gasset).

Darin und in dem korrespondierenden Gedanken der Hebung der Kultur durch Beherrschung der Natur stimmt Descartes ganz mit dem englischen Seitenstück seiner Methodenabhandlung überein: dem das induktive Verfahren und die Experimentalphysik propagierenden *Neuen Werkzeug der Wissenschaften* (*Novum Organum*,

[96] D. Willoweit, Deutsche Verfassungsgeschichte, [6]2009, § 18 II 2.

[97] Dazu F. Rapp, Fortschritt, 1992, bes. S. 126 ff., 158 ff.; s. andererseits zu den mittelalterlichen Zeitvorstellungen Gurjewitsch (N 87), S. 33 ff., 174 ff.

1620) des Staatskanzlers Francis Bacon (1561–1626). Nicht Autorität, heißt es dort, sondern der Fortschritt der Zeit bringe die Wahrheit hervor (I n. 84). „In Staatssachen“ aber ist „selbst eine Verbesserung, wegen der damit verknüpften Störung, bedenklich, weil die gesellschaftlichen Verhältnisse auf Ansehn, Übereinkunft, Ruf und Meinung, nicht auf Gründen beruhen“ (ebd. n. 90). Um seine in die Zukunft weisenden Gedanken über Staat und Recht auszudrücken, ohne Repression herauszufordern, bedient Bacon sich eines zeittypischen Kunstgriffs: des romanhaften Entwurfs eines politischen „Nirgendwo“, mit dem griechischen Ausdruck: einer Staats-*Utopie*. Diesen Namen hat die ganze Literaturgattung von der *Utopia* des Thomas Morus. Unter diesem Titel hatte er – nachmals Heinrichs VIII. von England Staatskanzler – 1517 in Form eines Reiseberichts einen Staatsroman über die „beste Staatsverfassung“ erscheinen lassen. In diesem Werk der Renaissance war nach dem klassischen Vorbild der Antike die Idee philosophischer Staatsleitung und einer kommunistischen Gesellschaftsordnung erneuert worden. Auch Bacons Schilderung einer fiktiven Reise, 1624 verfasst, erzählt von einer Insel. Auf Platons Atlantis-Mythos im *Kritias* anspielend nennt er sie *Neu-Atlantis (Nova Atlantis)*. Wie bei Platon herrscht dort der Geist durch eine geistige Elite. Aber es ist nicht der aristokratisch-meditative Geist höchster Tugend aus Einsicht in letzte Prinzipien, sondern es ist der neue bürgerliche Geist der induktiven und experimentellen Wissenschaft, der Geist einer Technokratie. Der Zweck jener Gründung, hören die Reisenden, „ist die Erkenntnis der Ursachen und Bewegungen sowie der verborgenen Kräfte in der Natur und die Erweiterung der menschlichen Herrschaft bis an die Grenzen des überhaupt Möglichen“. Nicht Erziehung zu sittlicher Vollkommenheit trägt hier den perfekten Staat, sondern die absolute Sicherheit naturwissenschaftlicher Erkenntnis, die den Menschen zum Beherrscher seiner Welt macht und dadurch die Zukunft einer wachsenden Fülle praktischer Ergebnisse erschließt. „Die Kulturwelt ist *die* Welt des Menschen, die er aus der Fremdwelt der Natur als ihrem Rohstoff heraushebt, ja die er *gegen* jene bildet und behauptet; aus dieser Eigenwelt und auf sie bezieht er sein Bewußtsein. *Adam* wandelt sich in *Prometheus*: das sein Erwachen zum Sein als Gnade empfangende Geschöpf zum selbstmächtigen Demiurgen, der die ihm im Rohen überlassene Welt nach seinen Bildern formt“ (H. Blumenberg). In der Tat hat gerade Bacon der Interpretation des Mythos von Prometheus (dessen Name Vorausbedenkender oder Vorsorgender bedeutet) in seinem philosophischen Werk *De sapientia vete-*

rum einen wesentlichen Platz eingeräumt. Er löst Prometheus aus der ursprünglichen Fabel von der Menschenbildung und lässt ihn, der vom Sonnenwagen einen Funken stahl und gegen den Willen des Zeus den Menschen das Feuer brachte, als Entdecker verbotenen Wissens, als Symbol des tätigen und schöpferischen menschlichen Geistes erscheinen. In der Rechts- und Staatsphilosophie des 18. Jh. wird dieser Prometheus zum Schöpfer des neuartigen Begriffs einer geschriebenen *Verfassung* als des einheitlichen Bau- oder Konstruktionsplans einer politischen Aktionsgemeinschaft für die Eroberung ihrer Zukunft. So hat zuerst der Welschschweizer Emmerich von Vattel in seinem berühmten und einflussreichen Werk über das *Völkerrecht oder die Grundsätze des Naturrechts* von 1758 aus der mittelalterlichen Tradition der sog. Grundgesetze *(leges fundamentales)* den Gedanken einer einheitlichen Staatsverfassung geformt und sie den „Plan der Nation für ihr Streben nach dem Glück" genannt. Von daher bedeutete in dem zu Zeiten der Französischen Revolution grassierenden „Verfassungsfieber" der Besitz einer geschriebenen Verfassung so viel wie: Zukunft haben.

Wie Zukunft hier zum Strukturelement politischen Denkens wird, hat Kant sie seinem Begriff des angeblich a priori aus reiner Selbstreflexion der Vernunft gewonnenen „Naturrechts" unterlegt. Wir erinnern uns: Kant unterschied zwischen dem faktisch geltenden positiven und daher durch die „empirische" Rechtswissenschaft erfahrbaren Recht und solchen Normen, die gleich dem positiven Recht und im Unterschied zu moralischen Grundsätzen ebenfalls nur äußeres, sozial wirksames Handeln und nicht Handlungsmotivationen betreffen, deren Ursprung indes nicht in staatlicher Setzung, sondern in ihrer Vernunftnotwendigkeit liegt. Diesen Sätzen eines natürlichen Vernunftrechts der Freiheit schreibt Kant eine besondere, über die Dimension der zeitlichen Entwicklung definierte Modalität der Geltung oder Verbindlichkeit zu: Sie seien präsumtives oder provisorisches Recht, das in einem unaufhaltsamen Prozess der Aufklärung zur staatlichen Verwirklichung dränge (vorne § 1 II). Philosophie der (fast) vollendeten Zukunft ist das Denken über Staat und Recht dann bei Hegel: Was wirklich ist, das ist oder wird vernünftig, und was vernünftig ist, das ist oder wird wirklich (s. § 28). Noch einmal reichliche 150 Jahre später erleben wir das Ende dieser Zukunft in allgemeiner Ratlosigkeit. Erschien Zukunft einst als perspektivischer Gestaltungsraum für den von einem starken Wir-Gefühl der aufgeklärten Geister getragenen gemeinsamen Willen zur Realisierung von Ideen zur Umgestaltung und Verbesserung der bestehenden Verhältnisse,[98] schrumpft der Zukunftshorizont in der Gesellschaft des nahezu vollendeten Individualismus auf den Gesichtskreis des Einzelnen. Der Rest ist drohendes Dunkel, vor dem man sich an das klammert, was man hat.

§ 26 Gemeinsam organisierte Freiheit der Selbstbestimmung statt Gerechtigkeit herrschaftlicher Fremdbestimmung

I. Zwei rechtliche Begriffe der Selbstbestimmung

Unter den Voraussetzungen des methodologischen Individualismus – dieser Quintessenz positiver wie negativer Erfahrungen einer neuen Freiheit – hat das Recht, das prometheische, fünf Bedingungen zu erfüllen: Es muss allgemein, bestimmt und verlässlich, dabei beweglich sein und muss die Freiheit, aus der es kommt, in der bürgerlichen Ordnung ausformen. Das Postulat der Allgemeinheit entspringt der Annahme prinzipieller Gleichheit, die aus der Negation der ständischen Hierarchie, der bunten Fülle überkommener Privilegien wie aller fest vorgegebenen sozialen Ordnungen folgt. Bestimmt muss das Recht sein, d. h. in einer ohne weiteres für alle erkennbaren Weise festgesetzt, um seine Aufgabe der maßgeblichen Orientierung sozialrelevanten Handelns sowie der Integration und Stabilisierung gesellschaftlicher Praxis zu erfüllen. Verlässlichkeit gibt die nötige Sicherheit, verlangt dazu aber Sanktionierung durch Zwang. Wechselnde Anforderungen und wachsende Aufgaben v. a. dort, wo es um die Gestaltung der Zukunft geht, vermag das Recht nur zu erfüllen, wenn es beweglich ist, verändert werden kann. An der Funktion der Freiheitssicherung schließlich hängt die naturzustandstheoretische Rechtfertigung des staatlichen Rechts. Mit alledem verlagert sich der Schwerpunkt der Theoriebildung. Die Frage nach der von Natur aus guten Ordnung und dem richtigen Recht wird überholt von der Frage nach einer sicheren Ordnung und richtiger Gesetzgebung. Auf diese Weise verschmilzt das Problem der Rechtsrichtigkeit mit dem Problem der richtigen oder legitimen Herrschaftsordnung, als deren herausragendes Merkmal theoretisch wie politisch nicht mehr die richterkönigliche Streitentscheidung, sondern – als deren quasi verallgemeinerte Form – die Gesetzgebung erscheint. Sie macht den Kern der neuen herrschaftlichen „Souveränität“ aus.

[98] Dazu H. Hofmann, Gebot, Vertrag, Sitte, 1993, S. 31 ff.

Deren begriffliche Konstruktion durch Hobbes stand zum theoretischen Ausgangspunkt individueller Freiheit allerdings in einem solchen Spannungsverhältnis, dass sie nach Korrekturen und Modifikationen zur Stärkung des Freiheitsgedankens geradezu schrie. Alle anderen Klassiker der neuzeitlichen Rechts- und Staatsphilosophie haben diese absolutistische Herausforderung angenommen, freilich unterschiedlich beantwortet: Locke auf liberale, Rousseau auf demokratische, Kant und schließlich, wieder anders, Hegel in je eigener rechtsstaatlicher Weise. Die Unterschiede und Gegensätze zwischen diesen theoretischen Positionen sind oder scheinen so offenkundig, dass die strukturellen Übereinstimmungen und Ähnlichkeiten darüber meist in den Hintergrund treten. Ein angemessen differenziertes Bild der theoretischen Bezüge und Entsprechungen wie der Gegensätze ergibt sich erst bei der Analyse entlang einiger Grundbegriffe der neuzeitlichen Rechts- und Staatsphilosophie wie: Naturzustand, natürliche Freiheit, natürliche Rechte des Individuums, Sozialvertrag, natürliches und staatliches Gesetz, Verfassung, Gewaltenteilung oder Widerstandsrecht. Dabei ist dann außerdem der ganz unterschiedlichen Beleuchtung Rechnung zu tragen, die sich bei allen diesen Klassikern aus den prinzipiell verschiedenen, ja gegensätzlichen Ansätzen heutiger Interpretationen ergibt. Vom Streit um Hobbes war schon die Rede (§ 23 II). Von ähnlicher Art ist die Kontroverse der Interpreten über die *Zwei Abhandlungen über die Regierung* von John Locke. Gibt es bei ihm einen Bruch zwischen seiner theoretischen Philosophie der Erkenntnis und jenen *Treatises*? War er insoweit bloß ein geschickter Traditionalist oder im Gegenteil auch in der politischen Philosophie wie in der Erkenntnislehre ein konsequenter theoretischer Neuerer, mit einer klugen traditionalistischen Tarnung freilich? Bei Rousseau dreht sich die Auseinandersetzung um Individualismus und Kollektivismus, darum also, ob der Staat des „Gesellschaftsvertrages" ein neuer *Leviathan,* ja der Anfang des modernen Totalitarismus ist oder nicht. Was Kant betrifft, haben wir das grundsätzliche Problem des demokratischen oder nicht-demokratischen Charakters seiner Rechts- und Staatsphilosophie bereits berührt. Und die Streitigkeiten über Hegel sind sowieso bekannt: Ist seine „Rechtsphilosophie" letztlich und eigentlich revolutionär oder konservativ, oder war der Autor – wie die meisten Zeitgenossen glaubten – bloß ein politischer Opportunist?

Im Einzelnen muss und kann dies alles hier auf sich beruhen. Denn unstreitig haben alle diese Philosophien ihren Schlüsselbegriff in dem der individuellen Freiheit, der Freiheit des Subjekts. Sie, die natürliche

Willkür des Einzelnen, wie Kant sagt, macht jeweils das Ausgangsproblem oder Basiselement aus. Alle philosophischen Konstruktionen drehen sich darum, dieses subjektive Moment im Begriff des staatlichen, auf das Ganze – traditionell: auf das „Gemeinwohl" – gerichteten, als allgemeines für alle geltenden Gesetzes einzufangen oder damit zu vermitteln, kurz: Partikularwillen und staatlichen Gesamtwillen irgendwie in Übereinstimmung zu bringen. Dabei sind hauptsächlich zwei Grundvorstellungen zutage getreten. Die eine geht mit Hobbes davon aus, dass es mangels vorgegebener geistiger Gemeinsamkeiten in der Vorstellung vom Guten und Richtigen keine „natürlichen" Willensübereinstimmungen der Individuen gebe, folglich auch keinen einheitlichen Willen, der solche Gemeinsamkeiten bloß erkennt und artikuliert. Die Willensvereinigung sei vielmehr das Produkt eines politischen Prozesses: Entweder entstehe sie aus der Zustimmung aller oder äußere sich in den Anordnungen einer auf jene demokratische Weise über alle gesetzten Autorität. Individuelle Freiheit ist unter diesen Voraussetzungen durch institutionelle Vorkehrungen zu verwirklichen, die individuelle Freiräume sichern, staatlichen Ein- und Übergriffen wehren und für eine möglichst interessengerechte und anpassungsfähige Staatswillensbildung sorgen. Im Übrigen ist danach jeder seines eigenen Glückes Schmied. Gerade in dieser Selbstbestimmung des privaten Glücksstrebens, in der fortwährenden Bemühung eines jeden um die Verbesserung der eigenen Lebensverhältnisse gründen nach dieser Vorstellung aber zugleich sozialer Fortschritt und allgemeiner Wohlstand (II). – Die andere Richtung erwartet dies eher von einem vernünftigen Gesamt- oder Gemeinwillen, konkret: von der vernünftigen Gesetzgebung einer autonomen Gesellschaft. Dies setzt den Glauben an die Erkennbarkeit eines Gesamtinteresses voraus, an dem jeder Einzelne Anteil hat. Verwirklichung individueller Freiheit wird unter den Bedingungen gesellschaftlichen Lebens vornehmlich als Teilnahme an der Gesamtwillensbildung als einem Prozess der Aufnahme und Läuterung des Partikulären und der Erkenntnis und Ausformung des Allgemeinen begriffen. Die Selbstbestimmung wird weitgehend kollektiviert und durch Befolgung des allgemeinen Gesetzes vermittelt (III).

II. Rechtliche Sicherung individueller Lebensräume: John Locke

Hobbes hatte die Übereinstimmung der Einzelwillen mit dem Gesamtwillen kraft Unterwerfung aller unter den Willen des Souveräns einfach behauptet. Irgendwelche Einrichtungen oder Verfahren zur Kontrolle und Justierung dieser Übereinstimmung sind im *Leviathan* nicht vorgesehen. Ganz anders nimmt sich das nach Lockes zweiter seiner *Zwei Abhandlungen über die Regierung* von 1690 aus. Zwar beginnt Locke wie Hobbes mit einem umfassenden, uneingeschränkten natürlichen Verfügungsrecht eines jeden über sich selbst. Doch zeigt sich in der Fortführung des Gedankens sogleich ein fundamentaler Unterschied. Indem Locke das Recht über sich selbst als Recht auf den eigenen Leib, damit auf die eigene Arbeitskraft und das durch sie Angeeignete erstreckt (II § 27), reklamiert er mit seiner Eigentumstheorie für den Einzelnen einen vorstaatlichen Rechtsstatus als Eigentümer. Denn anders als bei Grotius und Hobbes verdanken sie ihr Eigentumsrecht nicht erst der staatlichen Gesetzgebung. Allgemeiner formuliert: Während die ursprüngliche Freiheit bei Hobbes nur aus dem Fehlen einer alle in Schach haltenden Macht folgt und die Gleichheit der Individuen bloß mit deren ungefähr gleichem Drohpotenzial, also naturalistisch begründet wird, erscheinen Freiheit und Gleichheit bei Locke als angeborene Rechte (II § 87):

> „Der Mensch wird ... mit einem Rechtsanspruch auf vollkommene Freiheit und uneingeschränkten Genuß aller Rechte und Privilegien des natürlichen Gesetzes in Gleichheit mit jedem anderen Menschen ... geboren. Daher hat er von Natur aus nicht nur die Macht, sein Eigentum, d. h. sein Leben, seine Freiheit und seinen Besitz gegen die Schädigungen und Angriffe anderer Menschen zu schützen, sondern auch jede Verletzung dieses Gesetzes seitens anderer zu verurteilen und sie ... zu bestrafen ...“

In der Konsequenz dieses normativen Ansatzes wird der Zweck der staatlichen Vereinigung – und das ist der zweite große Unterschied zum *Leviathan* – nicht allgemein in Frieden und Sicherheit gesetzt, sondern präzise mit dem Schutz des Eigentums in dem genannten dreifachen Sinne (Leben, Freiheit, Besitz) identifiziert (II §§ 123 f.). Die Individuen unterwerfen sich daher auch nicht schrankenlos, sondern treten nur bestimmte Eigentumsschutzrechte ab. Folglich ist die Ausübung von Staatsgewalt auch nur in diesem Umfang legitim. Andersherum: Die Bürger behalten gegenüber den Inhabern der von vornherein beschränkten Regierungsgewalt einen Teil ihrer natürlichen Rechte zurück. Außerdem unterwerfen sie sich – das ist der dritte wesentliche Differenzpunkt – nicht einem Souverän, d. h. nicht einer oder mehreren bestimmten Personen. Vielmehr übertragen sie ihre Rechte auf die Gesellschaft oder Gemeinschaft *(community),* konkret also auf die durch Einrichtung bestimmter *Amtsgewalten* bewerkstelligte Organisation des Ganzen (II § 131).

Die unpersönliche oder institutionelle Adressierung der Rechtsübertragung ermöglicht es, schärfer zwischen den Staatsgewalten und dem sie ausübenden Personal, zwischen Ämtern und Amtsträgern zu unterscheiden. Nimmt man das mit der inhaltlichen Begrenzung der Rechtsübertragung zusammen, ergibt sich daraus eine vierte prinzipielle Abweichung vom hobbesianischen Argumentationsmuster: Nach Locke ist auf diese Weise Kontrolle und Kritik der Staatstätigkeit bis hin zum offenen Widerstand möglich, und zwar auf der Basis des ursprünglichen Vereinigungsvertrages. Solange der institutionelle Bestand einer gemeinsamen höchsten Gewalt – nach Locke ist das die Legislative – nicht infrage steht, bedeutet Widerstand gegen die zeitweiligen Amtsinhaber keinen Bruch des Vereinigungsvertrages und folglich keinen Rückfall in den Naturzustand:

> „Wenn diese (sc. höchste) Gewalt auf Grund von Übergriffen derer, die im Besitz der Autorität sind, verwirkt ist, *so fällt sie* mit der Verwirkung durch die Regierenden … *an die Gesellschaft zurück*, und das Volk hat ein Recht, als höchste Gewalt zu handeln und die Legislative von nun an selbst auszuüben; oder aber eine neue Form der Regierung zu errichten, bzw. die Regierung unter der alten Form in neue Hände zu legen, wie es ihm gut scheint“ (II § 243).

Der fünfte wesentliche Unterschied besteht darin, dass Locke das im *Leviathan* ganz undenkbare Kern- und Prunkstück jeder verfassungs- oder rechtsstaatlichen Ordnung einführte: die moderne Version der *Gewaltenteilung*. Er entwickelt sie von den „Unzuträglichkeiten“ des Naturzustandes her. Sie sah er, wie erwähnt, im Mangel einer festen gesetzlichen Ordnung, im Fehlen eines anerkannten und unparteiischen Richters und in der Abwesenheit einer durchsetzungsfähigen Vollstreckungsgewalt. Soll diesen Mängeln dauerhaft abgeholfen werden, muss der Staat über entsprechende, unabhängig von den ausübenden Personen institutionalisierte Amtsgewalten verfügen. Deren Besonderung wird daher zunächst als eine aufgabenspezifische faktische Differenzierung der Staatsgewalt bloß beschrieben (II §§ 143 ff.). Dann aber postuliert Locke eine Rangordnung der Gewalten und setzt die Legislative an die Spitze (II §§ 149 ff.). Natürlich hat das hauptsächlich den Sinn, die bei der sog. ausführenden oder vollziehenden Gewalt, der „Exekutive“, konzentrierten wirklichen staatlichen Machtmittel (Heer, Strafverfolgungsbehörden, Polizei, Finanzverwaltung) gesetzlichen Beschränkungen zu unterwerfen. Dieser Gedanke ist freilich nicht neu. Schon die Antike unterschied die guten und die schlechten Staatsformen danach, ob die Regierung Gesetzen folgt oder nicht. Neu aber, ja Epoche machend, ist etwas anderes. Die Gewalten werden nämlich nicht bloß als Staatsfunktionen unterschieden, die Trennung von Legislative und Exekutive auch nicht nur – in alter Tradition – als *objektivrechtliche* Vorkehrung gegen Machtmissbrauch behandelt. Vielmehr ist die Gewaltenteilung in der Kombination mit der Idee kollektiver Selbstgesetzgebung als Mittel der Sicherung individueller Freiheit begriffen: Nur Sonderung und Überordnung der Legislative garantieren eine Regierung nach „festen Gesetzen", und nur eine Regierung nach solchen Regeln, die kraft Volkswahl der Gesetzgeber von der Zustimmung der zur Bürgergesellschaft vereinigten Einzelnen getragen werden, gewährleistet Sicherheit des privaten Eigentums (II §§ 134, 136 f.). Allerdings müssen zu diesem Zweck dann auch der Legislative als „höchster Gewalt" wiederum, wie schon angedeutet, gewisse rechtliche Grenzen gezogen sein (Stichwort: Widerstandsrecht). Wir werden darauf zurückkommen.

Die so geschützte individuelle Freiheit der Aneignung von Vermögen durch Arbeit führt nach Locke zum materiellen Wohlstand, und zwar nicht nur des Einzelnen, sondern der Gesellschaft insgesamt: Weil die Indianer den überaus fruchtbaren Boden ihres Landes nicht durch Arbeit veredeln, besitzen sie nicht den hundertsten Teil der Annehmlichkeiten, deren sich die Engländer erfreuen. „Der König eines großen und fruchtbaren Gebiets wohnt, nährt und kleidet sich dort schlechter als ein Tagelöhner in England" (II § 41). In der Konsequenz der natürlichen Verfolgung aller Individualinteressen erscheint bei Locke also ganz anders als bei Hobbes nicht das Schreckgespenst eines selbstmörderischen Krieges aller gegen alle, sondern prinzipiell eine Steigerung des individuellen Glücks, des partikulären wie des allgemeinen Wohlstandes durch friedlichen Wettbewerb. Allerdings beeinträchtigen die erwähnten „Unzuträglichkeiten" eines ungesicherten Zustandes der Konkurrenz die Verbesserung der Lage im Einzelnen und im Ganzen. Vor diesem Hintergrund wirkt Lockes Annahme plausibel, zur Belebung der Misshelligkeiten des Naturzustandes bedürfe es keiner absoluten Herrschaft im Sinne des Hobbes'schen *Leviathan*, es genüge eine rechtlich eingeschränkte Herrschaft. Denn ein Kriegszustand trete nur ein, wo wirklich Gewalt angewendet oder die Absicht der Gewaltanwendung erklärt wird. Im „eigentlichen Naturzustand" befänden sich dagegen die Menschen, die „nach der Vernunft zusammenleben, ohne auf Erden einen gemeinsamen Oberherrn mit der Macht, zwischen ihnen zu richten, über sich zu haben" (II § 19). Damit schließt sich der Kreis dieser Betrachtung. Denn die eingangs (unter I) erwähnte prinzipielle Kontroverse der Locke-Interpreten hat hier ihren Grund: Wie konnte Locke, der in seinem theoretischen Hauptwerk (*An Essay concerning human understanding*, 1671) gegen Descartes das Vorhandensein angeborener Ideen, theoretischer wie ethischer, entschieden verneint und als Erkenntnisquellen nur Sinneswahrnehmung und Selbstreflexion anerkannt hatte, in seiner praktischen Philosophie des *Treatise* annehmen, dass Menschen ohne Zwangsgewalt nach einem – ihnen ins „Herz geschriebenen" (II § 11) – allgemeinen natürlichen Gesetz der Vernunft zusammenleben könnten, statt im Widerstreit der von ihnen verfolgten Individualinteressen aneinander und auseinander zu geraten? Diese Streitfrage mag hier jedoch ebenso auf sich beruhen wie die historische Enge der Besitzbürgerlichkeit in Lockes praktischer Philosophie. Derlei Gesichtspunkte treten zurück, wenn man die weltgeschichtliche Wirkung dieser Bibel des Liberalismus bedenkt.

Von der Amerikanischen Unabhängigkeitserklärung im Geiste Lockes war schon früher die Rede (§ 7 II). Radikaler wirkte die Lehre von den angeborenen Rechten der Freiheit und Gleichheit in Frankreich. Hier bildete sie nicht nur die Grundlage eines Regimewechsels, sondern rechtfertigte zugleich die Umwälzung der sozialen Ordnung. Dem Fanal der *Déclaration des droits de l'homme et du citoyen* von 1789 – d. h. der Erklärung der angeborenen Rechte des Menschen als Menschen und der natürlichen Rechte des Menschen als Bürger – war bereits die „Bartholomäus-Nacht der Privilegien" vorhergegangen, in der die revolutionäre Nationalversammlung eine Vielzahl kaum noch vorstellbarer Vor- und Sonderrechte der alten ständischen Gesellschaft beseitigt hatte. Lockes liberale individualistische Philosophie bot das Medium, in dem die alteuropäische Tradition feudaler Freiheitsbriefe, wie sie von der *Magna Carta Libertatum* (1215) über die *Petition of Right* (1629) bis zur *Bill of Rights* (1689) England beispielhaft zeigt, völlig umgedacht werden konnte. Über die vier Charakteristika der aus diesem Prozess in Nordamerika und Frankreich hervorgehenden Menschenrechtskataloge haben wir in anderem Zusammenhang bereits gesprochen (§ 7 III). Hier sei nur noch einmal an den Kern dieser Neuerung erinnert: die rechtliche Institutionalisierung der Selbstbestimmung des Individuums, das nicht bloß Gerechtigkeit der Herrschaft einfordert und nicht nur Schutz vor Übergriffen verlangt, sondern vor allem seinen Anspruch erklärt, die eigene Welt selbst zu gestalten. Dessen Ausformungen gehen namentlich mit der Glaubens-, Gewissens- und Meinungsfreiheit weit über das hinaus, was Locke besitzbürgerlich-ökonomisch vorgedacht hatte.

III. Herrschaft des allgemeinen Gesetzes als kollektive Selbstbestimmung: Rousseau

Bei Hobbes erschien der Gedanke, dass man sich selbst gehorcht, wenn man das von der eigenen Zustimmung mitgetragene Gesetz befolgt, in einer fast zynisch anmutenden Version: Wer sich einem Souverän unterwirft, mache sich danach von vornherein alle dessen Akte unterschiedslos zu eigen – auf Gedeih und Verderb. Als Vertragstheoretiker geht auch Locke davon aus, dass die Staatsgewalt nichts anderes ist als „die vereinigte Gewalt aller Glieder der Gesellschaft" (II § 135) und dass „niemand ... eine Gewalt haben (kann), der Gesellschaft Gesetze zu geben, es sei denn auf Grund ihrer eigenen Zustimmung und der Autorität, die ihr von ihren Gliedern verliehen wurde"; auf dieser Grundlage sei dann aber jeder allen Gesetzen dieser höchsten Gewalt unterworfen (II § 134). Indessen steht das bei Locke alles unter der prinzipiellen Bedingung der Wahrung des Zweckes der staatlichen Vereinigung, gilt deshalb nur, solange die Legislative als die höchste Gewalt die daraus folgenden Grenzen einhält (II § 131). Die kleinen Ichs gehen hier nicht im großen Ich des *Leviathan* auf. Sie geben der höchsten Gewalt nur ein Mandat, setzen ein gewisses Vertrauen in sie – ein Gedanke, der bei Locke immer wieder auftaucht. In diesem Rahmen verpflichten sie sich zum Gehorsam, aber eben nur insoweit, nicht schrankenlos und nicht ohne Vorbehalt eines Widerstandsrechts. Sie gehorchen also aus eigenem Entschluss, wahren aber gleichzeitig Distanz; sie identifizieren sich weder mit dem Gesetzgeber noch mit dessen Befehlen. Nach Locke ist es allgemeiner Wille, dass das Parlament Gesetze gibt und man ihnen gehorcht. Nicht aber ist das einzelne Gesetz allgemeiner Wille und hat nicht darin seine Kraft. Die zieht es nach Locke allein aus dem (widerruflichen) Vertrauen in den Gesetzgeber.

Rousseau dagegen hat jenen hobbesianischen Gedanken der Identität von großem Ich und kleinen Ichs in seinem *Gesellschaftsvertrag* (*Contrat social,* 1762) aufgenommen, demokratisch gewendet und idealistisch gesteigert. Den Hintergrund bildet Rousseaus Zivilisationskritik in seinen beiden *Diskursen.* Danach ist sein Thema weder der politische Umsturz noch die paradiesische Anarchie, die Rückkehr zur Natur, sondern die Frage nach dem, was der Mensch sein könnte, genauer: wie für den in der Zivilisation sich entfremdeten Menschen die menschliche Integrität unter den gegenwärtigen Bedingungen seiner miserablen gesellschaftlich-politischen Existenz (in notwendig neuer Weise) zurückzugewinnen sei. Jene klägliche

Lage sieht er als die Folge einer zivilisatorischen Denaturierung des Menschen und einer durch das Christentum bewirkten Entzweiung seiner Existenz in eine privat-innerliche und äußerlich-öffentliche. Die sinnlich-vernünftige Doppelnatur des Menschen und dessen – freilich ziellose – Bildsamkeit sind nach Rousseau die Voraussetzungen einer den guten Naturmenschen korrumpierenden Entwicklung. Über Arbeitsteilung, Ackerbau, Eigentumsanmaßungen, Herrschaft, Gesetz, Elend und Verbrechen führt sie am Ende zur verkehrten Gleichheit der blind gehorchenden Untertanen.

„Der erste, der ein Stück Land eingezäunt hatte und es sich einfallen ließ zu sagen: *dies ist mein* und der Leute fand, die einfältig genug waren, ihm zu glauben, war der wahre Gründer der bürgerlichen Gesellschaft. Wie viele Verbrechen, Kriege, Morde, wie viel Not und Elend und wie viele Schrecken hätte derjenige dem Menschengeschlecht erspart, der die Pfähle herausgerissen oder den Graben zugeschüttet und seinen Mitmenschen zugerufen hätte: 'Hütet euch, auf diesen Betrüger zu hören; ihr seid verloren, wenn ihr vergeßt, daß die Früchte allen gehören und die Erde niemandem.'"[99]

Dieser Zivilisationsgeschichte korrespondiere der Prozess menschlicher Selbstentfremdung: Nach der Zerstörung der antiken Ganzheit von geistigem, religiösem, sozialem und politischem Leben namentlich im idealisierten Sparta sei aus dem ganz selbstbezogenen Naturmenschen der zwischen privater Existenz und bürgerlicher Ordnung entzweite *bourgeois* hervorgegangen, in dem sich die natürliche Eigenliebe *(amour de soi)* in lasterhafte Selbstsucht *(amour propre)* verkehrt habe. Dieser tief greifende dialektische Prozess der Verkümmerung und Entzweiung in der Entfaltung erscheint unumkehrbar. Anders als bei Hobbes und Locke ist der bürgerliche Zustand bei Rousseau demnach kein optimierter Naturzustand. Folglich vermag die bloße staatliche Sicherung privater Aneignungen die Wohlfahrtsfrage nicht mehr zu lösen und kann das natürliche Verhalten nicht länger Grundlage des bürgerlichen Rechts sein. In einem *Contrat social* muss daher eine ganz neue Basis, eine neue rechtliche Gleichheit gestiftet werden. Die Natur fungiert – der französischen Geisteshaltung des Jahrhunderts entsprechend verklärt – nur noch als fernes, nicht mehr erreichbares Ideal. Was bleibt, ist einerseits eine individuelle Lösung: der Versuch, jene Entzweiung durch eine „naturgemäße" Erziehung großer Künstlichkeit im *Emile* zu überspielen. Die andere,

[99] Rousseau, Diskurs über die Ungleichheit (1755), Teil II Anfang. Maßgeblich die von H. Meier ed., komment. u. eingel. zweispr. Ausg., 1984 u. ö. Zum Folg. auch Steinvorth (N 88), S. 100 ff., 117 f.

gesellschaftliche Möglichkeit liegt in dem moralischen Appell, die Selbstentfremdung des Menschen in kleineren und noch weniger entwickelten Gemeinwesen im *citoyen* der neuen moralisch-politischen Totalität eines umfassenden Gesellschaftsvertrages aufzuheben. Dabei geht es darum, durch die „totale Übereignung eines jeden Teilhabers mit allen seinen Rechten an die gesamte Gemeinschaft" (*Gesellschaftsvertrag,* Buch I Kap. 6) das Individuum durch moralische Verwandlung seiner Natur „in einen Teil eines größeren Ganzen umzuformen" (II 7), um so eine neue Ganzheit des Lebens zu gewinnen: In der Grenzenlosigkeit der auf diese Weise gebildeten Staatsgewalt eines neuen Leviathan wird die ursprüngliche Freiheit des Menschen wiedergeboren (I 8): „Gehorsam gegen das Gesetz, das man sich vorgeschrieben hat, ist Freiheit." Der Einzelne vermag sie so freilich nur noch als Teilhaber am Ganzen, als Mitglied des Souveräns auszuüben. Dabei lebt die natürliche Eigenliebe ohne Verkehrung in Selbstsucht auf und fort in der kollektiven Form des Patriotismus.

Dass die so gegründete unteilbare und unvertretbare, nicht repräsentierbare Souveränität des Volkes nicht in Mehrheitsdespotismus umschlägt, ist bei Rousseau nicht durch die Annahme natürlicher Freiheitsrechte des Individuums garantiert. Das wäre mit der vorausgesetzten Überwindung des Naturzustandes durch den Gesellschaftszustand ganz unvereinbar. Rousseaus „republikanische" Lösung ist die der *gesetzlichen* Staatslenkung (II 6), welche die unmittelbaren Äußerungen der Volkssouveränität im Gemeinwillen auf die Setzung generell-abstrakter Normen beschränkt. Das Gesetz ist danach nichts anderes als der Ausdruck des allgemeinen Willens: *l'expression de la volonté générale.* So sagt es später, dem Autor des *Gesellschaftsvertrages* folgend (III 14), Art. 6 Satz 1 der revolutionären Menschen- und Bürgerrechtserklärung von 1789. Volksherrschaft ist unpersönliche Gesetzesherrschaft, insofern der Vollzug von der Rechtssetzung getrennt ist (III 1, 4, 15, 16) und im Gesetz sich die „Gesamtheit des Willens mit der des Gegenstandes" vereint (II 6, 4). Dabei ist unter Allgemeinheit des Gesetzgebungsgegenstandes zu verstehen, dass das Gesetz die Rechtsunterworfenen „als Gesamtheit und die Handlungen als abstrakte betrachtet, nie jedoch einen Menschen als Individuum oder eine Einzelhandlung" (II 6) – weshalb Rousseau rückwirkende Gesetze für unzulässig hielt. Generellität und Abstraktheit der Regelungen erscheinen als notwendige Voraussetzungen dafür, dass buchstäblich alle als integrierte Teile eines Ganzen, eben als wahre Staatsbürger nach ihrem Votum gefragt werden können. Denn nur wenn sie durch den Regelungsgegenstand nicht in besonderer, persönlicher Weise betroffen und dadurch nicht gefühlsmäßig desintegriert sind, können sie eine sozusagen unverzerrte Antwort geben, ob die anstehenden Gesetzesbeschlüsse dem Gemeinwohl förderlich sind oder nicht. Die Allgemeinheit des Gesetzes im Sinne seiner Unpersönlichkeit spielt hier mithin eine ähnliche Rolle wie der „Schleier des Nichtwissens" in der freilich ungleich raffinierteren Gerechtigkeitstheorie von Rawls (vorne § 13 II). Der Beschluss der Versammlung der Freien und Gleichen über Einzelfälle kommt für Rousseau einer Nichtberücksichtigung der Stimmen jener gleich, welche unmittelbar betroffen sind und deswegen nichts als ihr eigenes Interesse wahrzunehmen vermögen. Die reale Ausschließung auch nur eines Einzigen aber hebt die Allgemeinverbindlichkeit auf – mag der Inhalt des Gesetzes noch so allgemein formuliert sein (II 2). Kant hat es im Traktat zum ewigen Frieden wiederholt und als einen „Despotism" bezeichnet, wenn „alle über und allenfalls auch wider Einen (der also nicht mit einstimmt), mithin alle, die doch nicht Alle sind, beschließen"; denn das sei „ein Widerspruch des allgemeinen Willens mit sich selbst und mit der Freiheit" (1. Definitivartikel). Aber wer sind „alle"? Die Unpersönlichkeit der Herrschaft des Gesetzes, das den allgemeinen Willen ausdrückt, lässt das personale Element der Herrschaft bei der Versammlung der Bürger. Die aber ist in einem doppelten Sinn utopisch: Sie ist als Zusammenkunft aller faktisch nicht realisierbar, der Zugang zu ihr nach den theoretischen Prämissen zudem ganz offen und unbestimmt, da jeder sich dem *Contrat social* anschließen kann. So macht sich jenes personale Herrschaftselement an der *Nation* fest. Und die ist – selbst bei größter Liberalität in der Einbürgerungsfrage – im Wesentlichen eine durch Abstammung oder Geburtsort definierte Gemeinschaft, keine freie Assoziation. Jene hauptsächlich nach objektiven Merkmalen gesonderten Gemeinschaften sind künftig Träger der Souveränität: *Le principe de toute souveraineté,* proklamieren die Revolutionäre von 1789 in Art. 3 ihrer Deklaration, *réside essentiellement dans la nation.*

Die Vereinigung der „Gesamtheit des Willens mit der des Gegenstandes" ist freilich nicht die einzige Voraussetzung dafür, dass auch eine bloße Mehrheitsentscheidung nicht nur eine Addierung von Einzelstimmen *(volonté de tous),* sondern die Identität von Einzelwillen und Gesamtwillen in der *volonté générale* hervorbringt. Erforderlich sind weiter Bürgertugend und – nun geht es vollends ins Utopische – Ausschluss aller Gruppen- und Fraktionsbildungen und -bindungen (I I 3, IV 1). Denn sie machen jenen Läuterungsprozess durch individuelle Abwägungen unmöglich, in dem alles bloß Individuelle sich gegenseitig aufhebt. Sie verkehren die Abstimmung stattdessen zu einer Konkurrenz partikulärer Gesamtwillen und verhindern, dass auch der in der Abstimmung Unterlegene seinen Willen im Mehrheitswillen wiedererkennt, insofern er sich, wie Rousseau sagt, über das wahre Gemeininteresse bloß getäuscht hat (IV 1). Jenseits der totalen Unterwerfung der Einzelnen unter den Willen des Souveräns bei Hobbes lässt sich die Identität von Einzelwillen und Gesamtwille ohne Anreicherung des Willensbegriffs mit kognitiven Elementen offenbar nicht konstruieren. Die notwendige Modifikation lautet dann etwa: Ich will als tüchtiger Bürger das Gemeinwohl und erkenne es in diesem Fall (nach bestem Wissen und Gewissen, aber möglicherweise fehlsam) in dieser oder jener Option (IV 1, 2).

IV. Kants Autonomie des Menschen in der staatlichen Zwangsordnung

Anders als Locke denkt auch Kant den „Urvertrag“ in Übereinstimmung mit Rousseau nicht als ein Mittel zur Verbesserung des Naturzustandes durch Sicherung natürlicher Rechte, sondern als vollständige Überwindung der „wilden, gesetzlosen Freiheit“ (MdS AA VI 316). Allerdings sieht der Hintergrund bei Kant ganz anders aus als bei Rousseau. Im Gegensatz zu dessen geschichtsphilosophischem Pessimismus huldigt er einem außerordentlich optimistischen Glauben an einen nicht trotz, sondern gerade wegen aller Gegensätze unaufhaltsamen gesellschaftlichen Fortschritt zum „ewigen Frieden“ unter Rechtsgesetzen.[100] Außerdem handelt es sich bei Kant nicht um die Wiedervereinigung von privater und öffentlicher Existenz auf der höheren Ebene politischer Vergemeinschaftung, sondern um die rechts- und staatsphilosophische Explikation seines ureigensten Zentralgedankens privater und politischer Selbst-Gesetzgebung *(Autonomie)* des Menschen. (Deren Verwirklichung leidet allerdings, wie sich alsbald zeigt, unter der von Kant mitbedachten Existenz einer monarchischen Obrigkeit.) Die äußere Natur beherrscht der Mensch nach Kant kraft seiner sie allererst als Erkenntnisgegenstand konstituierenden Verstandesbegriffe und seine innere Natur durch moralische Selbstgesetzgebung und „Selbstzwang“. Ihre sittliche Qualität erweist die Selbstgesetzgebung gemäß

[100] Siehe Zum ewigen Frieden, 1. Zus. zu den Definitivart. Dazu mit weit. Nachw. Hofmann, Bilder des Friedens (N 42), S. 69 f.

dem „kategorischen Imperativ" rein formal durch ihre Verallgemeinerungsfähigkeit. Diese potenzielle Geltung für alle postuliert deren Gleichheit, die bloße Form der Pflicht- oder Gesetzmäßigkeit (das Sollen) impliziert deren Freiheit (das Können). Subjekt all dessen ist allerdings, wie gesagt, nicht der empirische Mensch, auch nicht Rousseaus tugendhafter Bürger, sondern die sittliche Persönlichkeit: ein „übersinnliches Substrat der Menschen im Menschen" (E. Bloch). Hinsichtlich der „äußeren Verhältnisse der Menschen", die ja „nicht umhin können, in wechselseitigen Einfluß aufeinander zu geraten",[101] verlangt die Autonomie einen Zustand äußerer, von anderen nicht gestörter Freiheit der eigenen, andere nicht störenden Glückssuche. Demgemäß hat der durch den ursprünglichen Vertrag zu gründende bürgerliche Zustand überhaupt keinen anderen, weitergehenden Zweck als eben den, die Menschen in ihren konfliktträchtig äußeren Verhältnissen unter ein für alle gleiches Zwangsgesetz nach Maßgabe apriorischer Vernunftprinzipien der Freiheit zu bringen. Die Rechtsordnung soll nicht sittlich sein, sondern Sittlichkeit ermöglichen. Die Definition des Rechts schrumpft daher zur „Einschränkung der Freiheit eines jeden auf die Bedingung ihrer Zusammenstimmung mit der Freiheit von jedermann, insofern diese nach einem allgemeinen Gesetze möglich ist"[102]. Da aber „alles Recht von Gesetzen abhängt"[103], folgt für die Gesetzgebung daraus:

> „Ein öffentliches Gesetz ..., welches für alle das, was ihnen rechtlich erlaubt oder unerlaubt sein soll, bestimmt, ist der Aktus eines öffentlichen Willens, von dem alles Recht ausgeht, und der also selbst niemand muß unrecht tun können. Hiezu aber ist kein anderer Wille als des gesamten Volks (da alle über alle, mithin ein jeder über sich selbst beschließt) möglich; denn nur sich selbst kann niemand unrecht tun. Ist es aber ein anderer, so kann der bloße Wille eines von ihm Verschiedenen über ihn nichts beschließen, was nicht unrecht sein könnte; folglich würde sein Gesetz noch ein anderes Gesetz erfordern, welches seine Gesetzgebung einschränkte, mithin kann kein besonderer Wille für ein gemeines Wesen gesetzgebend sein."

Für die Mitwirkung an dieser Gesetzgebung stellt Kant über die Verfassungsprinzipien menschlicher Freiheit und gleicher Gesetzesunterworfenheit noch einen zusätzlichen Grundsatz auf: den der

[101] Kant, Über den Gemeinspruch: Das mag in der Theorie richtig sein, taugt aber nicht für die Praxis, II. Vom Verhältnis der Theorie zur Praxis im Staatsrecht (gegen Hobbes), II, AA VIII 289.

[102] Ebd. S. 289 f.; vgl. MdS Einl. in d. Rechtsl. § B = AA VI 230.

[103] Gemeinspruch (N 101), 294 f.; hier auch das folg. Zit. Vgl. MdS AA VI 313 f.

bürgerlichen Selbstständigkeit. Aus der Kombination von Freiheit und Gleichheit im Sinne gleicher Freiheit soll folgen, dass Mitgesetzgeber nur sein könne, wer sein „eigener Herr", also von keiner anderen (Privat-)Person abhängig sei wie etwa der Lohnarbeiter oder ein Hauslehrer im Unterschied zum Dorflehrer. Mit dieser, wie Kant selbst einräumt, schwierigen (und zudem dezidiert undemokratischen) Unterscheidung hat Kant Kritik herausgefordert, sich auch manchen Spott zugezogen.

Die Hauptbedenken gegen Kants Auffassung der Volksgesetzgebung sind indes prinzipieller Art. Schon früher haben wir gehört (§ 13 I), dass Kant den „ursprünglichen Kontrakt" eine „Idee der Vernunft" genannt hat. Die Gesetzgebung durch den „vereinigten Willen aller" erscheint folglich als ein „platonisches Ideal" (AA VII 91). Es sind dies also zwar vernunftnotwendige Gedanken, um „die Zwangsordnung des Staates als rechtmäßig vorzustellen", aber damit eben nur ein Stück rechtsphilosophische Transzendentallogik. Auch Kants Republikanismus bleibt letztlich eine Theorie des Als-ob. Kant hat dieses Prinzip namentlich in seiner Schrift zum ewigen, d . h. *strukturell* dauerhaften Frieden verfochten, in einem „philosophischen Entwurf", dessen Begriff den Versuch bezeichnet, eine mögliche Wirklichkeit aus zwingenden Vernunftgründen vorzudenken. Gemeint ist mit Republikanismus „das Staatsprinzip der Absonderung der ausführenden Gewalt (der Regierung) von der gesetzgebenden" im Gegensatz zum Despotismus, in dem der Regent die selbst gegebenen Gesetze auch selbst vollzieht, der Staatswille m. a. W. als „Privatwille" des Herrschers gehandhabt wird (1. Definitivart.). Die von den Herrschaftsformen (Monarchie, Aristokratie, Demokratie) unterschiedene republikanische „Regierungsart" der Gewaltenteilung nennt Kant auch „repräsentativ". Denn mit der Trennung der Gewalten entsteht ein System von Zuständigkeiten – „Würden" mit bestimmten „Funktionen", wie Kant sagt (MdS AA V I 315 f.) –, die nicht mehr als Privatangelegenheiten, sondern nur noch nach bestimmten Regeln der Vertretung als Aufgaben für das Ganze wahrgenommen werden können. Eine solche Handhabung staatlicher Funktionen nach dem Amtsprinzip erscheint aber bei entsprechender innerer Einstellung der Herrschenden auch in Monarchien oder Aristokratien möglich. Friedrichs II. Ausspruch, er sei bloß der oberste Diener des Staats, dient Kant als Beleg, dass jene Herrschaftsformen wenigstens „eine dem *Geiste* eines repräsentativen Systems gemäße Regierungsart" anzunehmen vermögen. Daher schließt er im 1. Definitivartikel zum ewigen Frieden:

„Je kleiner das Personale der Staatsgewalt (die Zahl der Herrscher), je größer dagegen die Repräsentation derselben, desto mehr stimmt die Staatsverfassung zur Möglichkeit des Republikanism, und sie kann hoffen, durch allmähliche Reformen sich dazu endlich zu erheben."

Damit gelangt Kant im Traktat *Zum ewigen Frieden* von der „republikanischen Verfassung", wie sie „aus dem reinen Quell des Rechtsbegriffs entsprungen" ist, ganz ebenso zur Wirklichkeit der preußischen Monarchie seiner Zeit wie in der *Metaphysik der Sitten.* Beginnt doch das Staatsrecht dort bei der Idee der gesetzgebenden Gewalt des Volkes, wie sie nach reinen Rechtsprinzipien sein soll, um bei der Gesetzgebung des Staatsoberhauptes zu enden, gegen die kein Widerstand zulässig sei, weil das den Rechtszustand aufheben würde (MdS AA VI 318 ff.). Als Hoffnung erscheint die Möglichkeit einer Reform von oben (ebd. 321 f.). Der grundlegende Gedanke der Freiheit des Einzelnen in der staatlichen Zwangsordnung, die „aus seinem eigenen gesetzgebenden Willen entspringt" (ebd. 316), bleibt für die Praxis ein „Als ob" und ein Beurteilungskriterium von verhältnismäßig geringer Tragweite. Jene Idee der Vernunft „verbindet" den gegebenen Gesetzgeber nämlich nur moralisch,

„daß er seine Gesetze so gebe, als sie aus dem vereinigten Willen eines ganzen Volkes haben entspringen *können,* und jeden Untertan, sofern er Bürger sein will, so anzusehen, als ob er zu einem solchen Willen mit zusammengestimmt habe. Denn das ist der Probierstein der Rechtmäßigkeit eines jeden öffentlichen Gesetzes. Ist nämlich dieses so beschaffen, daß ein ganzes Volk *unmöglich* dazu seine Einstimmung geben könnte (wie z. B. daß eine gewisse Klasse von *Untertanen* erblich den Vorzug des Herrenstandes haben sollten), so ist es nicht gerecht; ist es aber *nur möglich,* daß ein Volk dazu zusammenstimme, so ist es Pflicht, das Gesetz für gerecht zu halten: gesetzt auch, daß das Volk jetzt in einer solchen Lage oder Stimmung seiner Denkungsart wäre, daß es, wenn es darum befragt würde, wahrscheinlicherweise seine Beistimmung verweigern würde" (*Gemeinspruch,* AA VIII 297).

Diese Repräsentationstheorie gilt im Übrigen nur für die rein „rechtliche Gesetzgebung". Sie betrifft weder die „Veranstaltungen" und „Anordnungen" der „Politik" noch die der öffentlichen Wohlfahrt (der „Glückseligkeit") dienenden Gesetze, welche über besondere Fälle in stets abänderbarer Weise entscheiden, demzufolge Sache der Regierung sind und so eigentlich nur Verordnungen und Dekrete heißen dürften. Insoweit „kann gar kein allgemeingültiger Grundsatz für Gesetze" gegeben werden.[104] Sie vermag die Vernunft a priori nur

[104] Gemeinspruch (N 101), AA VIII 298. Hierzu u. zum Folg. mit weit. Nachw. Hofmann, Allgemeinheit des Gesetzes (N 36), S. 275.

als Mittel im Dienste der Rechtsverfassung zu begreifen und zu rechtfertigen. So ergibt sich für die „Dekrete", welche „nur den Mechanism der Rechtsverwaltung" bezwecken – wir würden sagen: für die Organisations- und Verfahrensnormen –, lediglich dies, dass sie aus der „Erfahrenserkenntnis der Menschen" zu ziehen und jederzeit nach Zweckmäßigkeit dem Rechte angepasst werden müssen. Und für alle staatliche Sozialgestaltung gilt – Kant spricht insoweit übrigens von gesetzlichen „Maßregeln" –, dass sie nach reinen Vernunftgesetzen nur als „Mittel" zu rechtfertigen sind, „den *rechtlichen Zustand*, vornehmlich gegen äußere Feinde des Volkes zu *sichern*". Kant illustriert dies mit dem Hinweis, dass „Wohlhabenheit des Volkes" auch die Verteidigungskraft des Staates stärkt. Unmittelbar der Rechtsidee entsprechen dagegen nur diejenigen Gesetze, welche Freiheit und Gleichheit garantieren. Nur wo es um die Einschränkung der Freiheit des Einzelnen im Verhältnis zur Freiheit des anderen, genauer also um den „durchgängigen wechselseitigen Zwang" (allenfalls noch um gewisse Erscheinungen der austeilenden Gerechtigkeit) geht, handelt es sich demnach um reine Vernunftfragen des Rechts. Weil nur durch solche reine Rechtsgesetze, d. h. a priori notwendige Gesetze, die Autonomie eines jeden Einzelnen unmittelbar berührt wird, ist im Prinzip auch nur insoweit die Einstimmung des Einzelnen und damit Gesetzgebung allein durch den vereinigten Willen des Volkes zu postulieren. Hier liegt letztlich auch der Grund dafür, dass das Rechtsgesetz allgemein sein muss. Denn nach dem Prinzip der gleichen Freiheit aller kann die Willkür des einen mit der des anderen nur vereinigt werden durch staatliche („öffentliche") Zwangsgesetze, welche trotz des Zwanges dem Prinzip der Freiheit als gleicher Freiheit aller nicht widersprechen, weil sie die Freiheit in einer die menschliche Vernunft überzeugenden, insofern zwingenden und damit allgemeingültigen Weise allein um der Freiheit willen einschränken. Kants Definition des Rechts als allgemeine Koexistenzordnung individueller Freiheiten meint folglich nicht nur die „Form der Allgemeinheit" i. S. der Generellität und Abstraktheit einer unpersönlichen Regel, sondern im Kern eine unbedingte, objektive und mithin allgemein gültige Notwendigkeit der Freiheitsbeschränkung um der Freiheit willen. Der Punkt, in dem der gesetzgebende Wille aller übereinstimmt, ist bei Kant mithin nicht wie bei Rousseau der republikanische Patriotismus tugendhafter Bürger, sondern – nach Tansformation des moralischen Problems in ein kognitives – die Einsicht in das Vernunftnotwendige. Und da diese nicht für jeden und in allen Fällen leicht zu gewinnen ist, genügt die staatliche Gesetzgebung dem Allgemeinheitspostulat letztlich auch dann, wenn weder die Gesamtheit oder auch nur die Mehrheit der Bürger oder wenigstens die Mehrheit einer repräsentativen Versammlung zugestimmt hat noch die Vernunftnotwendigkeit nach dem Prinzip der Freiheit erwiesen ist, sondern bloß kein eklatanter Widerspruch zu den Vernunftprinzipien der Freiheit und Gleichheit sich zeigt.

§ 27 Von der tugendhaften Regierung zum verfassungsmäßigen Gesetzgeber

I. Schwerpunktverlagerungen

Einer der Meilensteine in der Entwicklung des neuzeitlichen politischen Denkens ist das Büchlein des viel gerühmten und noch mehr geschmähten Niccolò Machiavelli über den *Fürsten* (1513, erster Druck 1532). Schon mit dem ersten Satz räumte der amtsenthobene Florentiner Staatsmann die traditionellen Einteilungen der Lehre von den Herrschaftsformen beiseite: „Alle Staaten … sind entweder Republiken oder Monarchien." Geradezu ausgelöscht hat dieser den Monarchien und deren Herrschaftstechniken zugewandte politische „Realismus" die älteste einschlägige Zweiteilung, nämlich die ethische Unterscheidung von guten und schlechten Regierungen. So hatte Platon nach dem ethischen Kriterium der Rechtstreue gegenüber Gesetz und Vätersitte die Monarchie von der Tyrannis, die Aristokratie von der Oligarchie und die Demokratie von der Herrschaft des Pöbels (Ochlokratie) geschieden (*Politikos* 301a ff., 302b 4 ff.). Diese Unterscheidung von guten und schlechten, weil in ihrer Praxis gerechten oder ungerechten Regierungen – damit nehmen wir unsere Überlegungen in § 26 I wieder auf – stellt die Leitungsgewalt als solche nicht infrage, problematisiert nicht die naturwüchsige Einheit von politischer Gesellschaft und Führung, von Haupt und Gliedern, hat nichts mit Begründung und Rechtfertigung von Herrschaft an sich zu tun. Wenn Platon und Aristoteles mit ihrer politischen Philosophie auf die in der Sophistik aufbrechende „Legitimitätskrise" der antiken Polis antworten, so geht es um die Erschütterung des Ethos der Vätersitte, also um eine Orientierungskrise der politischen Leitungsgewalt, nicht darum, dass politische Herrschaft als solche infrage gestellt worden wäre und nun der Begründung und Rechtfertigung bedurft hätte. Die antike Selbstverständlichkeit von Herrschaft erscheint bei Thomas von Aquin wieder als natürliche Notwendigkeit einer einheitlichen Leitungsgewalt in allem Vielgliedrigen. In dieser expliziten Form hat er jene Anschauung der Politischen Theologie des Mittelalters als Einsicht schon der natürlichen Vernunft vermittelt (*Über die Herrschaft der Fürsten* I 1). Und wie bei den antiken Vorbildern betrifft auch bei ihm die Rechtsfrage allein die Praxis der Herrschaft: Die Regierung ist gerecht, wenn sie ihr Handeln am Gemeinwohl orientiert, und sie ist ungerecht, wenn sie das nicht tut. Die Frage nach der Etablierung von Herrschaft aber bleibt eine Frage metaphysischer und theologischer Weltdeutung und ein Thema der Mythologie. Erst die Selbstvergewisserung des Menschen im Horizont einer nachchristlich-nachmetaphysischen Weltlichkeit, die Selbstreflexion des Einzelnen, der seine Herkunft nicht mehr aus der Ganzheit einer Polis ableitet, schafft die Basis, von der aus diesseits von Mythen und Legenden, Dogmen und Metaphern in einer systematischen Weise nach Begründung und Rechtfertigung von Herrschaft gefragt werden kann, wegen der potenziell selbstzerstörerischen Dynamik des neuen Freiheitsgedankens aber auch gefragt werden muss (vorne § 25 III).

In einer prinzipiellen Weise theoretisch rechtfertigungsbedürftig wird die öffentliche Gewalt freilich noch aus einem anderen Grund, der in der Entstehung des modernen Staates liegt. Charakteristisch für die Heraufkunft dieser flächendeckenden und versachlichten Form politischer Herrschaft aus den sozialen und wirtschaftlichen Veränderungen des Spätmittelalters (wie namentlich der Bevölkerungsvermehrung), dem Niedergang des Reiches, den blutigen Wirren der konfessionellen Bürgerkriege und dem Gewinn überseeischer Besitzungen ist der Anspruch landesherrlicher Souveränität. Damit wird – in der Formulierung des französischen Theoretikers des souveränen Königtums Jean Bodin von 1576 (*De la République* I 8) – die höchste und von allen gesetzlichen Bindungen freie Gewalt über alle Untertanen reklamiert. Dem Anspruch nach bedeutet das zugleich den Ausschluss oder die Absorption aller anderen Herrschaftsrechte auf dem fürstlichen Territorium. Damit ist die Idee einer einzigen, einheitlichen und unteilbaren Staatsgewalt geboren, die, wie kein anderer, Hobbes modellhaft ausgearbeitet hat (vorne §§ 24 II u. 26 I). Sie impliziert die Vorstellung, dass alle Fragen des Zusammenlebens in der neuen, vergleichsweise weiträumigen politischen Welt letztlich von einem einzigen zentralen Punkt aus zu entscheiden seien und das – dem Anspruch nach – in einer planvoll-allgemeinen Weise. Das Gesetzgebungsrecht wird zum Kriterium der Souveränität. Die Vorstellung vom fürstlichen Gesetzgeber verdrängt das alte Leitbild des königlichen Richters. Diese Anmaßung zentraler Allzuständigkeit sprengte nicht nur die

Maße und Verhältnisse des antiken Stadtstaates, sondern auch die Welt feudal gestufter, polyzentrischer Ordnungen. Auch deswegen wurden neue theoretische Konstruktionen erforderlich. Die „Legitimitätsfrage" der Herrschaftsbegründung lässt sich daher auch als die „Innenseite der Souveränitätsfrage" verstehen.[105] Jene Innenseite wurde allerdings nicht nur vertragstheoretisch bearbeitet. So konkurriert mit Hobbes' absolutistischer Version des Herrschaftsvertrages die politische Theologie des barocken Gottesgnadentums, die – von der mittelalterlichen Demutsformel „Von Gottes Gnaden ..." weit entfernt – nicht minder radikal die Ausschließlichkeit und Unwiderstehlichkeit jedweder Staatsgewalt als Ausfluss der göttlichen Majestät behauptete. Wie bei Hobbes vertragliche Selbstverpflichtung nebst individueller Machtübertragung die unbedingte Maßgeblichkeit der Befehle des „sterblichen Gottes" „Leviathan" begründet, ist es hier, bei J. B. Bossuet etwa, dem Hoftheologen Ludwigs XIV., die den französischen Staat kirchenamtlich vergottende „Religion der zweiten Majestät", die allen Herrschaftsakten des Souveräns über das Prinzip des Gottesgehorsams kategorische Verbindlichkeit sichert.[106] Gegen alle ständischen Mitspracherechte setzt der protestantische wie der katholische Absolutismus den Herrscher in ein ursprüngliches Recht einseitiger Entscheidung. Zudem „entlasten" beide theoretischen Versionen absolutistischer Herrschaft die Regierungspraxis – wenn auch nicht von individuellen Gewissensfragen, so doch von der öffentlich-politischen Frage, ob sie sittlich gut und ob das herrscherlich gesetzte Recht – in Kants Formulierung der Frage (§ 1) – auch „recht" sei. Das substanzielle Problem der Gerechtigkeit des Rechts schrumpft innerhalb des so oder so, vertragstheoretisch oder theologisch, legitimierten Systems zur formalen Frage der Geltung.

Im Gegensatz zu diesen absolutistischen Radikallösungen suchen die liberalen, demokratischen und rechtsstaatlichen Versionen der Urvertragsidee den Rechtfertigungsgedanken der Willensvereinigung, des Konsenses, als Prinzip einer die individuelle Selbstbestimmung kollektivierenden allgemeinen Gesetzgebung (§ 26) über den Urakt hinaus auch innerhalb des so gestifteten Rechtssystems zu erhalten. Und solange solche Versuche andauern, bleiben Rechtfertigungslehren der Herrschaft und Rechtsgeltungstheorien in einer Gemengelage. Erst die Ausarbeitung der Idee des Verfassungsstaa-

[105] M. Kriele, Einführung in die Staatslehre, [6]2003, S. 19.

[106] Dazu M. Landmann, Der Souveränitätsbegriff bei den französischen Theoretikern, 1896, S. 94 ff.

tes und das Theorem der verfassunggebenden Gewalt des Volkes bewirken wiederum eine klare Trennung – weitgehend jedenfalls. Die revolutionäre Idee der zweiten Hälfte des 18. Jh., Staaten auf ein einziges Gesetz als eine Art politischen Bau- und kollektiven Lebensplan zu gründen,[107] lenkt die Frage der Rechtfertigung staatlicher Gewalt auf die Hervorbringung dieses Fundamentalgesetzes, mithin auf die verfassunggebende Gewalt und ihr Subjekt wie auf die Strukturprinzipien solcher Grund- und Aufrisse politischer Architekturen. Gemäß der zentralen Idee der Freiheit und dem Postulat der Gesetzgebung aus dem vereinigten Willen des Volkes erschienen Garantien der individuellen Freiheit, nämlich Grundrechte, Volksvertretungen und Gewaltenteilung als die wichtigsten Elemente. Mit der Realisierung von Verfassungen, die schließlich voll der liberal-repräsentativdemokratischen Doktrin entsprechen, steht die Legitimität der Recht setzenden Instanz – in periodischen Wahlen nach allgemeinem Wahlrecht immer wieder erneuert – gänzlich außer Frage. Von dem, was die solcherart legitimierten Instanzen in einem offenen konstitutionellen Prozess unter dem Maßstab der Menschenrechte als Recht hervorbringen, kann man jetzt gewissermaßen ruhigen Gewissens sagen, dass es als Recht gilt, weil es in der Regel auch moralisch zumindest akzeptabel und in diesem bescheidenen Sinne gerecht sein wird,[108] in jedem Fall aber immer wieder korrigiert und verbessert werden kann. Und gerade dies sind gute Gründe für jene reflektierte gesellschaftlich-repräsentative Anerkennung der Verfassung als höchsten Maßstabs des Richtigen, die wohl allein so etwas wie Verbindlichkeit der Rechtsordnung zu begründen vermag (vorne § 11 II).

In dem Maße freilich, in dem die postulierte Einheit des Staates, seine gedachte Subjektivität, in der politischen Praxis einer pluralistischen Gesellschaft sich aufsplittert – in dem Maße, in dem die Gesetzgebung eines wieder eher polyzentral sich darstellenden politischen Systems die Züge einer korporativen „Einung" der verschiedenen Machtgruppen zurückgewinnt –, in eben diesem Umfang verliert die Vorstellung an Kraft, die Fragen nach Richtigkeit und Verbindlichkeit des staatlichen Rechts seien schon vorab durch die von den Individuen bewirkte Etablierung einer homogenen Gewalt in

[107] Dazu H. Hofmann, Zur Idee des Staatsgrundgesetzes, in: ders., Recht–Politik–Verfassung, 1986, S. 261 ff.; H. Mohnhaupt/D. Grimm, Verfassung, 1995.

[108] Dazu R. Dreier, Recht–Staat–Vernunft, 1991, S. 35 ff., 41.

einer legitimen Grundordnung gelöst. Es sieht so aus, als würde gegen die Idee einer zu eigenmächtigen Entscheidungen vorgängig ins Recht gesetzten Zentralgewalt das ständische Konsensprinzip fröhliche Urständ feiern, wonach Entscheidungen allemal der Zustimmung der Betroffenen oder deren Vertreter bedürfen (dazu Hofmann, *Repräsentation,* 202 f.). Und mit der Wiederkehr der Verhandlungslösungen scheint die Renaissance der Gerechtigkeitsphilosophie zu korrespondieren (s. §§ 30 ff.). Vielleicht ändert sich damit zugleich der Begriff der politischen Einheit: An die Stelle der Entfaltung aller Unterschiede aus einem einzigen Prinzip könnte (neuerlich) die Wechselbezüglichkeit des Verschiedenen treten. Das ist freilich kein Binnenproblem des Staates und der Staatslehre mehr. Die Frage der politischen Einheit stellt sich bei uns längst auf europäischer Ebene. Nach der Rechtsprechung des Europäischen Gerichtshofs relativiert die Europäische Union die staatliche Einheit ihrer Mitglieder durch das, was ehedem deren spezifische Rechtsgrundlage war, nämlich eine gemeinsame Verfassung, ohne doch selbst Staat zu sein. Einen „Staaten*verbund*" hat das Bundesverfassungsgericht diese Union in aller wünschenswerten Unklarheit genannt (E 89, 155/188) – mit einem Ausdruck, der aus Technik und Verkehrswesen stammt. Das ist wohl kein Zufall.

II. Freiheitssicherung durch Gewaltenteilung

Unterschiedliche Vorstellungen von Einheit prägen auch die Behandlung des Herzstücks freiheitssichernder Rechtsstaatlichkeit: die Lehre von der sog. Gewaltenteilung. Locke hat das Prinzip, wir sprachen davon (§ 26 II), gegen den Hobbes'schen *Leviathan* eingeführt. Kern seiner Doktrin in der *Zweiten Abhandlung über die Regierung* (II §§ 134 ff.) ist die Unterscheidung von Legislative und Exekutive. Denn hauptsächlich ging es ja darum, die wirklichen Machtmittel des Staates als bloßen Vollzugsapparats dem gesetzlichen Willen des Parlaments zu unterwerfen. Bändigung der staatlichen Zwangsinstrumente durch Bindung an Beschlüsse einer gesonderten Einrichtung, deren Entscheidungsgewalt ihrerseits aller Durchsetzungsmittel entbehrt, ist ein altes Rezept der Mäßigung politischer Macht. Für dessen gegenläufige Verwendung – Fernhalten der im gesetzgebenden Rat konkurrierenden Geschlechter von allen Machtmitteln einer fremden, bloß auf Zeit gemieteten Exekutive – bieten die Podestà-Verfassungen mittelalterlicher italienischer Kommunen bis ins Skurrile reichende Beispiele (dazu Hofmann, *Repräsentation,* 202f.). Die Justiz erscheint in diesem Modell nicht als eigenständige Gewalt, sondern als ein Teil des Gesetzesvollzugs. Auch bei Locke tritt als dritte eine andere, nämlich die von ihm so genannte „föderative Gewalt" über Krieg, Frieden und Bündnisse hinzu. Bei dieser „auswärtigen Gewalt", wie wir heute sagen, handelt es sich nach Locke in Wahrheit um einen nicht durch die Gesetzgebung gebundenen Teil der Exekutive. Dieser werden zudem (wenn auch nicht unter dem Namen einer eigenen Gewalt) im Kontrapunkt zur Legislative als „höchster" (allerdings durch das Widerstandsrecht des Volks begrenzter) Gewalt ergänzungsweise besondere Notstandsbefugnisse („Prärogative") zugeschrieben.

Sonderlichen Erfolg hatte Locke mit dieser wenig durchsichtigen Gewaltenteilungslehre jedoch nicht. Den Ruhm heimste ein Nachfolger ein: Montesquieu – schon wegen der Magie der Dreizahl und dank einiger Missverständnisse. Tatsächlich nennt der Verfasser des *Geistes der Gesetze* eingangs des berühmten Kapitels über die Verfassung Englands (Buch XI Kap. 6) die klassische Gewaltentrias von Gesetzgebung, Vollzug und Justiz. Aber dieses Grundmuster der Staatsfunktionen war längst bekannt. Seit dem ausgehenden 13. Jh. lagen die einschlägigen Partien der aristotelischen *Politik* (Buch IV Kapp. 14–16) in lat. Übersetzung vor. Außerdem entwickelt Montesquieu seine Lehre von der Gewaltenteilung ja gar nicht aus dieser Unterscheidung. Vielmehr spricht er der richterlichen Gewalt die Eigenständigkeit sowohl institutionell wie funktionell gleich wieder ab: Die Gerichtshöfe dürften keine ständigen Einrichtungen sein und ihre Urteile nicht mehr als „eine genaue Formulierung des Gesetzes". Seine Wendung vom Richter als bloßem „Mund des Gesetzes" hat Schlagwortberühmtheit erlangt. Statt von Gesetzgebung, Vollzug und Justiz ist dann ziemlich unvermittelt von drei anderen Gewalten die Rede:

> „Dies ist die verfassungsmäßige Grundordnung der Regierung, von der wir handeln: die gesetzgebende Körperschaft aus zwei Teilen zusammengesetzt, deren jeder den anderen durch ein wechselseitiges Vetorecht bindet. Beide sind gebunden durch die vollziehende Gewalt, die es ihrerseits wieder durch die Gesetzgebung ist. – Aus diesen drei Gewalten (sic) müßte ein Zustand der Ruhe oder Untätigkeit hervorgehen. Aber da sie durch die notwendige Bewegung der Dinge gezwungen sind, fortzuschreiten, werden sie genötigt sein, dies gemeinsam zu tun."

Zweck dieser Konstruktion wechselseitiger Einschränkung ist die Freiheit im Sinne der Verhinderung von Übermacht durch das Ausbalancieren von Machtpositionen. Freiheit wird hier weder nur programmatisch postuliert noch in einzelnen individuellen Rechten gedacht und ausgemünzt, sondern als Produkt, als Funktion einer klugen Staatsorganisation dargestellt. Und diese Organisation besteht weniger in einer Teilung der Staatsgewalt als in einer Verschränkung, einer alle Alleingänge verhindernden Integration der vorhandenen politischen Mächte: des Königtums, des Adels mit seinen Vorrechten, der im Oberhaus erscheint, und der Bürgerschaften, die mit ihren Abgeordneten eine zweite Gesetzgebungskammer bilden. Montesquieu pointiert und idealisiert hier im Sinne der zeitgenössischen englischen Opposition den konkreten historischen Fall einer Gewaltenverschränkung, wie ihn auch Locke schon zum Muster genommen hatte. Und obwohl nicht besitzindividualistisch gedacht, durchstimmt der Freiheitsgedanke die Gewaltenverschränkung nach Montesquieu klarer als bei Locke, weil das System einen Zustand der Selbstregulierung kraft des dynamischen Gleichgewichts von Wirkung und Gegenwirkung darstellt, der sich deutlicher und in einer attraktiveren Weise vom traditionellen Typus der einseitig-autoritär, allein durch Befehl, Zwang und Gehorsam bewirkten Ordnung abhebt. Damit musste der Autor geradezu Erfolg haben, faszinierte diese Balancevorstellung vom Gleichgewicht der Kräfte seit Newtons Physik die Geister doch auch in Ökonomie und Politik über Generationen. Montesquieu aktualisierte damit die von dem stoischen Geschichtsschreiber Polybios (201–120) gestiftete Lehre von der gemischten Verfassung, d. h. der durch Kombination monarchischer, aristokratischer und demokratischer Elemente moderierten und stabilisierten Herrschaftsordnung. Das Gesetz trägt in diesem Gleichgewichtsmodell den Charakter eines politischen Paktes oder Ausgleichs zwischen den Mächten. Es bindet die Exekutive nicht kraft seiner besonderen normativen Qualität, sondern über die Selbstverpflichtung der monarchischen Exekutive als Mitgesetzgeber. Gleichzeitig gewinnt die Verfassung als Rahmen oder Bauplan des Ganzen fast zwangsläufig einen gewissen Vorrang – zumal dann, wenn die Staatsgewalten anders als im traditionellen *regimen mixtum* Englands nicht historisch gewachsen sind, sondern erst konstituiert, legitimiert und einander zugeordnet werden müssen. Das traf bei der Gründung der USA zu. So konnten die nordamerikanischen Rebellen aus dem Werk des französischen Barons, der für die ständische Opposition des Adels gegen die absolute Monarchie stand, für sich eine neue Lehre ziehen: Legislative, Exekutive und Judikative sind streng zu trennen und zu verselbstständigen, die Gesetzgebungskompetenz außerdem zu teilen und das Ganze als ein System von *checks and balances* zu begreifen.

Diesem „amerikanischen" Muster der aufklärerischen Gewaltenteilungslehre tritt ein „französisches Modell" gegenüber, das die bürgerlichen Revolutionäre Frankreichs nebst Locke vor allem einem Genfer Stadtbürger verdanken: Rousseau und dessen republikanischer „Herrschaft des Gesetzes". Die beiden Versionen korrespondieren übrigens mit den zwei verschiedenen Begriffen von Freiheit und Selbstbestimmung samt den beiden unterschiedlichen Vorstellungen von den Prinzipien gesellschaftlichen Fortschritts, über die wir schon gesprochen haben (§ 26 I). Im Synkretismus der heutigen deutschen Staatsrechtslehre laufen die beiden Muster gewöhnlich unreflektiert ineinander.

Rousseaus Herrschaft des Gesetzes zielt im Gegensatz zu Montesquieus Gleichgewichtssystem auf eine Hierarchie getrennter Staatsgewalten kraft der kollektivierten vernünftigen Selbstbestimmung der Einzelnen. In der praktischen Nutzanwendung durch die Französische Revolution hieß das: Überordnung einer neu gebildeten, prinzipiell einheitlichen, auf allgemeinen Wahlen beruhenden Legislative über die vorhandene monarchische Vollzugsmacht. Seine Rechtfertigung bezieht dieses Hierarchiemodell der Gesetzesherrschaft aus der unterstellten normativen Qualität des Gesetzes: Es bindet die anderen Staatsgewalten als Ausdruck des Gemeinwillens. Vorausgesetzt wird dabei: 1. die Fähigkeit des Individuums, die alle betreffenden Angelegenheiten vernünftig, d. h. frei von individuellen Sonderinteressen zu beurteilen; 2. die institutionelle Möglichkeit, individuelle Selbstbestimmung durch reale oder virtuelle Beteiligung an der Regelung der alle betreffenden Angelegenheiten zu kollektivieren; 3. der gemeinsame Glaube an eine Ordnung nach abstrakten Regeln. – Unter diesen Voraussetzungen vermitteln die allgemeinen Gesetze den anderen Staatsgewalten stets auch etwas von der Rechtfertigung aller Staatsakte aus der Vereinigung der Willen aller.

In dieser Ordnungsvorstellung dominiert, was Max Weber den „okzidentalen Rationalismus" genannt hat: die Gleichsetzung von Vernunft und Ordnung mit allemal vorgängigen personen- und situationsunabhängigen und in diesem Sinne generellen und abstrakten Maßstäben des Denkens, Urteilens und Handelns. Die Allgemeinheit des Gesetzes ist damit unumgänglich zugleich legitimitätsbegrenzende innere Schranke wahrer Gesetzgebung. Verfassungsrechtlich kann und darf das Allgemeinheitspostulat indes nicht fixiert werden, da die Legislative in diesem Hierarchiemodell doch zugleich als höchste politische Entscheidungsinstanz fungiert. Mehr noch: Wegen dieses Vorrangs des demokratischen Gesetzgebers ist diesem Modell

– was in dem Konzept eines Balance-Systems keine prinzipiellen Schwierigkeiten macht – die Möglichkeit einer übergeordneten verfassungsgerichtlichen Normenkontrolle grundsätzlich fremd. Der französische Gesetzeskult hat eine solche Gerichtsherrschaft über die Nationalversammlung denn auch lange verhindert und hemmt sie bis heute. Nach welchen Kriterien sollte ein Gericht Gesetze kontrollieren, wenn diese wirklich Ausdruck des souveränen Willens der Nation sind? Andererseits ist der konstitutionelle Gesetzgeber eines republikanischen Systems in Wahrheit nicht souverän und darf es nicht sein. Auch er ist der verfassungsrechtlichen Machtverteilung und Machtbeschränkung unterworfen. Die Verfassung aber kann als feste Ordnung nur fungieren, „wenn sie die Revolution zum fernen Ursprungsmythos verklärt“[109]. Folglich muss der die Legislative, und d. h.: das ganze hierarchische System, tragende Grund unter dem Namen der Volkssouveränität und der verfassunggebenden Gewalt des Volkes *(pouvoir constituant)* als potenziell revolutionär aus dem System der konstituierten Gewalten *(pouvoirs constitués)* hinaus in den Bereich des Virtuellen, d. h. des Nicht-Aktuellen, wenn auch der Kraft und Möglichkeit nach beständig Anwesenden, verlegt werden. Anders würde die Gewaltenteilung ja den Sinn von Beschränkung und Rationalisierung der Macht verlieren.

Kant schließlich hat beide Modelle der Gewaltenteilung relativiert. In der *Metaphysik der Sitten* hatte er das aristotelisch-montesquieusche Dreierschema aufgenommen (AA VI 313). Der Erste Definitivartikel zum ewigen Frieden folgt mit der republikanischen Absonderung der Ausführung von der Gesetzgebung sehr entschieden Rousseau. Indessen wird das Prinzip institutioneller Sonderung von Staatsfunktionen durch den Als-ob-Gedanken repräsentativen Handelns „im Geiste“ der Gewaltenteilung so oder so in die Schwebe gebracht (vorne § 26 IV). Heinrich von Kleist hat dem Versuch solcher Repräsentation ohne institutionelle Gewaltenteilung mit seiner Figur des Großen Kurfürsten in dem nur noch traumhaft sich lösenden Drama des „Prinzen von Homburg“ zu bühnenwirksamer Anschaulichkeit verholfen.[110]

[109] U. K. Preuß, Zu einem neuen Verfassungsverständnis, in: Auf der Suche nach der gerechten Gesellschaft, hg. v. G. Frankenberg, 1994, S. 103 (124).

[110] Dazu H. Hofmann, Individuum und allgemeines Gesetz. Zur Dialektik in Kleists „Penthesilea“ und „Prinz von Homburg“, in: Verfassungsrechtliche Perspektiven (N 36), S. 297 (314 ff.).

Drittes Kapitel
Kritik der abstrakt-individuellen Freiheitsphilosophie des Rechts

§ 28 Hegel: Der Staat als Wirklichkeit konkreter Freiheit

I. Noch einmal: die Frage der Gewaltenteilung

Auch Hegel hatte seine Schwierigkeiten mit der Gewaltenteilungslehre.[111] Sie hängen mit seiner für ihn zentralen staatsphilosophischen Kritik des Individualismus der vertragstheoretischen Begründung von Staat und Recht zusammen. Ihm schien das eine Verabsolutierung partikulärer Freiheit mit zerstörerischen Konsequenzen für die Einheit des Staates und zugleich als Herabwürdigung von dessen sittlichem Charakter des guten und richtigen Lebens in umfassender Gemeinschaft zu einem Produkt privater Nützlichkeitserwägungen. Anders als in der bürgerlichen Gesellschaft ist in Hegels Staat das „Interesse der Einzelnen als solcher" nicht der letzte Zweck der Vereinigung. Er kann mithin auch nicht im Schutz von Eigentum und persönlicher Freiheit gesehen werden. Hegel reformuliert den alten aristotelischen Gedanken der logischen Priorität der Polis vor den Einzelnen, wenn er die Individuen als bloße Momente des im Staat verwirklichten Selbstbewusstseins begreift. Wenn aber das Individuum nur als „Glied" der Geistigkeit des Staates selbst „Wahrheit" hat, dann kann die Zugehörigkeit zu ihm keine Frage subjektiven Beliebens und der Staat nicht Hervorbringung des willkürlichen Vertragsschlusses Einzelner zu individuellen Zwecken sein (*Rechtsphilosophie* [Rph] §§ 75, 258 mit Zusätzen). Allerdings bestehe das Wesen des modernen Staates gerade darin, „das Allgemeine ... mit der vollen Freiheit der Besonderheit und dem Wohlergehen der Individuen (zu verbinden)". Erst die Verschmelzung dieser Momente lässt den

[111] Dazu C. Cesa, Entscheidung und Schicksal: Die fürstliche Gewalt, in: Hegels Philosophie des Rechts, hg. v. D. Henrich u. R.-P. Horstmann, 1982, S. 185 ff.; L. Siep, Hegels Theorie der Gewaltenteilung, in: Hegels Rechtsphilosophie, hg. v. H.-Chr. Lucas u. O. Pöggeler, 1986, S. 387 ff.

Staat als „wahrhaft organisiert" erscheinen (Rph § 260 Zus.). Unter diesem Gesichtspunkt notwendiger Einheit der wechselseitigen Durchdringung von Allgemeinheit und Besonderheit, der sich gegen die angeblich ganz äußerliche und desintegrative Mechanik verselbstständigter Teile wendet, ist die Gewaltenteilungslehre auch oder gerade für Hegel von ebenso zentraler wie kritischer Bedeutung.

In Übereinstimmung mit Montesquieu scheidet auch dessen Bewunderer Hegel die Justiz aus dem Kreis der eigenständigen Staatsgewalten aus. Er verweist sie als eine bloße äußerliche Funktion des Staates, nämlich als „Anwendung des Gesetzes auf den einzelnen Fall" zur Wahrung von Eigentum und persönlichen Rechten sowie der Strafgesetze, in den Bereich der „bürgerlichen Gesellschaft", d. h. in ein vom Staat ausdifferenziertes System vollständiger Ausbildung und Verfolgung aller Individualinteressen (Rph §§ 182 ff., 219 ff.). Als vermeintlich bloße Subsumtionstätigkeit werden die Aufgaben der Rechtspflege der „Regierungsgewalt", d. h.: als Gesetzesvollzug der Ausführung des Staatswillens, ein- und untergeordnet (Rph § 287). Das entspricht einer Tradition, die ebenso alt wie aus unserer heutigen Sicht unhaltbar ist (vorne § 5 III). Trotz dieser Reduktion operiert jedoch auch Hegel mit *drei* Gewalten des „politischen" (sic) Staates, der in seiner voll entfalteten Gestalt angeblich begriffsnotwendig konstitutionelle Monarchie sein muss. Deren Elemente werden indes nicht soziologisch wie bei Montesquieu als Königshaus, Adel und Bürgertum, sondern viel stärker verfassungsrechtlich, nämlich funktionell und institutionell bestimmt als:

> „a) die Gewalt, das Allgemeine zu bestimmen und festzusetzen, – die *gesetzgebende* Gewalt,
>
> b) die Subsumtion der *besonderen* Sphären und einzelnen Fälle unter das Allgemeine, – die *Regierungsgewalt,*
>
> c) die Subjektivität als die letzte Willsentscheidung, – die *fürstliche* Gewalt, in der die unterschiedenen Gewalten zur individuellen Einheit zusammengefaßt sind, die also die Spitze und der Anfang des Ganzen, der *konstitutionellen Monarchie,* ist" (Rph § 273).

Im Geiste Montesquieus preist Hegel die „notwendige Teilung der Gewalten" in ihrem richtigen Verständnis der Organisation einer „lebendigen Einheit" als „Garantie der öffentlichen Freiheit" (Rph § 272), verwirft das französische Modell der Unterordnung der vollziehenden Gewalt unter die Gesetzgebung und kritisiert die „abstrakte" Vorstellung „absoluter Selbständigkeit" der Gewalten, allerdings auch deren bloß negative, einander hemmende Entgegensetzung. Demgemäß soll jede Gewalt stets im Gesamtzusammenhang gesehen und selbst als „Totalität“ begriffen werden, insofern sie stets auch „die anderen Momente in sich wirksam hat“ (Rph § 272). Für die Regierungsgewalt, die als Exekutive stets Allgemeines und Besonderes vermittelt, wird das nicht weiter dargelegt. In der gesetzgebenden Gewalt verschränken sich bei Hegel ähnlich wie bei Montesquieu drei Momente zu einer dynamischen, die Exekutive einschließenden Einheit. Doch sind es hier nicht Monarch, Adel und Bürgertum, sondern Monarch, Regierung und die zwischen dem vielfältigen Volk und der Regierung vermittelnde Ständevertretung (Rph § 300). Dabei scheint die „Regierungsgewalt“ als die informierte und informierende Bürokratie jetzt plötzlich über den Vollzug hinaus ins Zentrum der Staatskonstruktion zu rücken:

> „In der gesetzgebenden Gewalt als Totalität sind zunächst die zwei anderen Momente wirksam, das *monarchische,* als dem die höchste Entscheidung zukommt, – die *Regierungsgewalt* als das mit der konkreten Kenntnis und Übersicht des Ganzen in seinen vielfachen Seiten und den darin festgewordenen wirklichen Grundsätzen sowie mit der Kenntnis der Bedürfnisse der Staatsgewalt insbesondere beratende Moment, – endlich das *ständische* Element.“

Durch das „ständische Element“ soll die Staatswillensbildung mit den „Ansichten und Gedanken der Vielen“, den „Interessen der besonderen Kreise und der Einzelnen“ vermittelt werden (Rph §§ 301 f.). Nach der Idee organischer Staatsorganisation kann das jedoch nur in einer gegliederten Weise geschehen, eben vermittels der Berufsstände der Ackerbauern, Handwerker, Fabrikanten und Händler sowie des sog. „allgemeinen“ Standes, der nach Hegel die „allgemeinen Interessen des gesellschaftlichen Zustandes zu seinem Geschäft (hat)“ (Rph §§ 303, 202–205), wie das nach Hegel bei den Staatsbeamten, Wissenschaftlern und Künstlern der Fall ist. Eine besondere Rolle soll in alledem den der fürstlichen Gewalt nahe stehenden Großgrundbesitzern zukommen, weswegen sich das ständische Element in eine Herrenkammer mit erblicher Mitgliedschaft und eine Abgeordnetenkammer zu teilen hat (Rph §§ 305 ff.). Die Abgeordneten „repräsentieren“ in einem „organisch vernünftigen Sinn“ die „bewegliche Seite der bürgerlichen Gesellschaft“, deren „wesentliche Sphären“ und „große Interessen“. Sie vertreten m. a. W. nicht die Einzelnen, weswegen Hegel von allgemeinen Wahlen wenig hält (Rph §§ 308, 311). In dieser Form ist das zeitgebunden und nur mehr von historischem Interesse. Das Thema der Vermittelung des Einzelnen und Besonderen in die politische Einheit freilich bleibt.

Damals wie heute (auch) philosophisch anstößig ist dagegen Hegels metaphysische These von der fürstlichen Gewalt als Anfang und Gipfel des Ganzen, genauer: die Behauptung der wesensgemäßen Realität der Souveränität und der Persönlichkeit des Staates in der Person des Monarchen als der „für sich abgesonderten, über alle Besonderung und Bedingung erhabenen Spitze" (Rph § 279). Wie angreifbar es war, die Vorstellung des Staates als vollkommener souveräner irdischer Selbstbestimmung des Menschen, dieses große „Ich will" mit einer bestimmten Person zu identifizieren, wusste Hegel natürlich. Unvernünftige Zufälligkeit dieser Verbindung von Geburt und Amt, mögliche Untauglichkeit des Monarchen und Freibrief für monarchische Willkür waren die Vorwürfe, gegen die er seine Konstruktion der Staatsarchitektur zu verteidigen suchte: Weder komme es auf besondere Charaktereigenschaften des Monarchen an noch gehe es um dessen Macht. Bei fester Konstitution, bei vollendeter Organisation insbesondere der Gesetzgebung sei nur ein Mensch erforderlich, der „Ja" sagt, mit seinem Namen unterschreibt, „den Punkt auf das i setzt" und damit die Spitze, die Unübersteigbarkeit der letzten Entscheidung markiert (Rph § 279 Zus., § 280 Zus.). Für die Vernunftnotwendigkeit des Übergangs vom Gedanken der „reinen Selbstbestimmung" des Menschen im Staat in die Unmittelbarkeit der physischen Existenz eines bestimmten einzelnen Menschen bemüht Hegel gar die Parallele zum alten ontologischen Gottesbeweis (des Anselm von Canterbury), wonach die höchste Vollkommenheit eines Wesens notwendig in dessen Existenz umschlage, weil es ohne sie nicht vollkommen wäre (Rph § 280). Aber solche Verstiegenheiten verdunkeln eher den Kern der Sache: Als Verkörperung der fürstlichen Gewalt scheint Hegel die Person eines Monarchen unverzichtbar, weil sie als Gestalt souveräner Selbstbestimmung und absoluter Selbstzweckhaftigkeit ideell alle Momente der Staatsgewalt in sich enthält, die – philosophisch gesehen – daraus hervor- und in sie zurückgehen (Rph § 275; *Enzykl. d. philos. Wiss.* § 542). Folglich verbürgt ihm jene Verkörperung „die Seelenhaftigkeit und das belebende Prinzip des Ganzen" (Rph §§ 275 Zus., 270 Zus., 272), die „wirkliche Einheit des Staates" (Rph § 281). Hegel redet über den Fürsten und die Staatsgewalten hier in einer ähnlichen Weise wie der von der Mystik geprägte deutsche Philosoph und Kirchenpolitiker Nikolaus von Kues 1442 über das Verhältnis von Papst und Kirchengewalt, Schöpfer und Schöpfung: *omnis potestas, quae est explicata in ecclesia, est in papa ut in principio causali complicatorie.* Alle Gewalt, bedeutet das etwa (dazu Hofmann, *Repräsentation,* 313 ff.), die in der Kirche geordnet entfaltet ist, ist im Papst als dem bewirkenden Anfang an der Spitze ungeschieden beisammen.

II. Recht – Moralität – Sittlichkeit

Hegels Staat darf, wie gesagt, nicht mit der bürgerlichen Gesellschaft verwechselt werden. Sonst erschienen bloß Sicherheit und Schutz des Eigentums, also die Interessen der Einzelnen als Zweck der Vereinigung. Beim Staat aber ist nach Hegel die

> „*Vereinigung* als solche ... selbst der wahrhafte Inhalt und Zweck, und die Bestimmung der Individuen ist, ein allgemeines Leben zu führen; ihre weitere besondere Befriedigung, Tätigkeit, Weise des Verhaltens hat dies Substantielle und Allgemeingültige zu seinem Ausgangspunkte und Resultate. – Die Vernünftigkeit besteht, abstrakt betrachtet, überhaupt in der sich durchdringenden Einheit der Allgemeinheit und der Einzelheit und hier konkret dem Inhalte nach in der Einheit der objektiven Freiheit, d. i. des allgemeinen substantiellen Willens und der subjektiven Freiheit als des individuellen Wissens und seines besondere Zwecke suchenden Willens – und deswegen der Form nach in einem nach *gedachten, d. h. allgemeinen* Gesetzen und Grundsätzen sich bestimmenden Handeln" (Rph § 258).

Hegel wird nicht müde, den Staat als „die Wirklichkeit der konkreten Freiheit" durch die Einheit wechselseitiger Durchdringung von Besonderheit und Allgemeinheit zu beschreiben:

> „Das Prinzip der modernen Staaten hat diese ungeheure Stärke und Tiefe, das Prinzip der Subjektivität sich zum *selbständigen Extreme* der persönlichen Besonderheit vollenden zu lassen und zugleich es in die *substantielle Einheit zurückzuführen* und so in ihm selbst diese zu erhalten" (Rph § 260).

Diese Rückführung soll man sich so vorstellen, dass die allgemeinen Angelegenheiten in diesem Staat von Rechts wegen zur eigenen besonderen Sache des Einzelnen werden. Und zwar so, dass die Erfüllung von individuellen Untertanenpflichten und die Besorgung der eigenen Geschäfte in dem durch vernünftige Institutionen öffentlicher Freiheit gestärkten Bewußtsein und Selbstgefühl, „Mitglied dieses Ganzen zu sein", von selbst oder bewusst zweckgerichtet zu Tätigkeiten für den Staat werden, der seinerseits deren Produkt ist (Rph §§ 260 f.). Die wechselseitige Durchdringung von Objektivem und Subjektivem, von Recht und Moral in einer konkreten Gemeinschaft, die Hegel Sittlichkeit nennt und als den „zur vorhandenen Welt und zur Natur des Selbstbewußtseins gewordene(n) Begriff der Freiheit" definiert (Rph § 142), bezeichnet die dritte und höchste Stufe der Entwicklung, in der der freie Wille als geistiges Prinzip der Selbstbestimmung seine Freiheit im Dasein entwickelt.

Die Darstellung dieses dritten Standpunkts, auf dem der freie Wille die Institutionen Familie, bürgerliche Gesellschaft und Staat als einander ergänzende Formen der Verwirklichung seiner eigenen Freiheit begreift, bildet folglich den dritten und letzten und bei weitem umfangreichsten Teil der Hegel'schen Rechtsphilosophie. Die voraufgehenden zwei Teile (in sich wieder – fast zwanghaft – je dreifach untergliedert) entfalten jene Entwicklung der Freiheit, die bis zur Vollendung auf dem Standpunkt der Sittlichkeit durchlaufen werden muss. (Den besten Überblick bietet Rph § 33 Zus.) Jene Entwicklung umfasst die beiden Stufen des Abstrakten Rechts und der Moralität, als deren höhere Einheit und Wahrheit dann die Sittlichkeit erscheint. Auf der ersten Stufe des von aller Bestimmtheit des Konkreten abstrahierten oder formellen Rechts findet der Wille seine Freiheit als Rechtsperson unmittelbar im Dasein einer Sache, die ihm gehört, oder in der vertraglichen Erwerbung und Veräußerung. Der moralische Standpunkt der Selbstreflexion und der Selbstbestimmung nach der Idee des Guten bestimmt die Rechtsperson zum moralischen Subjekt (das sich später auf der Ebene der Sittlichkeit zum Staatsbürger vollendet). Dies Schema ist allerdings nicht gleichgewichtig ausgefüllt. Zwar enthält der erste Teil eine Rechts- und der dritte Teil eine Staatslehre, der zweite indes nicht, wie eigentlich zu erwarten, eine ausgearbeitete Tugendlehre oder Ethik, sondern nur einen (allerdings umfangreichen) Abschnitt über die Idee des Guten und das Gewissen sowie im Übrigen mit „Vorsatz", „Schuld" und „Absicht", also mit Gesinnungsfragen, bloß die sozusagen innere Seite des Rechts, das seit dem 18. Jh. traditionell der Moral zugeschlagen wurde.

Bliebe anzumerken, dass Hegels dialektischer Dreischritt von These, Antithese und Synthese sich als spekulative Begriffsentwicklung aus der Sicht philosophischer Betrachtung versteht, nicht als eine Art von Rechts- oder Verfassungsgeschichte. Vielmehr sucht Hegel einen ahistorischen („vernünftigen") Begriff von Recht und Verfassung, der sich eben weder in juristischer Weise empirisch auf die bunte Fülle historischer Rechtsgestaltungen einlässt, noch aber abstrakt-naturrechtlich das „Gegenwärtige und Wirkliche" in einseitigem Räsonnement überfliegt, sondern jedes „Zeitliche und Vorübergehende" durch die Hereinnahme der Geschichtlichkeit in die Idee des Rechts als eines geistigen Aufstiegs überholt (Rph Vorrede).[112] Danach vollenden sich das Recht und dessen Philosophie im Begreifen der Vernünftigkeit des Staates und seiner Verfassung auf der höchsten Stufe der Entwicklung von Vielfalt. Diese Konsequenz kann dann institutionentheoretisch oder geschichtsphilosophisch gelesen werden. Die bekannteste Passage der Vorrede zur Rechtsphilosophie, der berühmt-berüchtigte Doppelsatz über das Verhältnis von Vernunft und Wirklichkeit, bietet beide Versionen. Die publizierte Fassung von 1821 gründet den Versuch, den Staat als ein in sich Vernünftiges „und d. h. dessen Einrichtungen als Verwirklichung der Freiheit zu begreifen und darzustellen“, auf die provozierende Feststellung: „Was vernünftig ist, das ist wirklich; und was wirklich ist, das ist vernünftig.“ In seiner *Enzyklopädie der philosophischen Wissenschaften* (§ 6) hat Hegel zur Verteidigung auf seine Unterscheidung von bloßer Erscheinung und Existenz einerseits und dem verwiesen, „was in sich wahrhaft den Namen der Wirklichkeit verdient“ (s. auch Rph § 270 Zus.). In dieser Differenz wird jener Entwicklungsgedanke sichtbar, den Hegel seinen Hörern 1819/20 mit der geschichtsphilosophischen Fassung des Doppelsatzes vorgetragen hat: „Was vernünftig ist, wird (sic) wirklich, und das Wirkliche wird (sic) vernünftig“ (Vorlesungsnachschrift, hg. v. D. Henrich, 1983, 51; dazu die Einl. d. Hg. 13 ff.).

Mit seinem berühmten Berliner Universitätskollegen Friedrich Carl von Savigny, dem großen Systematiker des Römischen Rechts und Begründer der „Historischen Rechtsschule“, der das Projekt eines „Allgemeinen bürgerlichen Gesetzbuches für Deutschland“ im Namen einer geschichtlichen Rechtswissenschaft vom stillen organischen Wachstum des Rechts aus dem Volksgeist verworfen hatte, verband Hegel infolgedessen (gegenseitige) Abneigung. Denn in Hegels Entwicklungstheorie spielte gerade die allgemeine Gesetzgebung (gegen das Festhalten geschichtlicher Erinnerungen durch die Romanisten: Rph § 211 Zus.) eine zentrale Rolle. Was an sich Recht ist, soll als Gesetz Gegenstand des Bewusstseins werden (Rph §§ 210 ff.) und kann es auch – gerade in einer Gesellschaft mit entwickelter Rechtskultur:

> „Einer gebildeten Nation oder dem juristischen Stande in derselben die Fähigkeit abzusprechen, ein Gesetzbuch zu machen – da es nicht darum zu tun sein kann, ein System ihrem Inhalte nach *neuer* Gesetze zu machen, sondern den vorhandenen gesetzlichen Inhalt in seiner bestimmten Allge-

[112] Dazu R. Bubner, Geschichtsprozesse und Handlungsnormen, 1984, S. 184 ff.

meinheit zu erkennen, d. i. ihn *denkend* zu fassen, mit Hinzufügung der Anwendung aufs Besondere –, wäre einer der größten Schimpfe, die einer Nation oder jenem Stande angetan werden könnte."

Da bei der gesetzgeberischen Rechtssetzung aber immer auch Zufälliges, Eigenwilliges, ja Gewalt und Tyrannei sich einmischen können, bleibt bei jedem Gesetz der Zweifel an dessen Vernünftigkeit – als eine philosophische „Querfrage" gegenüber der „historischen Wissenschaft" der Rechtspositivisten (Rph §§ 3, 29, 212).

III. Kritik der Kritik: Verstaatlichung der Subjektivität?

Hegels Staat erscheint als sittliche Macht, in der alle Gegensätze, namentlich die von Subjektivität und Objektivität, von persönlicher Besonderheit und substanzieller Allgemeinheit „versöhnt", d. h. in dem bekannten dialektischen Doppelsinn des Wortes aufgehoben, also zugleich überwunden und bewahrt sind. Hegel bezeichnet dies auch als Zurückführung in die substanzielle Einheit (Rph § 260), die offenbar hauptsächlich durch das Gefühl, Mitglied des Ganzen zu sein, vermittelt wird (Rph § 261). Ob das ein ausreichendes Gegengewicht gegen die Vereinnahmung der Subjektivität durch die im Monarchen verwirklichte Persönlichkeit des Staates (Rph § 279) ist, wird umso fragwürdiger, je gleichgültiger unter dem Aspekt der Weltgeschichte als einer Staatengeschichte die Individuen werden.[113] Denn wenn es auch heißt, dass der „Staat die Welt (ist), die der Geist sich gemacht hat" (Rph § 272 Zus.), in dem jene „Versöhnung" stattfindet (Rph § 360), so führt die Betrachtung des „äußeren Staatsrechts" (= Völkerrechts) doch zwangsläufig in die reale Pluralität der Staatenwelt. Nun aber ist unvermittelt davon die Rede, dass der Geist sich „im Prozesse der Weltgeschichte seine Wirklichkeit gibt", indem er als „Richter" über die individuellen Staaten fungiert (Rph § 259 mit Zus.).

„Die Prinzipien der *Volksgeister* sind um ihrer Besonderheit willen, in der sie als *existierende* Individuen ihre objektive Wirklichkeit und ihr Selbstbewußtsein haben, überhaupt beschränkte, und ihre Schicksale und Taten in ihrem Verhältnisse zueinander sind die erscheinende Dialektik der Endlichkeit dieser Geister, aus welcher der *allgemeine Geist,* der *Geist der Welt,* als unbeschränkt ebenso sich hervorbringt, als er es ist, der sein Recht – und sein Recht ist das allerhöchste – an ihnen in der *Weltgeschichte,* als dem *Weltgerichte,* ausübt" (Rph § 340).

[113] Dazu Bubner (N 112), S. 203 ff.

In dieser Perspektive reduziert sich mit der völligen Mediatisierung personaler Individualität durch die Individualität der Staaten jene Versöhnung auf die Aufopferung von Eigentum und Leben „für die Individualität des Staates“ (Rph §§ 324 f.).

„Ob das Individuum sei, gilt der objektiven Sittlichkeit gleich, welche allein das Bleibende und die Macht ist, durch welche das Leben der Individuen regiert wird“ (Rph § 145 Zus.).

§ 29 Anthropologische Kritik des ethischen Atomismus: Die soziale Konstitution des Individuums

Was Hegel mit seiner Rechts- und Staatsphilosophie angriff, war der abstrakte sozialwissenschaftliche Individualismus der neuzeitlichen Rechts- und Staatslehre als ein ethischer „Atomismus“, wie er sich ausdrückte. Teilen alle Vertragstheorien von Hobbes bis Kant doch in der Tat die Prämisse vereinzelter, aus allen gesellschaftlichen Beziehungen herausgedachter Individuen (vorne §§ 22 ff.). Seit Hobbes erscheinen sie als rationale Egoisten, die als Einzelne, d. h. in einsamer Souveränität, über ihre praktischen Ziele entscheiden und mithilfe ihrer instrumentellen Vernunft realisieren. Politisches Kernproblem ist danach die Frage, wie die Willkürfreiheit eines jeden mit der aller anderen in Koexistenz gebracht und diese auf Dauer gestellt werden kann. Alle theoretischen Lösungen setzen jene Eigenschaften der handelnden Subjekte mithin absolut, als immer schon fertig, und abstrahieren so völlig vom lebensweltlich vermittelten Selbstverständnis der Menschen. Hegel suchte dagegen zu zeigen, dass individuelle Autonomie erst in dem stufenweise voranschreitenden Prozess einer objektiven, die Individuen übergreifenden, nicht-monologischen Geistigkeit, in Bezug auf ein Ganzes und von dem Ganzen her sich voll herauszubilden vermag. Wird man dieser idealistischen Metaphysik und geschichtlichen Spekulation auch nicht mehr folgen, bleibt doch die Struktur der Argumentation zu bedenken. Das Muster ist uralt. Hegel selbst hat auf sein Vorbild der antiken Sittlichkeit als „zweiter Natur“ des Menschen hingewiesen. Derzufolge war Sittlichkeit des Handelns nichts anderes als dessen Übereinstimmung mit Nomos und Ethos der Polis. Denn als das Ganze, hatte Aristoteles gelehrt (*Politik* I 2), geht der Staat seinen Teilen, den Bürgern, logisch voraus. Auf diese Teil-haftigkeit zielt die aristotelische Bezeichnung des Menschen als eines „politischen Lebewesens“ *(zoon politikon)*. In einer spezifisch menschlichen Weise ist der Mensch dies als *zoon logon echon* (ebd.), als sprachbegabtes Lebewesen:

„Die Sprache dient aber dazu, das Nützliche und Schädliche, und daher auch das Gerechte und Ungerechte, darzulegen. Denn dies ist den Menschen gegenüber den anderen Lebewesen eigentümlich, allein ein Empfinden für Gut und Schlecht, Gerecht und Ungerecht und anderes zu haben. Die Gemeinschaft in diesen Dingen begründet aber Haushalt und Staatsverband" (*Politik* 1253a 15).

Die Frage ist, ob diese Grundgedanken nicht jenseits der aristotelischen Naturmetaphysik und der geschichtsphilosophischen Rekonstruktion Hegels anthropologisch-sprachphilosophisch erneuert werden können und müssen. Ist es nicht so, dass das sprachbegabte, auf Gedankenaustausch angelegte und angewiesene Teil-Wesen Mensch überhaupt nur in kommunikativen Beziehungen und sprachlichen Interaktionen eine personale Identität aufzubauen, eigene Interessen und Geltungsansprüche zu artikulieren vermag? Müssen dann aber nicht statt der Willkürfreiheit des Einzelnen jene Zusammenhänge, deren Pflege und Erhaltung in den Mittelpunkt von Ethik, Rechts- und Staatslehre gerückt werden?

Einer modernen Konsequenz aus der Kritik des ethischen Atomismus sind wir schon bei unserem Überblick über mögliche Ansätze der Normenbegründung begegnet, nämlich dem „intersubjektivitätstheoretischen Prozeduralismus" (A. Honneth) der Diskurstheorie (vorne § 12). Sie baut mit universellem Anspruch auf die Kraft kommunikativer Vernunft zu immer neuer Normenbegründung und Normenkritik im endlosen demokratischen Prozess.

Eine andere Möglichkeit ist die, auf jeden universalistischen Theorie-Anspruch von vornherein zu verzichten und den kommunikativen Lebenszusammenhang einer konkreten Lebenswelt aus ihrer Tradition heraus reflexiv als Konstitutionsgrund für Sittlichkeit und sittliches menschliches Selbstverständnis zu begreifen. Damit ist die Richtung angedeutet, in die heute vornehmlich einige nordamerikanische Kritiker des Liberalismus gehen. Wegen ihrer (antiuniversalistisch-„kontextualistischen") These von der grundlegenden Bedeutung der Solidargemeinschaften und kollektiven Wertüberzeugungen werden sie als *Communitarians* = „Kommunitaristen" bezeichnet.[114] Zu nen-

[114] Dazu W. Kymlicka, Politische Philosophie heute, 1996, S. 169 ff.; A. Honneth (Hg.), Kommunitarismus, 3. Aufl. 1995; R. Forst, Kontexte der Gerechtigkeit, 1994, passim; G. Frankenberg (Hg.), Kommunitarismus in der Diskussion, 1992.

nen sind Michael Sandel (*Liberalism and the Limits of Justice*, 1982), Alasdair MacIntyre (*After Virtue*, 1981; dt.: *Der Verlust der Tugend*, 1987), Michael Walzer (*Spheres of Justice*, 1983; dt.: *Sphären der Gerechtigkeit*, 1992) und Charles Taylor, dessen ebenso einleuchtende wie prekäre Kritik am negativen Freiheitsbegriff von Hobbes und vielen Liberalen hier von besonderem Interesse ist. Taylor setzt dem negativen Verständnis von Freiheit als bloßer Abwesenheit von Hindernissen eine positive Auffassung im Sinne der Verwirklichung der eigenen Zwecke entgegen, wonach die Freiheit umso größer ist, je bedeutsamer die Ziele sind, die ich zu verfolgen vermag (*Der Irrtum der negativen Freiheit*, in: *Negative Freiheit?*, 1992, 118 ff.). Freiheit heißt demnach Freiheit in wichtigen Dingen und wesentlichen Fragen, also etwa: Freiheit in Glaubens- und Gewissensangelegenheiten, aber nicht: Freiheit im Straßenverkehr. Die Plausibilität solcher Wichtigkeitszuschreibungen hängt indes ganz offensichtlich an einem kollektiven kulturellen „Hintergrundverständnis" und ist keine Sache beliebiger individueller Entscheidung. Um wirklich frei zu sein, muss ich also – über die Abwesenheit äußerer Hindernisse hinaus – ein Selbstverständnis entwickeln, das es mir ermöglicht, jene Unterscheidung adäquat zu treffen und auch entgegenstehende geringerwertige Motive zu überwinden oder zu neutralisieren. Zweifellos trifft dies das Freiheitsverständnis einer Elite, die jede Gesellschaft ausbildet. Die Frage ist nur, ob einer solchen positiven Theorie der Freiheit und d. h.: der ethischen Relativierung der Autorität des Subjekts nicht in einem zweiten Schritt – Taylor sieht diese Gefahr durchaus – eine politische Theorie folgt, die dem Subjekt die Kompetenz zur Formulierung seiner Bedürfnisse abspricht und damit im Namen der „wahren" Freiheit weitgehende Zwänge rechtfertigt.

VIERTER TEIL
DIE NOT DER MASSEN: WIEDERKEHR DER GERECHTIGKEITSFRAGE

Erstes Kapitel
Eine neue Parole: Soziale Gerechtigkeit

§ 30 Solidarität und soziale Gerechtigkeit

Im europäischen Revolutionsjahr 1848 verhießen Karl Marx und Friedrich Engels in der Tradition des deutschen Idealismus den Proletariern aller Länder das Reich der Freiheit. Nicht etwa von Gerechtigkeit reden sie im *Kommunistischen Manifest.* Dessen Kernsatz lautet vielmehr: „An die Stelle der alten bürgerlichen Gesellschaft mit ihren Klassen und Klassengegensätzen tritt eine Assoziation, worin die freie Entwickelung eines jeden die Bedingung für die freie Entwicklung aller ist." Beherrscht werden die Massenbewegungen des Industriezeitalters indes alsbald von neuen politischen Schlagworten anderer Art und Herkunft.[115]

Wiewohl das Prinzip *Brüderlichkeit* schon seit 1792 das Freiheits- und Gleichheitspostulat der Französischen Revolution zu ergänzen beginnt, hat erst die Zweite Französische Republik von 1848 *liberté, égalité, fraternité* zu ihrem offiziellen Wahlspruch erklärt. Aus stoischen und christlichen Wurzeln genährt (vorne § 18), bezeichnet der neuzeitliche *Gesinnungsbegriff* der Brüderlichkeit ein Wirgefühl aus Ähnlichkeit, natürlicher Nähe und gleichem Ursprung. Vor dem Hintergrund der sozialen Unruhen dieser ersten der proletarischen Revolutionen hat die Proklamation der Brüderlichkeit nun den Sinn, die längst zutage getretenen Spannungen zwischen den Postulaten der Freiheit und Gleichheit durch Beschwörung eines Zusammengehörigkeitsgefühls auszugleichen. *Solidarität* ist dagegen von Haus aus ein Rechtsbegriff, der die kollektive genossenschaftliche Verantwortung für die Schuld eines Einzelnen bezeichnet. Dieses asymmetrische Einstehenmüssen von vielen für einen wird bei Sozialreformern im Ge-

[115] Zum Folg. mit Nachw. P. Koller, Gesellschaftsauffassung und soziale Gerechtigkeit, in: Auf der Suche nach der gerechten Gesellschaft, hg. v. G. Frankenberg, 1994, S. 129 (138 ff.); H. Hofmann, Vielfalt, Sicherheit und Solidarität statt Freiheit, Gleichheit, Brüderlichkeit?, in: FS f. E. Denninger, 1998, S. 101 (112 ff.); ders., Recht und soziale Ordnung, in: IZPH 17 (2008), S. 45–62.

folge des Grafen Saint-Simon (1760–1825) und Charles Fouriers (1772–1835) im Sinne der christlichen Nächstenliebe durch die symmetrische solidarische Verpflichtung aller gegenüber allen ersetzt. Einen politisch-kämpferischen Sinn bekommt der Begriff bei dem demokratischen Sozialisten Louis Blanc (1811–1882), der die Schäden der kapitalistischen Gesellschaftsordnung durch Arbeiterproduktionsgenossenschaften mit Staatshilfe beseitigen wollte, und bei Pierre Joseph Proudhon (1809–1865), einem der Begründer der anarchistischen Bewegung. Er, der „Eigentum" aus Zins und Grundrente für „Diebstahl" hielt, forderte die Abschaffung der „beiden Despoten Geld und Zins", auf dass dann freiwillige Verbände gemäß seiner „Philosophie der Arbeit" in Gerechtigkeit auf Gegenseitigkeit („Mutualismus") harmonisch zusammenlebten. In den Kämpfen der 48er Revolution tritt die Parole „Solidarität" neben die der Brüderlichkeit und verdrängt diese in den Proklamationen der Internationalen Arbeiter-Assoziation unter dem Einfluss von Marx mehr und mehr. Dank der Reden des deutschen Klassenkämpfers Ferdinand Lassalle (1825–1864) wird Solidarität zentraler Gedanke namentlich der deutschen Arbeiterbewegung. Einerseits beschreibt der Solidaritätsbegriff die Gleichheit gewisser Interessen und die wechselseitige Abhängigkeit bei deren Befriedigung, andererseits fordert er normativ gemeinsames Handeln bei der Überwindung der Defizite von Vereinzelung und sozialen Ungleichheiten und verlangt dafür auch Disziplin. „Innerhalb der Arbeiterbewegung", schreibt Bernstein 1910 (*Die Arbeiterbewegung,* 134), habe „kein Prinzip, keine Idee stärkere Kraft…, als die Erkenntnis von der Notwendigkeit der *Solidaritätsübung.* Gegen sie kommt keines der anderen großen normgebenden Prinzipien des sozialen Rechts auf – weder das Prinzip der Gleichheit, noch das Prinzip der Freiheit." Eine sozialliberale Prägung im Sinne ausgleichender sozialer Gerechtigkeit erfährt unser Begriff gegen Ende des vorigen Jahrhunderts in der französischen Bewegung des sog. Solidarismus. Wie unschwer zu sehen, treffen sich hier die französischen „Radikalsozialisten" mit dem französischen Sozialkatholizismus. Zuletzt hat noch die polnische Solidarność diesen sachlichen Zusammenhang machtvoll demonstriert.

„Soziale Gerechtigkeit" – das war ein ganz neues Stichwort. So alt auch die Philosophie der Gerechtigkeit ist: Von *sozialer* Gerechtigkeit ist erst seit der Mitte des vorigen Jahrhunderts die Rede. In dem europäischen Revolutionsjahr 1848, als in der Frankfurter Paulskirche die „Grundrechte des deutschen Volkes" (nicht: der Deutschen) beraten wurden, Marx und Engels in London die Befreiung des Proletariats verhießen und die französische Nationalversammlung das Verfassungsprinzip der Brüderlichkeit verkündete, veröffentlichte der italienische Priester, Philosoph und Patriot Graf Antonio Rosmini-Serbati (1797–1855) in Mailand einen auf die Vereinigung Norditaliens zielenden Verfassungsentwurf der sozialen Gerechtigkeit: *Progetto di costituzione secondo la giustizia sociale.* Mit der neuen Wortverbindung wandte sich Rosmini gegen die nach seiner Meinung unzureichende Berücksichtigung der sozialen und politischen Bedeutung des Eigentums in der revolutionären französischen Rechterklärung von 1789. Es ging ihm um die Aufhebung des unteilbaren und unveräußerlichen Familieneigentums, der Fideikommisse, positiv gewendet um eine egalitäre und freie bürgerliche Eigentümergesellschaft mit freiem Handel und freier Industrie, aber auch um eine angemessene Berücksichtigung des sozialen Beitrags der Eigentümer für die Gesellschaft. Konkret hieß das: Zweiklassenwahlrecht nach der Höhe der entrichteten direkten Steuern. Aber nachdem auf diese Weise der Gedanke kursierte, dass die Verfassungen den sozialen Verhältnissen gerecht werden müssen, konnte der Begriff der sozialen Gerechtigkeit über den Horizont der Eigentümergesellschaft hinaus zum Leitbegriff einer Soziallehre werden, die sich den Problemen der großen Modernisierungskrise des 19. Jahrhunderts mit ihrer Massenarmut stellte. Gleichzeitig tauchte deren Name auf: die „soziale Frage“. Trotz anfänglicher Ablehnung durch die Kurie fand der Gedanke sozialer Gerechtigkeit im und durch den sog. Sozialkatholizismus, namentlich in Frankreich, immer weitere Verbreitung. Aus der Sicht der aristotelisch-thomistischen Tradition der kath. Sozialphilosophie schien die neue Begriffsprägung besser als die alte, längst nicht mehr recht verständliche *iustitia universalis* (= *legalis*) des Aristoteles (vorne § 19 I) geeignet, den Herausforderungen der „sozialen Frage“ zu begegnen. Auch diese Begriffskarriere verdankt sich also nicht einer Selbstbewegung des philosophischen Denkens, sondern einer harten Erfahrung: der Not der Massen, dem Elend der besitzlosen Klasse („Proletariat“) des Industriezeitalters. Davon bewegt und von den französischen Sozialisten beeindruckt, hat – ebenfalls 1848 – auch John Stuart Mill (1806–1873), der große viktorianische Verteidiger der individuellen Freiheit (*On Liberty*, 1859, dt. *Die Freiheit,* [4]1965), in seinen *Grundsätzen der politischen Ökonomie* mit der extrem liberalistischen „Manchester“-Doktrin gebrochen: Nur die Gesetze der Produktion entsprächen Naturgesetzen, die der Verteilung seien – reformbedürftiges – Menschenwerk. Folglich könne der Klassenkonflikt durch Neuregelung der gesellschaftlichen Verteilung des Reichtums integrativ gelöst werden – bei Wahrung des Privateigentums und der kapitalistischen Produktionsstruktur. Eine noch weitergehende „Annäherung an volle soziale Gerechtigkeit“[116] versprach sich der Autor indes ebenfalls von einer genossenschaftlichen Organisation des Wirtschaftslebens als der Vereinigung von Gerechtigkeit und Selbstbestimmung, wenn die Arbeiter sozusagen ihre eigenen Kapitalisten werden. Als „oberstes Prinzip“ der „sozialen oder austeilenden Gerechtigkeit, auf das hin alle gesellschaftlichen Institutionen und die Bemühungen aller aufrechten Bürger im höchstmöglichen Maße ausgerichtet werden sollten“, hat Mill in seinem schon erwähnten Essay über den Utilitarismus (vorne § 15 a. E.) dann die Forderung aufgestellt, „daß die Gesellschaft jeden gleich gut behandeln soll, der sich um sie im gleichen Maße verdient gemacht hat“ (a. a. O. 107 f.).

In Deutschland hatte der Protestantismus schon 1848 auf den „Pauperismus“ des „Vormärz“, d. h. auf die aus Abschaffung der ständischen Zunftordnung, Bevölkerungsvermehrung und Landflucht resultierende Verarmung und Verelendung, mit der Gründung der „Inneren Mission“ reagiert, deren diakonische Arbeit sie später zum größten und wichtigsten Wohlfahrtsverband im deutschen Kaiserreich machte. Seit 1873 reflektierte der „Verein für Sozialpolitik“ der zunächst spöttisch so genannten „Kathedersozialisten“ die Nöte der Arbeiter, besonders die „tiefen Mißstände durch die steigende Ungleichheit der Vermögen und Einkommen“, und verlangte mehr staatliche Aufsicht über das Wirtschafts- und Arbeitsleben sowie bessere staatliche Fürsorge für Erziehung, Bildung und die Wohnverhältnisse der Arbeiterklasse. Gegen den orthodoxen wirtschaftlichen Optimismus der „Freihandelspartei“ erhob sich ethisch begründete ökonomische Kritik der bestehenden Zustände nach Maßgabe einer „Theorie der verteilenden Gerechtigkeit als leitendem Princip der socialen Reformen“[117]. In seiner Eröffnungsrede der Eisenacher Vorbereitungstagung 1872 bezeichnete der Nationalökonom Gustav Schmoller (1838–1917) als Hauptursache der gegen-

[116] J. St. Mill, Grundsätze der Politischen Ökonomie, Bd. II, S. 450; dazu V. Bartsch, Liberalismus und arbeitende Klassen, 1982, S. 243 ff., 264; P. Hauer, Leitbilder der Gerechtigkeit in den marktwirtschaftlichen Konzeptionen von Adam Smith, John Stuart Mill und Alfred Müller-Armack, 1991, S. 234 ff.

[117] G. Schmoller, Über einige Grundfragen der Socialpolitik und der Volkswirtschaftslehre, ²1904, S. 85.

wärtigen Übel, dass bei allen wirtschaftlichen Aktivitäten nur nach der Steigerung der Produktion, aber nicht nach den Auswirkungen auf die Menschen gefragt werde.

Mitten in der durch den Kurssturz an der New Yorker Börse an jenem „Schwarzen Freitag" im Oktober 1929 ausgelösten Weltwirtschaftskrise mit ihrer in diesem Ausmaß bis dahin unbekannten Massenarbeitslosigkeit approbierte dann auch die kath. Amtskirche den neuen Zentralbegriff der Sozialphilosophie. In der gegen den Liberalismus einerseits und den Sozialismus andererseits gerichteten Sozialenzyklika *Quadragesimo anno* des Papstes Pius XI. wird die soziale Gerechtigkeit 1931 nicht weniger als sechsmal beschworen.[118] Zuvor hatte sich freilich schon die weltliche Politik den Begriff zu Eigen gemacht. 1919 war im Rahmen des Völkerbundes die Internationale Arbeitsorganisation (IAO) mit Sitz in Genf gegründet worden. Ihre Bestimmung: durch soziale Gerechtigkeit dem Weltfrieden zu dienen.[119] So sagte es die Präambel der Organisationssatzung – gut 120 Jahre, nachdem Kant im Blick auf den Erfolg der bürgerlichen Revolution in Frankreich seinen philosophischen Entwurf einer dauerhaften Weltfriedensordnung (*Zum ewigen Frieden,* 1795) ganz aus dem Begriff der Freiheit entwickelt hatte, ohne das Wort Gerechtigkeit anders als anhangsweise und im Wesentlichen nur im Sinne staatlicher Gerichtsbarkeit zu verwenden.[120]

§ 31 Der soziale Rechtsstaat

Beim Wiederaufbau deutscher Staatlichkeit nach dem katastrophalen Ende des NS-Regimes haben sich die meisten Länder und dann auch die neu gegründete Bundesrepublik Deutschland in ihren Verfassungen ausdrücklich als sozial bezeichnet. Der zentrale Art. 20 Abs. 1 des Bonner Grundgesetzes von 1949 nennt die Bundesrepublik einen „sozialen Bundesstaat", Art. 28 Abs. 1 spricht vom „sozialen Rechtsstaat". Das war neu in der Verfassungsgeschichte. Dafür gab es ebenso wenig ein verfassungsgesetzliches

[118] Der Entwurf stammt von Oskar v. Nell-Breuning. S. dazu seine Erläuterungen der Sozialenzyklika, 1932.

[119] Dazu BM f. Arbeit u. Sozialordnung, BDA, DGB (Hg.), Weltfriede durch soziale Gerechtigkeit, 1994.

[120] Dazu Hofmann, Bilder des Friedens (N 42), S. 65 ff.

Textvorbild wie für das Bekenntnis zur „sozialen Gerechtigkeit“ in Art. 65 der Bremer Verfassung von 1947. Und doch schienen diese Proklamationen allenthalben selbstverständlich. Der Grund ist leicht einzusehen: massenhafte Not bei ungleicher Verteilung der Folgelasten des staatlichen Zusammenbruchs. In seiner ersten Entscheidung zur Bedeutung des „Sozialstaatsprinzips“ im Grundgesetz hat das Bundesverfassungsgericht 1951 diesen Zusammenhang verdeutlicht (E 1, 97/105): Der Gesetzgeber des Sozialstaats sei zu „sozialer Aktivität, insbesondere dazu verpflichtet, sich um einen erträglichen Ausgleich der widerstreitenden Interessen und um die Herstellung erträglicher Lebensbedingungen für alle die zu bemühen, die durch die Folgen des Hitlerregimes in Not geraten sind“.

In einer ähnlichen Lage wie die Weimarer Nationalversammlung nach der Revolution von 1918 nimmt der Parlamentarische Rat in Bonn mit dem Sozialstaatsprinzip darüber hinaus eine Tradition auf, die in der Weimarer Verfassung in sozialen Grundrechten auf Bildung, Wohnung und Arbeit (Art. 143 I, 155 I, 163 II) ihren Ausdruck gefunden hatte. Dass man sie in dieser Form nicht in das Grundgesetz übernahm, hatte äußere Gründe: Für eine Diskussion komplexer sozialer Probleme war der kleine und nicht unmittelbar vom Volk gewählte Parlamentarische Rat, der das Grundgesetz erarbeitete, gesellschaftlich nicht hinlänglich repräsentativ, die verfügbare Zeit zudem viel zu knapp. Auch schien nach den Schrecken der NS-Zeit die Garantie justiziabler, d. h. vom Betroffenen gerichtlich einforderbarer Freiheitsrechte wichtiger als Zielvorgaben für den Gesetzgeber durch soziale Grundrechte, welche die Güter: Bildung, Wohnung und Arbeit für den Einzelnen ja nicht unmittelbar einklagbar machen.[121]

Hinter der Weimarer Tradition steht ein Staatsbegriff, den zuerst auf der Grundlage der Hegel'schen Philosophie der berühmte Staatswissenschaftler Lorenz v. Stein (1815–1890) in Gestalt seiner Theorie vom „sozialen Königtum“ konzipiert hat. Anders als insbesondere die gegenüber sozialen Unterschieden gleichgültige Freiheitsphilosophie Lockes (vorne § 26) war diejenige Hegels sozial durchaus empfindlich. „Wie der Armut abzuhelfen sei“, nennt Hegel eine „wichtige, vorzüglich die modernen Gesellschaften bewegende und

[121] Dazu H. Hofmann, Grundpflichten und Grundrechte, in: Verfassungsrechtliche Perspektiven (N 36), S. 73 (74). Zum Folg. G. A. Ritter, Entstehung und Entwicklung des Sozialstaates in vergleichender Perspektive, HZ 243 (1986), S. 1 ff.

quälende" Frage (Rph § 244 Zus.). Doch wird das Problem einerseits als ein je individuelles begriffen, die Lösung insoweit der Fürsorge der Verwaltung („Polizei") und persönlicher Mildtätigkeit („Moralität") anheim gegeben (Rph §§ 237 ff.). Zum anderen erkennt Hegel am Beispiel Englands in dem Gegensatz einseitiger „Anhäufung der Reichtümer" und der „Abhängigkeit und Not" der Arbeiterklasse, die den „Pöbel" erzeugen, eine „Dialektik" der bürgerlichen Gesellschaft (Rph §§ 243 ff.). Sie werde dadurch „über sich hinausgetrieben" – zu internationalem, namentlich überseeischem Handel und zur Kolonisation durch Auswanderer. Auf der Ebene des „politischen" Staates erscheint das Problem bei ihm nicht. Karl Marx hielt diesen Staat bekanntlich nicht für reformierbar und versprach sich von der wirklichen, vollkommenen und endgültigen Befreiung des Menschen durch die Revolution des Proletariats in der vom Privateigentum an den Produktionsmitteln befreiten klassenlosen Gesellschaft gemäß der Maxime „Jedem nach seinen Bedürfnissen" die vollständige Erledigung des Problems. Im Gegensatz dazu setzte Stein auf staatliche Reformen. Mit Hegel konstatiert er als das Prinzip des Staates gegenüber der Gesellschaft die Freiheit, „nach welchem *jedes* Mitglied der Gesellschaft den höchsten Grad seiner Entwicklung erreichen muß"[122]. In der Gesellschaft dagegen obwalte Unfreiheit, nämlich Abhängigkeit vom Besitz. Da die herrschende Klasse durch ihre gesellschaftliche Macht und ihren damit gewonnenen Anteil an der Staatsmacht die niedere Klasse in beständiger Abhängigkeit hält, finde diese „weder in der Gesellschaft noch im Staate ein Organ für ihre Erhebung zu einer bessern Lage, für ihre Entwicklung zur Freiheit". Gegen Hegels Vorstellung von der statischen Vertretung der Staatsidee durch das Königtum müsse dies zum bewegenden Organ der gesellschaftlichen Reform werden.

„Alles Königtum wird fortan entweder ein leerer Schatten, oder eine Despotie werden, oder untergehen in Republik, wenn es nicht den hohen sittlichen Mut hat, ein Königtum der sozialen Reform zu werden."

Später hat Stein das Problem in einer allgemeinen staatstheoretischen Weise formuliert und als Ergänzung der Rechtsstaatlichkeit durch das Sozialstaatsprinzip bestimmt (*Gegenwart u. Zukunft der*

[122] L. v. Stein, Geschichte der sozialen Bewegung in Frankreich, Bd. 3, 1850, Nachdr. 1959 der Ausg. von 1921, S. 37 ff. Hier auch die folg. Zitate. S. dazu G. Stratenwerth, Zum Prinzip des Sozialstaats, in: FS f. K. Eichenberger, 1982, S. 81 (84 ff.).

Rechts- u. Staatswissenschaft Deutschlands, 1876, 215): Als Rechtsstaat müsse die Staatsgewalt verhindern, dass aus wirtschaftlichen und gesellschaftlichen Klassenunterschieden irgendwelche Vorrechte und damit „Rechtsklassen" entstünden; sie habe die „absolute Gleichheit des Rechts" für die „einzelne selbstbestimmte Persönlichkeit" zu garantieren. Darüber hinaus obliege es dem Staat aber auch, mit seiner Macht „den wirtschaftlichen und gesellschaftlichen Fortschritt *aller* seiner Angehörigen (zu) fördern". Und in dieser Hinsicht „sprechen wir von dem *gesellschaftlichen* oder dem *socialen* Staate". In eine prinzipielle Beziehung zur Demokratie haben den Sozialstaat zuerst der prominente österreichische Jurist, Politiker und Publizist Julius Ofner (*Studien sozialer Jurisprudenz,* 1894, 76) und unter der Weimarer Verfassung insbesondere Hermann Heller (*Ges. Schriften* II, ^{2}1992, 291) gebracht. Er sah in der „sozialen Idee" die Fortentwicklung der politischen zur wirtschaftlichen Demokratie. Wie die politische Demokratie die Stände beseitigt habe, so wende sich die wirtschaftliche Demokratie gegen die wirtschaftlichen Klassen. Ihr gehe es um die Umwandlung des reinen Rechtsstaats in den „demokratisch-sozialen Wohlfahrtsstaat". An die Stelle der „Anarchie der Produktion" solle „eine gerechte Ordnung des Wirtschaftslebens" treten. Dies hatte ja auch die Weimarer Reichsverfassung in Art. 151 Abs. 1 gefordert:

> „Die Ordnung des Wirtschaftslebens muß den Grundsätzen der Gerechtigkeit mit dem Ziele der Gewährleistung eines menschenwürdigen Daseins für alle entsprechen."

Der Theorie waren schon im Wilhelminischen Kaiserreich praktische Konsequenzen gefolgt. Mag es auch weniger „hoher sittlicher Mut" i. S. Lorenz v. Steins als vielmehr Machtkalkül gewesen sein, was Bismarck zu dem Versuch bewog, die Arbeiterschaft durch eine auf Versicherungsschutz zielende Sozialgesetzgebung – „Staatssozialismus", wie er sagte – für den Staat zu gewinnen: Die Gesetze zur Kranken- (1883) und Unfallversicherung (1884) sowie das Alters- und Invalidenversicherungsgesetz von 1891 waren so oder so grundlegende und beispielhafte legislative Akte. Ja, die Sozialversicherung ist überhaupt „die bedeutendste institutionelle Erfindung des Sozialstaats" (G. A. Ritter). So gehört deren Pflege auch unter dem Grundgesetz zu den typischen Aufgaben des sozialen Staates (s. BVerfGE 21, 362/375). Außerdem zählen zu dessen Zielen – darüber besteht Einigkeit –: Hilfe gegen Not und Armut; ein menschenwürdiges Existenzminimum für jeden; Hilfe für sozial Schwächere, d. h.

Förderung sozialer Gleichheit durch Minderung des Wohlstandsgefälles und die Kontrolle von Abhängigkeitsverhältnissen; schließlich Mehrung und Ausbreitung des Wohlstandes durch Unterstützung des Wirtschaftswachstums. Was dies alles im Einzelnen bedeutet, ist ganz selbstverständlich Gegenstand prinzipiell nicht abzuschließender politischer und wissenschaftlicher Kontroversen: als Moment des demokratischen Progresses ein offener Prozess.[123] Dessen Ziel hat das Bundesverfassungsgericht zunächst „soziale Gerechtigkeit" genannt, später öfter „eine gerechte Sozialordnung" (E 22, 180/204; 59, 231/263; 69, 272/314). Einen herausragenden Meilenstein bildet die Rentenreform von 1957, die durch Dynamisierung der Renten die Rentner am wirtschaftlichen Wachstum teilhaben ließ.

Neben dem verzweigten System „mikrosozialer" Sicherheit für den Einzelnen samt „makrosozialer" Förderung der allgemeinen Wohlfahrt gehört noch etwas anderes zu den Elementen des Sozialstaats. Lorenz v. Stein hatte diese zweite Säule mit dem „Losungswort der sozialen Demokratie" (a. a. O. III 207) angedeutet: Selbstregulierung der sozialen Konflikte zwischen Kapital und Arbeit durch die beteiligten Interessen, mithin durch die Arbeitgeber oder ihre Verbände und die Gewerkschaften – ohne jede einseitige Instrumentalisierung der Staatsgewalt zugunsten einer der durch das Bündnis der Arbeiter nun einander gewachsenen Parteien. Diese sog. Tarifautonomie der „Sozialpartner" kommt im deutschen Grundgesetz ausdrücklich allerdings nicht vor. Sie ist in der Nachfolge der Tarifverordnung von 1918 durch das Tarifvertragsgesetz v. 9. 4. 1949 geregelt und pflegt verfassungsrechtlich eher etwas stiefmütterlich bloß als Annex der durch Art. 9 Abs. 3 GG garantierten Koalitionsfreiheit der Arbeitgeber und Arbeitnehmer behandelt zu werden (s. den Bogen der Entscheidungen des BVerfG von E 20, 312/317 bis E 84, 212/224). An der fundamentalen Bedeutung für den Sozialstaat ändert das nichts.

§ 32 Soziale Marktwirtschaft

Nach der Zielsetzung einer gerechten Sozialordnung liegt es nahe, das Sozialstaatsprinzip wirtschaftspolitisch mit der sog. Sozia-

[123] Im Einzelnen dazu H. F. Zacher, Das soziale Staatsziel, in: Hdb. d. Staatsrechts, hg. v. J. Isensee u. P. Kirchhof, Bd. 2, ^{3}2004, S. 659 ff.; E. Schwark, Wirtschaftsordnung und Sozialstaatsprinzip, Öffentl. Vorlesungen der Humboldt-Universität zu Berlin, Heft 69, 1996.

len Marktwirtschaft zu identifizieren. Dass dies im verfassungsrechtlichen Schrifttum nicht geschehen ist, liegt an einem Missverständnis sowie an der Neigung der juristischen Dogmatik, ihre Aufgabe der Stabilitäts- und Kontinuitätssicherung (vorne § 2 II) durch die unkritische Wiederholung von Formeln zu erfüllen. Dazu gleich mehr.

Wie der Wirtschaftsliberalismus angesichts der „Sozialen Frage" durch die „Sozialpolitik" der „Kathedersozialisten" eine erste Korrektur erfahren hatte (vorne § 30), so eine zweite infolge der Weltwirtschaftskrise nach dem 1. Weltkrieg durch den „Ordoliberalismus" der „Freiburger Schule", die v. a. mit den Namen Walter Eucken (*Grundsätze der Wirtschaftspolitik,* [1]1952, [5]1975) und Wilhelm Röpke (*Jenseits von Angebot und Nachfrage,* [1]1958, [5]1979) verbunden ist. Die Erfahrung der Selbstzerstörung der Marktwirtschaft als einer Konkurrenzwirtschaft durch Missbrauch von Marktmacht, nämlich Unternehmenskonzentration, Monopolbildung und Kartellierung, führt zur Förderung einer staatlichen Wettbewerbspolitik. Nach der dualistischen Ordnungstheorie des Ordoliberalismus soll ein „starker Staat" jene Wirtschaftsordnung schaffen, die den marktwirtschaftlichen Prozess in die gesamtgesellschaftliche Ordnung mit ihren Werten und Normen einbettet. Das Wichtigste ist danach die Konstituierung einer Wettbewerbsordnung durch ein funktionsfähiges Preissystem. Dafür muss der Staat die Währung stabil und die Märkte offen halten, hat er Privateigentum und Vertragsfreiheit zu garantieren und gegen die Tendenz zu Haftungsbeschränkungen für Haftungsregelungen zu sorgen. Im Rahmen dieser sog. „Konstituierenden Prinzipien" soll das Wirtschaftsleben zudem durch Kontrolle der Monopole reguliert werden, soweit diese nicht aufgelöst werden können. Als weitere „regulierende Prinzipien" nannte Eucken die Korrektur der Einkommensverteilung durch progressive Besteuerung, Beschränkung der betrieblichen Planungsfreiheit im Hinblick auf unerwünschte externe Wirkungen sowie Arbeiterschutz bis zur Festsetzung von Minimallöhnen.

Nach 1945 wurde dies eine der Quellen, aus denen sich das neue Leitbild der „Sozialen Marktwirtschaft" speiste. Nach sehr vorsichtigem Beginn in einer höchst unübersichtlichen Lage (Gesetz über Leitsätze für die Bewirtschaftung und Preispolitik nach der Geldreform v. 24. 6. 1948) wurde nach siebenjährigen Auseinandersetzungen 1957 – im Jahr der Rentenreform – ein Gesetz gegen Wettbewerbsbeschränkungen beschlossen: das „Grundgesetz der Sozialen Marktwirtschaft", wie man gerne sagt. Diese Idee zog ihre Kraft indes auch aus den Traditionen der kath. Soziallehre, der protestantischen Wirtschaftsethik und des freiheitlich-demokratischen Sozialismus. Gemeinsames Ziel war es, auf einem dritten Weg zwischen altem Kapitalismus und altem planwirtschaftlichen Sozialismus die Kräfte des freien Marktes mit der Aufgabe des sozialen Ausgleichs zu versöhnen und so einen Konsens zwischen den gesellschaftlichen Gruppen (den alten antagonistischen Klassen) zu finden (A. Müller-Armack, *Wirtschaftsordnung und Wirtschaftspolitik,* 1966, ²1976). Das hieß einerseits Anerkennung der Notwendigkeit staatlicher Eingriffe in die Wirtschaft und bedeutete andererseits eine möglichst weitgehende Festlegung auf marktkonforme Mittel der staatlichen Interventionen sowie namentlich eine besondere Hochschätzung wirtschaftspolitischer Steuerung durch moralische Appelle der Regierung („Maß halten!“).

Da das eher pragmatische Sowohl-als-auch der Sozialen Marktwirtschaft dem normativen Sowohl-als-auch der verfassungsrechtlichen Festlegung auf den sozialen Rechtsstaat entspricht, ist nicht recht einzusehen, dass das Grundgesetz keine „Wirtschaftsverfassung“ enthalten und „wirtschaftspolitisch neutral“ sein soll. Dieses Märchen resultiert aus einem Missverständnis der sog. Investitionshilfe-Entscheidung des Bundesverfassungsgerichts aus dem Jahre 1954 über die Verfassungsmäßigkeit des Investitionshilfegesetzes von 1952 zugunsten des Kohlebergbaus, der Eisen schaffenden Industrie und der Energiewirtschaft (BVerfGE 4, 7). Gegen dieses Gesetz war eingewandt worden, als eine wirtschaftspolitische Intervention des Staates durch nicht marktkonforme Mittel widerspreche es dem Grundgesetz. Wenn das Gericht diese Staatsintervention mit dem zentralen Argument der „wirtschaftspolitischen Neutralität des Grundgesetzes“ passieren ließ, so bedeutete das nur, dass es den Gesetzgeber durch das Grundgesetz nicht auf einen bestimmten Kanon wirtschaftspolitischer Maßnahmen eines bestimmten wirtschaftstheoretischen Regelungsmodelles fixiert sah, nicht „marktgerechte“ Interventionen demgemäß nicht als von vornherein verboten betrachtete. Die Kernthese des Urteils, dass der Gesetzgeber unter dem Grundgesetz frei sei, jede mit dessen Normen und d. h.: mit den Kompetenzbestimmungen und den Grundrechten vereinbare Wirtschaftspolitik zu betreiben, besagt im Klartext also zweierlei: Die genannten verfassungsgesetzlichen Vorgaben machen eine zentrale staatliche Planwirtschaft verfassungsrechtlich unmöglich. Übrig bleibt die grundrechtlich-rechtsstaatlich gesicherte Marktwirtschaft unter dem Gebot der Sozialstaatlichkeit. In dem verbleibenden rechtlichen Rahmen kann und muss der Staat also gegebenenfalls intervenieren – auf die eine oder andere Weise.

Seit der ersten großen Wirtschaftskrise der alten Bundesrepublik 1966/67 ist die Soziale Marktwirtschaft durch Überforderungen von Staat und Wirtschaft zunehmend in Schwierigkeiten geraten. Das hat die alten ideologischen Fronten, die überwunden werden sollten, neu belebt. „Mehr Markt, weniger Staat" war die zunächst vorherrschende Devise. Möglicherweise folgt nach immer neuen Rekorden der Massenarbeitslosigkeit eine gewisse Renaissance des Sozialstaatsgedankens im Namen der sozialen Gerechtigkeit. Nicht zufällig ist 1998 mit Amartya Sen ein Ökonom durch den Nobelpreis geehrt worden, der eindringlich gerade die Schattenseiten des freien Marktes untersucht hat.[124]

[124] Siehe Amartya Kumar Sen, On economic inequality, 1973, dt. Ökonomische Ungleichheit, übers. u. eingel. v. H. G. Nutzinger, 1975; ders., On ethics and economics, 1987 u. ö., ders., Inequality Reexamined, 1992 u. ö.

Zweites Kapitel
Die Rückkehr der Frage einer gerechten Ordnung in die akademische Philosophie

§ 33 Neue Theorien gerechter Verteilung der sozialen Güter

I. Distributionssphären und Distributionsprinzipien

Stand wegen der Folgen der entwickelten Marktwirtschaft das Verteilungsproblem als *die* Gerechtigkeitsfrage moderner Gesellschaften auch längst auf der politischen Tagesordnung, hat das Thema in der akademischen Philosophie doch erst mit großer Verzögerung entsprechende Aufmerksamkeit gefunden. Den Anstoß für eine ebenso breite wie nachhaltige theoretische Diskussion gab der Harvard-Professor John Rawls 1971 mit *A Theory of Justice.*[125] Inzwischen sind an die Stelle seines Konzepts eines einheitlichen Gerechtigkeitsprinzips für die Verteilung aller sozialen Güter differenziertere und konkretere Theorien der Verteilungsgerechtigkeit getreten. D. Miller (*Social Justice*, 1976) bezeichnet die soziale Gerechtigkeit als Produkt verschiedener, nicht aufeinander rückführbarer Begriffselemente, deren Gewichtung zudem von Gesellschaft zu Gesellschaft schwanke. Die Bedeutung des Postulats sozialer Gerechtigkeit, das aus einem bestimmten Entwicklungsstand der Marktwirtschaft resultiere, sei überhaupt nur in einem je bestimmten kulturellen Rahmen verständlich und akzeptabel. Später plädiert Michael Walzer schon mit dem Titel seines Buches *Spheres of Justice,*

[125] Dazu beispielsweise O. Höffe (Hg.), Über John Rawls' Theorie der Gerechtigkeit, 1977; D. Mapel, Social justice reconsidered, 1989; E. F. Paul u. a. (Hg.), The Just Society, 1995. Zur Vorgeschichte dieser Diskussion sozialer Gerechtigkeit R. W. Baldwin, Social Justice, 1966; W. G. Runciman, Relative Deprivation and Social Justice, 1966; E. Küng, Wirtschaft und Gerechtigkeit, 1967; A. M. Honoré, Social Justice, in: Essays in Legal Philosophy, ed. R. S. Summers, 1968, S. 61–94. Zum Folg. s. Günther (N 79), S. 168 ff.; P. Koller, Die Idee der sozialen Gerechtigkeit, in: FS f. I. Tammelo, 1984, S. 97–135; ders., Soziale Güter und soziale Gerechtigkeit, in: Theorien der Gerechtigkeit, ARSP Beiheft 56, 1994, S. 79–104.

a Defense of Pluralism and Equality (1983, dt. 1992, Taschenb. 1998) für die Anerkennung einer Vielfalt autonomer Distributionssphären, für eine je eigene „Gleichheit" der Menschen bei der Verteilung der verschiedenen sozialen Güter. Diese „pluralistische Konzeption von Gütern" (21) unterscheidet die Bereiche von Sicherheit und Wohlfahrt, von Waren und Ämtern, harter Arbeit und freier Zeit, Erziehung und Bildung, politischer Macht usw. nicht nur begrifflich, sondern postuliert deren Trennung. Gerechtigkeit müsse in erster Linie für die Separierung dieser Bereiche sorgen (449), um zu verhindern, dass die Verfügung über Güter des einen Bereichs automatisch auch Vorteile in anderen Bereichen mit sich brächten, Geld also Macht und Macht auch Geld. Um der Vielgestaltigkeit der sozialen Güter gerecht zu werden, müßten – mit jeweils unterschiedlichem Gewicht – drei verschiedene Distributionskriterien eingesetzt werden: der freie Austausch, das Verdienst und das Bedürfnis (51).[126] Das Ergebnis einer solchen Autonomie der Distributionssphären ist eine Gesellschaft, die für die verschiedenen Menschen in den verschiedenen Bereichen „unterschiedliche Resultate" hat und gerade dadurch „gerecht" ist (450).

In dieser Abstraktheit ist das wenig überzeugend. Warum sollte es ungerecht sein, die Übertragung von Ämtern von einem gewissen Bildungsniveau abhängig zu machen oder sein Geld statt für Waren lieber für eine bessere medizinische Versorgung auszugeben? Aber das ist nicht gemeint. Der schlichte, jedoch nicht stringent durchgeführte Kerngedanke ist der, dass die Verfügung über bestimmte soziale Güter niemanden in die Lage versetzen soll, damit Herrschaft über andere Menschen auszuüben. „Die Menschen sind einander (in allen wichtigen moralischen und politischen Belangen) dann gleich, wenn es niemanden gibt, der Mittel in seinem Besitz hält oder kontrolliert, die es ihm erlauben, über andere zu herrschen" (19). Gerecht ist diese Gesellschaft demnach, wenn und weil sie egalitär und in einem sozialen Sinn herrschaftsfrei ist (18). Aber das ist nur eine anarchisch-negative und ganz abstrakte, absolut scheinende Bestimmung der „komplexen Gleichheit". Positiv wird sie dagegen durch ihre Relativität auf die je bestehende Gesellschaft ganz konkret: Denn so gesehen ist eine bestehende Gesellschaft dann gerecht, „wenn sie ihr konkretes Leben … in einer Weise (lebt), die den

[126] Zu denken wäre hier auch an die wohlerworbenen und die natürlichen Rechte des Einzelnen. Zu diesen Distributionskriterien S. I. Benn/R. S. Peters, Social Principles and the Democratic State, ^{9}1973, S. 137 ff.

gemeinsamen Vorstellungen ihrer Mitglieder (sc. über die Bedeutung der sozialen Güter und ihre Verteilung) entspricht" (441, 443). Strukturell folgerichtig kehrt die Gerechtigkeitsphilosophie damit zu einem gesellschaftlichen Harmoniemodell zurück (dazu vorne § 23 II).[127] Daran ändert Walzers Zusatz wenig, wonach bei Uneinigkeit der Gesellschaftsmitglieder über die Bedeutung von sozialen Gütern die Gesellschaft um der Gerechtigkeit willen diesen Differenzen „durch institutionelle Kanäle für ihre Artikulation" sowie durch Zuteilungstechniken und alternative Verteilungsformen Rechnung tragen muss (441). Und eben dies ist ja wohl der springende Punkt.

Von jenem Ideal gesellschaftlicher Harmonie her kann die abstrakt-absolute Negativformel sozialer Gerechtigkeit als konkretes Korrektiv der bestehenden nordamerikanischen Gesellschaft verstanden werden. Im Klartext wünscht sich der Autor für die USA denn auch die

> „Strukturen ... eines dezentralen demokratischen Sozialismus in Gestalt eines starken Wohlfahrtsstaates, dessen Vertreter zumindest zum Teil aus lokalen, ehrenamtlich tätigen Gemeindebeamten bestehen, eines regulierten Marktes, eines offenen und entmystifizierten Staatsdienstes, unabhängiger staatlicher Schulen, einer Partizipation aller an harter Arbeit ebenso wie an freier Zeit, des Schutzes religiöser und familialer Aktivitäten, eines von Rücksichten auf Rang und Klassenzugehörigkeit freien Systems der öffentlichen Ehrung und Mißbilligung, einer von Arbeitern ausgeübten Kontrolle über Großbetriebe und Fabriken und einer auf Parteien, Bewegungen, Versammlungen und öffentliche Diskussionen gestützten Politik" (448).

Dieses Konzept „komplexer Gleichheit" erhebt nicht den Anspruch einheitlicher Art zu sein und universelle Geltung zu besitzen. Es ist vielgestaltig und beruht auf bestimmten historischen Gemeinsamkeiten „lokaler" Natur. Es ist nicht homophon-akkordisch, sondern polyphon, aber doch auf Harmonie in einer bestehenden Gesellschaft angelegt.

II. Rawls' Gerechtigkeitsgrundsätze

Begonnen hat die akademische Renaissance der Philosophie gerechter Güterverteilung indes, wie gesagt, mit Rawls' Theorie der Gerechtigkeit und ihrem universellen Geltungsanspruch. Ein wesent-

[127] Dazu symptomatisch schon L. T. Hobhouse, The Elements of Social Justice, 1922, mit der Zielbestimmung eines gemeinsamen guten Lebens in Harmonie.

licher Grund für das überaus starke Echo war Rawls' namentlich die Europäer provozierender Anspruch, „die herkömmliche Theorie des Gesellschaftsvertrags von Locke, Rousseau und Kant zu verallgemeinern und auf eine höhere Abstraktionsstufe zu heben". Wir haben uns mit diesem „neo-kontraktualistischen" Aspekt des Werkes in § 13 bereits beschäftigt. So gesehen handelt es sich um ein Modell subjektiver Begründung objektiver, für alle geltender, „richtiger" Regeln, Normen oder Grundsätze. Mit der klassischen Überlieferung des Gesellschafts- und Herrschaftsvertrags hat dies indes, wie sich zeigte, wenig gemein. Stattdessen ist es Rawls darum zu tun, erstens eine allseits als „fair" akzeptierte Ausgangslage jenseits aller bestehenden Ordnungen, aber auf der Basis allgemein geteilter moralischer Überzeugungen zu definieren, um von daher dann – zweitens – die potenziell betroffenen Subjekte in einer fiktiven Entscheidungssituation die Grundsätze einer gerechten Ordnung wählen zu lassen. Auf vielfache Einwände hat Rawls eingeräumt, dass der klassische Vertragsgedanke dafür nur die Rolle eines Darstellungsmittels spiele oder als Instrument der Stimmigkeitsprüfung fungiere. Nozick und anderen Kritikern kommt das Verdienst zu, hinter der neokontraktualistischen Anknüpfung an eine alteuropäische philosophische Tradition die aktuelle politische Frage des Werks bewusst gemacht zu haben. Denn letztlich ist es dieser Impetus, der altliberale wie utilitaristische Widerstände provoziert und Rawls' Theorie der Gerechtigkeit jene symptomatische Bedeutung verleiht, die Epoche gemacht hat. Geht es im Kern dieser Gerechtigkeitstheorie doch um das Problem, nach welchen Prinzipien in einem liberaldemokratischen System unter Wahrung der Freiheit eine ausgleichende Sozialpolitik begründet werden kann – über Kant hinaus, aber ebenso streng („kategorisch") und im Einklang mit gewissen kantischen Positionen, v. a. mit dessen Freiheitspostulat. Das ist wohl der Sinn der Beschwörung dieser Tradition. Rawls selbst erklärt seinen Rückgriff auf Kant mit der Absicht, seiner Theorie als einem Gegenentwurf gegen die im englischen Sprachraum vorherrschende empirisch-pragmatische Philosophie des Utilitarismus (vorne § 15 a. E.) Rückhalt zu geben (*Theorie der Gerechtigkeit,* Nr. 40). Wie Kant gegen Jeremy Bentham (1748–1832)[128] die moralische Gleichsetzung von gut und nützlich und folglich die Maximierung der kol-

[128] Siehe dessen Introduction to the principles of moral and legislation, 1789; dt. Principien der Gesezgebung, hg. v. E. Dumont, 1833, Nachdr. 1966, S. 3 ff.

lektiven Wohlfahrt *(The greatest possible quantity of happiness)* als Kriterium der Sittlichkeit verwarf, so wendet sich Rawls dagegen, mit Bentham und John Stuart Mill (1806–1873)[129] das „größte Glück der größten Zahl"[130] als Maß der Gerechtigkeit anzuerkennen. Stattdessen sucht er wie Kant nach einer spezifisch moralischen Begründung aus der menschlichen Autonomie, der Freiheit des Einzelnen – angeblich aber ohne Metaphysik, und das kann hier nur heißen: ohne Überschreitung des persönlichen Interesses als letzten Bestimmungsgrundes (was aber, wie wir in § 13 II a. E. gesehen haben, nicht stimmt). Und wie Kant die Freiheitsphilosophie in seiner Rechtslehre institutionell ausformte, so versteht auch Rawls seine Gerechtigkeitstheorie nicht personal, nicht auf Personen und Handlungen bezogen, sondern staatsrechtlich-politisch: eben auf Institutionen ausgerichtet. Einen Theoretiker des Sozialstaats kann man ihn gleichwohl nicht nennen. Denn sein Modell bleibt mit dem Ziel des Vertragsschlusses auf die Kooperationsgemeinschaft des wechselseitigen Vorteils beschränkt.[131] Hilfsbedürftigkeit, die aus diesem Zusammenhang herausfällt, hat hier – anders als bei Walzer – keinen Platz.

Nach alledem verwundert es nicht, wenn sowohl Rawls' erster Gerechtigkeitsgrundsatz wie die zugehörige Vorrangregel sehr stark an Kants Rechtslehre erinnern (vorne § 26 IV). Diese Prinzipien werden, wie wir hörten, in jener „fairen Ausgangssituation", der *original position* gewählt, die eine Art dramatisierte Form des als „Kategorischer Imperativ" bekannten Universalisierungstests darstellt. Demgemäß beansprucht die Entscheidung unter dem Diktat jener Nötigung zu stehen, die von der Vernunft ausgeht: So bildet und erklärt das Konsensfähige den Konsens, statuiert aber als das Vernünftige in ambivalenter Weise zugleich das Gesollte, die Normen der Gerechtigkeit. Und deren erste lautet (Nr. 11; vgl. Nr. 46):

[129] Utilitarianism, 1864; dt. Der Utilitarismus, übers. v. D. Birnbacher, 1976 u. ö., S. 13 ff., 108 ff.

[130] Diese berühmte Formel hatte Bentham von John Priestley (1733–1804): The First Principles of Government, 1768; er hätte sie auch bei Francis Hutcheson (1694–1746): An Inquiry into the Original of our Ideas of Beauty and Virtue usw. (1725), dt. Übers. v. W. Leidhold, 1986, S. 71, finden können. Zu Herkunft und Verbreitung des Gedankens D. Baumgardt, Bentham and the Ethics of Today, 1952, S. 33 ff.; E. Haléry, The Growth of Philosophic Radicalism, 1966, S. 22 ff.

[131] Dazu W. Kersting, Recht, Gerechtigkeit und demokratische Tugend, 1997, S. 239 ff.

„Jedermann soll gleiches Recht auf das umfangreichste Gesamtsystem gleicher Grundfreiheiten haben, das für alle möglich ist."

Die zugehörige erste Vorrangregel statuiert (Nr. 46) den Vorrang der Freiheit: Danach können Grundfreiheiten nur um der Freiheit und nicht um irgendwelcher kollektiver Zwecke willen eingeschränkt werden, vorausgesetzt: (a) die Einschränkung der Freiheit stärkt das Gesamtsystem der Freiheiten für alle; und (b) die Einschränkung ist für die Betroffenen annehmbar. Die eigentlichen Schwierigkeiten beginnen mit Rawls' zweitem Grundsatz der Gerechtigkeit, dem sog. Differenzprinzip. Angesichts der Unmöglichkeit distributiver Gerechtigkeit im streng aristotelischen Sinne (dazu vorne § 19 III) schreibt dieser Grundsatz (Nr. 13; vgl. Nr. 46) vor:

„Soziale und wirtschaftliche Ungleichheiten sind so zu regeln, daß sie sowohl (a) den am wenigsten Begünstigten die bestmöglichen Aussichten bringen als auch (b) mit Ämtern und Positionen verbunden sind, die allen gemäß der fairen Chancengleichheit offen stehen."

Dass dies der explizite Versuch ist, die Ideale der Französischen Revolution „Freiheit, Gleichheit, Brüderlichkeit" theoretisch auch in ihrem dritten Teil einzulösen, ergibt sich noch deutlicher aus der zweiten Vorrangregel. Sie fixiert nämlich normativ den Gesichtspunkt der sozial am schlechtesten Gestellten. Denn danach geht der zweite Gerechtigkeitsgrundsatz über die Rechtfertigung von Ungleichheiten aus der Perspektive der am wenigsten Begünstigten sowohl dem Grundsatz der Belohnung von Leistung wie dem utilitaristischen Gesichtspunkt der Erhöhung des Gesamtnutzens vor. Ferner ist danach speziell die faire Chancengleichheit sogar dem möglichen allgemeinen Nutzen der Ungleichheit auch für den Benachteiligten derart vorgeordnet, dass eine Chancen-Ungleichheit die Chancen der Benachteiligten verbessern muss (Nr. 46). Gegen das Differenzprinzip haben Kritiker eingewendet, die Wahl dieses Gerechtigkeitsprinzips sei Ausdruck von Risikoscheu, sie präge eine Verfassung für Leute, die sich nichts zutrauten. Offenbar ist es nicht möglich, Gerechtigkeitsschranken für den Erwerb von Gütern zu formulieren, ohne den Widerspruch zu provozieren, für den schon der Sophist Kallikles das böse Motto geliefert hatte: Vorteile anderer als Unrecht auszugeben, sei nichts als Ausdruck des Ressentiments von Schwächlingen (vorne § 16 II).

Indessen haben sich diese und manche andere Kritiken in dem Maße erledigt, als Rawls seine Position relativiert hat. So gewinnt seine Theorie im Laufe ihrer Entwicklung, Interpretation und Modifikation durch den Autor[132] Anschluss an die bei Rousseau angelegte Unterscheidung einer konstitutionellen Ebene der Staatsorganisation und einer operationellen Ebene der Gesetzgebung. Der erste Gerechtigkeitsgrundsatz der Freiheit wird jetzt auf die wesentlichen Einrichtungen der Verfassung bezogen, der zweite – das sog. Differenzprinzip – stärker als regulatives Prinzip der einfachen Gesetzgebung interpretiert. Der Grundsatz konstitutioneller Freiheit rechtfertigt die danach in einem fairen Entscheidungsverfahren erzielten Ergebnisse gewissermaßen vorläufig, ohne dafür allgemeinen Konsens zu reklamieren – mit dem Differenzprinzip als materiellem Kontrollmaßstab. Wegen der Komplexität ökonomischer Sachverhalte bleiben insoweit vernünftige Meinungsverschiedenheiten immer möglich. Mit der expliziten Anerkennung des weltanschaulichen Pluralismus schrumpft der Anwendungsbereich der konsensualen Gerechtigkeitstheorie auf die Institutionen des liberal-demokratischen Verfassungsstaats und die Kultur seiner Gesellschaften. Das allein sei der Rahmen, hat Rawls inzwischen – wie man will – eingeräumt oder klargestellt, und nicht eine philosophische Gesamtkonzeption wie bei Hobbes, keine umfassende Geschichts- und Gesellschaftsphilosophie auf der Grundlage einer bestimmten Anthropologie wie bei Rousseau, auch keine einheitliche praktische Philosophie oder Morallehre wie bei Kant. Im schroffen Gegensatz zu Kant steht dann auch, dass Rawls' Theorie keinen Anspruch (mehr) auf Universalität erhebt. Das neue Vertragsdenken endet hier bei dem Versuch einer immanenten moralisch-normativen Systematisierung der mentalen und institutionellen Gegebenheiten westlicher Gesellschaften kraft wechselseitiger Anerkennung freier und gleicher Personen und der Formulierung eines alle pluralistischen Verschiedenheiten übergreifenden und integrierenden Ausgleichsmechanismus. So mutet den alteuropäischen Verfassungsjuristen des liberaldemokratischen Sozialstaats das ausformulierte Endergebnis denn eher vertraut an,

> „daß soziale Kooperation ... zumindest dann, wenn wesentliche Verfassungsinhalte betroffen sind, soweit wie möglich unter Bedingungen stattfinden, die für alle Bürger als vernünftige und rationale Personen einsichtig und akzeptabel sind. Diese Bedingungen werden am besten mit Bezug auf die grundsätzlichen politischen und verfassungsrechtlichen Werte formuliert (die ihrerseits von einer politischen Gerechtigkeitskonzeption artikuliert werden), so daß auch angesichts einer Vielfalt umfassender Lehren von allen

[132] S. dazu den von W. Hinsch hg. Sammelbd.: J. Rawls, Die Idee des politischen Liberalismus, 1992.

(sc. im Sinne eines von heterogenen Standpunkten aus sich überlappenden oder übergreifenden Konsenses – H. H.) vernünftigerweise erwartet werden kann, daß sie ihnen zustimmen.“[133]

Die Funktion einer „politischen Gerechtigkeitskonzeption“, die nach Rawls’ Vorstellung für alle die „grundsätzlichen politischen und verfassungsrechtlichen Werte formuliert“, nimmt in der Bundesrepublik Deutschland des Grundgesetzes die Dogmatik des Verfassungsrechts im Allgemeinen (v. a. im Hinblick auf das Sozialstaatsprinzip) und die der Grundrechte im Besonderen wahr. Denn unter dem maßgeblichen Einfluss des Bundesverfassungsgerichts haben die außerordentlich reich ausdifferenzierten Grundrechtslehren den Gesichtspunkt des Schutzes individueller Freiräume vor staatlichen Eingriffen überschritten.[134] Außer als Abwehr-, Leistungs-, Gleichbehandlungs- und Teilnahmerechte fungieren die Grundrechte als „Wertordnung“ für alle Auslegungsfragen, „strahlen“ so in alle Rechtsbereiche „aus“, mutieren zu Schutzpflichten des Staates zugunsten bedrohter Grundrechtsgüter und dienen als Maßstäbe für alle Organisations- und Verfahrensgestaltungen, die den Grundrechtsschutz effektiver machen sollen. Und diese „dynamische Grundrechtsentwicklung“ ist ein offener Prozess. Darin entfaltet sich vom Individuum her so etwas wie eine Gerechtigkeits- und Staatszweckelehre. Zugleich fängt diese differenzierte Dogmatik über die Theorie der Grundrechtsschranken wenigstens teilweise die zum zentrifugalen Pluralismus führende Konsequenz der Sicherung von Grundfreiheiten wieder auf.

Darüber hinaus führt die liberal-soziale Suche nach Prinzipien des Ausgleichs und eines übergreifenden Konsenses folgerichtig zu der These, dass das Politische als Feld solcher Bemühungen einen „besonderen Bereich“ darstellt[135] und nicht etwa wie nach Carl Schmitts ominösem „Begriff des Politischen“ nur den höchsten Intensitätsgrad eines beliebigen Gegensatzes bezeichnet.[136]

§ 34 Soziale Gerechtigkeit – nur eine neue Illusion?

Wegen der Schwierigkeit, wenn nicht Unmöglichkeit einer präzisen Begriffsbestimmung scheint es leicht, die soziale Gerechtigkeit, wie

[133] Rawls, Die Idee des politischen Liberalismus (N 132), S. 356.
[134] Dazu H. Dreier, Dimensionen der Grundrechte, 1993.
[135] Rawls, Die Idee des politischen Liberalismus (N 133), S. 356.
[136] Dazu Hofmann, Legitimität gegen Legalität (N 81), S. 101 ff.

ehedem schon den alten, schlichten Begriff der Gerechtigkeit, als eine „Leerformel“ zu „entlarven“. Unter dem drastischen Buchtitel *Die Illusion der sozialen Gerechtigkeit* (1981) bietet der einflussreiche[137] britische Neoliberale österreichischer Herkunft Friedrich August von Hayek (1899–1992) eine ganze Reihe einschlägiger Charakterisierungen der Formel von der sozialen Gerechtigkeit. „Unsinn“, „Irrlicht“ und „quasi-religiöser Aberglaube“ (98, 125 f.) erscheinen da als die noch eher milden Bezeichnungen. Es ist aber auch von „Schwindel“ in einem organisierten Machtkampf, „schwerster Bedrohung der meisten anderen Werte einer freien Zivilisation“, ja von einem „Trojanischen Pferd des Totalitarismus“ die Rede (125 f., 134, 184). Wer bei sozialer Gerechtigkeit vornehmlich an Sozialversicherung, Arbeiterschutzgesetzgebung und Sozialhilfe denkt, dem müssen solche Ausbrüche arg überzogen erscheinen. Doch ist nicht zu bestreiten, dass die Notwendigkeit sozialer Gerechtigkeit in der Auseinandersetzung organisierter Interessen nur allzu oft zur Durchsetzung partikulärer Wünsche beschworen wird (wie umgekehrt Machtpotenziale sich hinter der „gleichen Freiheit aller“ verschanzen[138]). Was indes noch schwerer wiegt: Hayeks politische Polemik hat einen sehr harten theoretischen Kern. Denn es ist richtig, dass das unpersönliche Marktgeschehen mit seiner „spontanen“ Ordnung die menschlichen Bedürfnisse in einem weit größeren Ausmaß befriedigt, als das irgendeine darauf gerichtete menschliche Organisation je vermöchte. Und die besonderen Vorteile, Gewinne und Chancen des Marktes sind keine bewussten und gewollten persönlichen Zuteilungen für persönliche Verdienste durch ein dafür zuständiges Subjekt, sondern unbeabsichtigte Systemeffekte. Ihre enorme Wirkung entfalten sie gerade als bloße Signale des Standes der Ressourcenverwertung und damit als in die Zukunft weisende Orientierungsdaten für Erfolg versprechendes Handeln. Daher kann auch für konkrete negative Ergebnisse des Marktgeschehens niemand persönlich verantwortlich gemacht werden. Folglich ist es in der Tat unangemessen, von jenem sich selbst ordnenden Prozess zu verlangen, dass er sich moralischen Vorschriften des individuellen Handelns füge (93). Umgekehrt gibt es keine Prinzipien individuellen Verhaltens, deren Befolgung aus sich heraus ein Ordnungsmuster gerechter Güterverteilung hervorbringen könnte

[137] S. etwa O. Issing, Der Sozialstaat auf dem Prüfstand, in: Deutsche Bundesbank, Auszüge aus Presseartikeln Nr. 71, 1997, S. 1 ff.

[138] S. dazu schon die betrügerische „Rede des Reichen“ in Rousseaus Diskurs über die Ungleichheit (N 99), S. 214 ff. samt H. Meiers Analyse.

(118). Jeder Versuch, den Menschen vorzuschreiben, wie sie durch ihr persönliches Handeln soziale Gerechtigkeit zu bewirken hätten, zerstört den Markt und muss in irgendeiner Art von Totalitarismus enden. Daraus folgert v. Hayek, dass der Begriff der sozialen Gerechtigkeit überhaupt „nur in einer gelenkten oder 'Befehls'-Wirtschaft", also in einer sozialistischen Planwirtschaft, „Bedeutung erhalten (könne)" (101) – freilich nur die eines offiziellen „quasi-religiösen Aberglaubens" (98).

Damit sind wir beim Kern dieser noch ganz vom „Kalten Krieg" gegen den inzwischen nicht mehr existierenden Sozialismus sowjetischer Machart geprägten Polemik. Theoretisch resultiert diese exklusive Fixierung aus einem eigensinnigen Sprachgebrauch v. Hayeks: Gerecht und ungerecht, darauf beharrt er, könne nur individuelles menschliches Handeln und dessen beabsichtigtes Ergebnis genannt werden. Danach erfordere Gerechtigkeit,

> „daß bei der 'Behandlung' einer anderen Person oder von Personen, d. h. in den gewollten Handlungen, die sich auf das Wohlergehen anderer Personen auswirken, gewisse einheitliche Verhaltensregeln beachtet werden. Sie hat offensichtlich keine Anwendung auf die Weise, wie der unpersönliche Prozeß des Marktes bestimmten Personen Herrschaft über Güter und Dienstleistungen zuteilt: dies kann weder gerecht noch ungerecht sein, weil die Ergebnisse nicht beabsichtigt oder vorhergesehen sind und von einer Vielzahl von Umständen abhängen, die in ihrer Gesamtheit niemandem bekannt sind. Das Verhalten der Individuen in diesem Prozeß kann sehr wohl gerecht oder ungerecht sein; aber da ihre vollkommen gerechten Handlungen Konsequenzen für andere haben, die weder beabsichtigt noch vorhergesehen waren, werden diese Wirkungen dadurch weder gerecht noch ungerecht" (102).

Mag nun aus dem „Grundprinzip des ökonomischen Spiels" auch folgen, dass „nur das Verhalten der Spieler, nicht aber das Ergebnis gerecht sein kann" (102), so bleiben zumindest die Fragen nach der Gerechtigkeit der Spielregeln, nach der Bewertung der Ergebnisse für diejenigen, die an dem Spiel nicht oder nicht uneingeschränkt teilnehmen können, wie nach der Befriedigung nicht „marktgängiger" Interessen. Schon insofern ist nicht einzusehen, warum nicht im Einklang mit der klassischen Tradition (vorne § 19 I) sinnvollerweise von der Gerechtigkeit einer Norm oder einer Ordnung als solcher sollte gesprochen werden können und warum dieser Aspekt der Gerechtigkeit nicht als der „soziale" sollte bezeichnet werden dürfen.[139]

[139] Dazu Koller, Idee der sozialen Gerechtigkeit (N 125), S. 108 ff., 124, 131 ff.

Offenbar dreht sich alles um v. Hayeks Befürchtung, schon terminologische Zugeständnisse auf diesem Felde unterminierten das Prinzip individueller Freiheit und das dadurch konstituierte Marktgeschehen. Denn gegen soziale Hilfe „außerhalb des Marktes" hat der Autor nichts: Das brauche „nicht zu einer Einschränkung der Freiheit zu führen oder mit der Herrschaft des Rechts in Konflikt zu geraten" (122). So unterscheidet sich sein Fazit nicht prinzipiell von demjenigen Rawls' (siehe 178, 232 f.), dem er lediglich den Gebrauch des Terminus „sozialer" Gerechtigkeit verübelt (138).

Gibt es dann also – jenseits der Freiheit des Marktes – doch einen Maßstab der (sozialen) Gerechtigkeit? Gegen Kelsen (vorne § 2 III), dessen sein ganzes Leben begleitende Kritik an der platonischen Gerechtigkeitsphilosophie unter dem Titel *Die Illusion der Gerechtigkeit* postum 1985 erschienen ist, bejaht v. Hayek diese Frage. Zwar sei dem Rechtspositivismus der Nachweis gelungen, dass es keine positiven Kriterien der Gerechtigkeit gebe. Daraus habe man geschlossen, dass *alle* Fragen der Gerechtigkeit „einzig eine Sache des Willens oder der Interessen oder der Emotionen seien" (68). In sachlicher Übereinstimmung mit der vorne in §§ 5 II, 14 und 15 entwickelten Auffassung hält er jedoch die dabei stillschweigend gemachte Voraussetzung für falsch, dass objektive Kriterien der Gerechtigkeit Prämissen sein müssten, aus denen ein vollständiges System gerechter Regeln deduziert werden könnte. Es bleibt nämlich die Möglichkeit einer negativen, einer Ungerechtigkeitsprüfung. Und die ist – wiewohl ausgelöst durch das Empfinden einer Anstößigkeit – nicht notwendig bloß eine Angelegenheit des Gefühls, sondern eine Frage der Vereinbarkeit mit anerkannten Prinzipien und eine Sache der diskursiven Argumentation. Jene Grundsätze aber sind als Ethos einer Ordnung auch dann eine objektive, nicht beliebig disponible Wirklichkeit, wenn ihre Anerkennung faktisch nicht universell und ihre Geltung nicht vernunftnotwendig zwingend ist.

> „Die Tatsache, daß es verschiedene Vorstellungen darüber gibt, was gerecht ist, schließt nicht die Möglichkeit aus, daß die negative Ungerechtigkeitsprüfung eine objektive Prüfung sein kann, die mehrere verschiedene, aber nicht alle Systeme solcher Regeln bestehen können" (80).

Und das ist eine „adäquate Richtschnur ... für die Weiterentwicklung eines bestehenden Rechtssystems mit dem Ziel, es gerechter zu machen" (66). Dabei bleibt zu bedenken, dass das Verteilungspro-

[140] Dazu Kersting, Recht (N 131), S. 243 ff.

blem längst eine internationale Dimension hat.[140] Unsere Bemühungen um ein gerechteres Rechtssystem sind nicht länger quasi natürlich auf den Binnenraum des Staates beschränkt und ebenso wenig auf den Zuständigkeitsbereich zwischenstaatlicher Einrichtungen oder das Gebiet überstaatlicher Gemeinschaften wie der Europäischen Union. Die Frage gerechter Güterverteilung stellt sich heute global und zeigt im Nord-Süd-Gefälle ihr scharfes Profil. Mit einer universellen Theorie der Verteilungsgerechtigkeit ist ihr freilich nicht beizukommen. Förderung von Rechtsstaatlichkeit und Demokratie überall auf der Welt durch die entwickelten Staaten wie die supranationalen Organisationen und ein wenig mehr Fairness im weltwirtschaftlichen Verkehr sind die besseren Postulate. Um solchem Ausgleich nachzustreben „braucht kein königlicher Philosoph vom Himmel zu fallen, brauchen die Narren nicht weise zu werden“[141].

[141] Arthur Baumgarten, Der Weg des Menschen – Eine Philosophie der Moral und des Rechts (1933), Nachdr. 1978, S. 520.

Literaturauswahl

1. Quellentexte

Aristoteles: Werke in dt. Übers., hg. v. Hellmut Flashar, Darmstadt 1977 ff., darin:
– Bd. 9, Politik, Bücher I–III (2 Bde.), erl. v. Eckart Schütrumpf (1991)
– Bd. 6, Nikomachische Ethik, komm. v. Franz Dirlmeier (1991)

Augustin, Aurelius: Vom Gottesstaat (De civitate dei), eingel. u. komm. v. Carl Andresen, München ^{3}1997

Austin, John: Lectures on Jurisprudence or the Philosophy of Positive Law (1873); Ausz. u. d. T. Rechtsnormen als Befehle des politischen Machthabers, in: Recht und Moral, hg. v. Norbert Hoerster, Stuttgart 1987, S. 15–19

Bacon, Francis: Novum organum scientiarum (1620), dt. Neues Organ der Wissenschaften, Leipzig 1830, Nachdr. Darmstadt 1981

Bacon, Francis: Nova Atlantis, dt. in: Der utopische Staat, hg. v. Klaus J. Heinisch, Reinbek 1960, S. 171–215

Bentham, Jeremy: Introduction to the principles of moral and legislation (1789), dt. Principien der Gesetzgebung, hg. v. Etienne Dumont, Köln 1833, Nachdr. Frankfurt a. M. 1966

Bierling, Ernst Rudolf: Zur Kritik der juristischen Grundbegriffe, 2. Teil, Gotha 1883

Bierling, Ernst Rudolf: Juristische Prinzipienlehre, 1. Bd. Freiburg i. B. u. Leipzig 1894; 5. Bd. Tübingen 1917

Bodin, Jean: De la Republique (1576), dt. Sechs Bücher über den Staat, hg. v. Peter Cornelius Mayer-Tasch, 1. Bd. München 1981, 2. Bd. München 1986

Cicero, Marcus Tullius: De legibus, dt. Über die Gesetze, hg. v. Elmar Baader, Reinbek 1969; bei Reclam u. d. T. Über die Rechtlichkeit, übers. v. Karl Büchner, Stuttgart 1983

Cicero, Marcus Tullius: De re publica, dt. Über den Staat, übers. v. Walther Sontheimer, Stuttgart 1995

Cicero, Marcus Tullius: Tusculanae disputationes, dt. Gespräche in Tusculum, hg. v. Olof Gigon, Darmstadt ^{7}1998

Descartes, René: Discours de la méthode pour bien conduire sa raison et chercher la vérité dans les sciences (1637), dt. Abhandlung über die Methode des richtigen Vernunftgebrauchs, mit einem Nachw. v. Hermann Glockner, Stuttgart 1961 u. ö.

Dworkin, Ronald: Taking rights seriously (1977), dt. Bürgerrechte ernstgenommen, Frankfurt a. M. ^{1}1984

Epiktet, Teles und Musonius, Wege zum glückseligen Leben, hg. v. Wilhelm Capelle, Zürich 1948

Fichte, Johann Gottlieb: Grundlage des Naturrechts nach Principien der Wissenschaftslehre (1796), Nachdr. Berlin 1971

Geiger, Theodor: Vorstudien zu einer Soziologie des Rechts, Neuwied a. Rh. ^{2}1964

Grotius, Hugo: De jure belli ac pacis (1625), dt. Vom Recht des Krieges und des Friedens, hg. v. Walter Schätzel, Tübingen 1950

Habermas, Jürgen: Moralbewußtsein und kommunikatives Handeln, Frankfurt a. M. Nachdr. 2001

Habermas, Jürgen: Faktizität und Geltung, Frankfurt a. M. ^{5}1997

Hart, Herbert Lionel Adolphus: Recht und Moral, hg. Norbert Hoerster, Göttingen 1971

Hart, Herbert Lionel Adolphus: The Concept of Law, dt. Der Begriff des Rechts, Frankfurt a. M. 1973

Hegel, Georg Wilhelm Friedrich: Werke in 20 Bänden, hg. v. Eva Moldenhauer u. Karl Markus Michel, Frankfurt a. M. 1969–1971 (stw), darin:
- Grundlinien der Philosophie des Rechts oder Naturrecht und Staatswissenschaft im Grundrisse, Bd. 7
- Vorlesungen über die Philosophie der Geschichte, Bd. 12

Hegel, Georg Wilhelm Friedrich: Die Philosophie des Rechts. Die Mitschriften Wannenmann (Heidelberg 1817/18) und Homeyer (Berlin 1818/19), hg. v. Karl-Heinz Ilting, Stuttgart 1983

Hegel, Georg Wilhelm Friedrich: Philosophie des Rechts. Die Vorlesung von 1819/20 in einer Nachschrift, hg. v. Dieter Henrich, Frankfurt a. M. 1983

Hegel, Georg Wilhelm Friedrich: Vorlesungen über Naturrecht und Staatswissenschaft Heidelberg 1817/18 mit Nachträgen aus der Vorlesung 1818/19. Nachgeschrieben von P. Wannenmann, hg. v. C. Becker u. a., Hamburg 1983

Hobbes, Thomas: De cive (1642), dt. Vom Bürger – Vom Menschen. Elemente der Philosophie II/III, eingel. u. hg. v. Günter Gawlick, Hamburg ^{3}1994

Hobbes, Thomas: Leviathan, or the Matter, Form, and Power of a Commonwealth (1651), dt. Leviathan, hg. u. eingel. v. Iring Fetscher, Frankfurt a. M. 1966; Neuübers. mit einer Einf. v. Hermann Klenner, Hamburg 1996

Kant, Immanuel: Werke, hg. v. der Preußischen Akademie der Wissenschaften, Berlin 1902 ff. (Nachdr. Berlin 1968), darin:
- Grundlegung zur Metaphysik der Sitten, Bd. IV, S. 385–463
- Die Metaphysik der Sitten, Bd. VI, S. 203–493
- Über den Gemeinspruch: Das mag in der Theorie richtig sein, taugt aber nicht für die Praxis, Bd. VIII, S. 273–313
- Zum ewigen Frieden, Bd. VIII, S. 341–386

Kelsen, Hans: Reine Rechtslehre (1934), Wien ^{2}1960

Laun, Rudolf: Recht und Sittlichkeit (1924), Berlin ^{3}1935

Locke, John: Two treatises of Government, dt. Zwei Abhandlungen über die Regierung, hg. u. eingel. v. Walter Euchner, Frankfurt a. M. ^{8}2000

Luhmann, Niklas: Rechtssoziologie, Opladen ^{3}1987

Luhmann, Niklas: Das Recht der Gesellschaft, Frankfurt a. M. 1993

Machiavelli, Niccolò: Il principe (1513, erster Druck 1532), dt. Der Fürst, hg. v. Rudolf Zorn, Stuttgart 1978

Mark Aurel (Marcus Aurelius Antoninus): Wege zu sich selbst, griech. u. dt., hg. u. übers. v. Willy Theiler, Darmstadt ³1984

Marx, Karl: Manifest der Kommunistischen Partei, in: ders., Frühschriften, hg. v. Siegfried Landshut, Stuttgart 1953, S. 525–560

Mill, John Stuart: Utilitarianism (1864); dt. Der Utilitarismus, Stuttgart 1976

Montesquieu, Charles-Louis de: De l'esprit des lois (1748), dt. Vom Geist der Gesetze, eingel. v. Kurt Weigand, Stuttgart 1994

Nicolai de Cusa Opera Omnia, hg. v. der Heidelberger Akademie der Wissenschaften, darin:

– De concordantia catholica, hg. v. Gerhard Kallen, Buch 1: Heidelberg 1964, Buch 2: Heidelberg 1965, Buch 3: Heidelberg 1959

Nozick, Robert: Anarchy, State, and Utopia, 1974, dt. Anarchie, Staat, Utopia, München 1976

Pascal, Blaise: Pensées (Erstdr. 1670), dt. Gedanken. Auswahl, hg. v. Ewald Wasmuth, Stuttgart 1987

Platon: Werke in 8 Bänden, griech. u. dt., hg. v. Gunther Eigler, Darmstadt 1990

– Bd. 4: Der Staat, bearb. v. Dietrich Kurz

– Bd. 6: Der Staatsmann, bearb. v. Peter Staudacher

– Bd. 8: Gesetze, bearb. v. Klaus Schöpsdau

Pütter, Johann Stephan: Neuer Versuch einer Juristischen Encyclopädie und Methodologie (²1767), Nachdr. Hildesheim 1998

Radbruch, Gustav: Gesetzliches Unrecht und übergesetzliches Recht, in: SJZ 1/1946, 105 ff. = Gesamtausgabe, hg. v. Arthur Kaufmann, Bd. 3, bearb. v. Winfried Hassemer, Heidelberg 1990, S. 83–93; jetzt auch in: ders., Rechtsphilosophie, Neuausg. v. Ralf Dreier, Heidelberg 1999, S. 211–219

Rawls, John: A Theory of Justice (1971), dt. Eine Theorie der Gerechtigkeit, Frankfurt a. M. ¹²2001

Rawls, John: Die Idee des politischen Liberalismus. Aufsätze 1978–1989, hg. v. Wilfried Hinsch, Frankfurt a. M. 1994

Rousseau, Jean-Jacques: Discours sur l'inégalité (1755), dt. Diskurs über die Ungleichheit, hg. v. Heinrich Meier, München ⁵2001

Rousseau, Jean-Jacques: Contrat social (1762), dt. Gesellschaftsvertrag, hg. v. Hans Brockard, Stuttgart 1977

Scheler, Max: Der Formalismus in der Ethik und die materiale Wertethik (1913), Bern/München ⁶1980

Schopenhauer, Arthur: Sämtliche Werke, hg. v. Wolfgang Frhr. von Löhneysen, 5 Bde., Darmstadt 1976 ff., darin:

– Die Welt als Wille und Vorstellung, Bde. I u. II (1982/80)

– Preisschrift über die Grundlage der Moral, Bd. III (1980), S. 629–815

Seneca, L. Annaeus: Philosophische Schriften, lat. u. dt., hg. v. Manfred Rotenbach, 5 Bde., Darmstadt 1995

– Bde. 3 u. 4: An Lucilius. Briefe über Ethik

Sophokles: Antigone, übers. v. Wilhelm Kuchenmüller, Stuttgart 1955 u. ö.
Spinoza, Benedictus de: Tractatus theologico-politicus = Werke, lat. u. dt., Bd. 1, hg. v. Günter Gawlick u. Friedrich Niewöhner, Darmstadt ²1989
Stammler, Rudolf: Die Lehre von dem richtigen Rechte (1902), Nachdr. der Neuaufl. v. 1926, Darmstadt 1964
Stammler, Rudolf: Richtiges Recht, in: ders., Rechtsphilosophische Grundfragen, Bern 1928, S. 51–82
Stein, Lorenz von: Geschichte der sozialen Bewegung in Frankreich von 1789 bis auf unsere Tage (1850), hg. v. Gottfried Salomon, München 1921, Neudr. Darmstadt 1959
Stoicorum Veterum Fragmenta, hg. v. Johannes v. Arnim, Bd. III (1903), Nachdr. Stuttgart 1964
Thomas von Aquin: Recht und Gerechtigkeit: Theologische Summe II–II, Fragen 57–79, komm. v. Arthur F. Utz (Nachfolgefass. v. Bd. 18 der Dt. Thomasausg.), Bonn 1987
Thomas von Aquin: De regimine principum (ca. 1256), dt. Über die Herrschaft der Fürsten, Nachw. v. Ulrich Matz, Stuttgart 1971
Thomasius, Christian: Fundamenta juris naturae et gentium etc., Halle 1705, dt. Grund-Lehren des Natur- und Völcker-Rechts, Halle 1705
Die Fragmente der Vorsokratiker, griech. u. dt., 3 Bde., hg. v. Hermann Diels u. Walther Kranz, Berlin-Grunewald ⁶1951/52
Walzer, Michael: Spheres of Justice. Defense of Pluralism and Equality (1983), dt. Sphären der Gerechtigkeit – Ein Plädoyer für Pluralität und Gleichheit, Frankfurt a. M. 1992
Weber, Max: Wirtschaft und Gesellschaft, Tübingen ⁵1972
Welcker, Karl Theodor: Die letzten Gründe von Recht, Staat und Strafe (1813), Neudr. Aalen 1964

2. Zu einzelnen Fragen

Albert, Hans: Rechtswissenschaft als Realwissenschaft, Baden-Baden 1993
Alexy, Robert: Theorie der Grundrechte, Frankfurt ⁴2001
Alexy, Robert: Begriff und Geltung des Rechts, Studienausg. Freiburg 2002
Apel, Karl-Otto: Zum Problem einer rationalen Begründung der Ethik im Zeitalter der Wissenschaft, in: Rehabilitierung der praktischen Philosophie, Bd. II, hg. v. Manfred Riedel, Freiburg 1974, S. 13–22
Berman, Harold J.: Law and Revolution. The formation of the western legal tradition (1983), dt. Recht und Revolution – Die Bildung der westlichen Rechtstradition, Taschenbuchausg. Frankfurt a. M. 1995
Bubner, Rüdiger: Geschichtsprozesse und Handlungsnormen, Frankfurt a. M. 1984
Bydlinski, Franz: Juristische Methodenlehre und Rechtsbegriff, Wien ²1991
Carrino, Agostino: Die Normenordnung. Staat und Recht in der Lehre Kelsens, Wien 1998

Denzer, Horst: Moralphilosophie und Naturrecht bei Samuel Pufendorf, München 1972
Dreier, Horst: Rechtslehre, Staatssoziologie und Demokratietheorie bei Hans Kelsen, Baden-Baden ²1990
Dreier, Horst: Gustav Radbruch und die Mauerschützen, in: JZ 1997, S. 421 ff.
Dreier, Ralf: Recht–Moral–Ideologie, Frankfurt a. M. 1981
Dreier, Ralf: Recht–Staat–Vernunft, Frankfurt a. M. 1991
Engisch, Karl: Auf der Suche nach der Gerechtigkeit, München 1971
Esser, Josef: Grundsatz und Norm in der richterlichen Rechtsfortbildung des Privatrechts (¹1956), Tübingen ⁴1990
Forschner, Maximilian: Die stoische Ethik, Darmstadt ²1995
Forst, Rainer: Kontexte der Gerechtigkeit, Frankfurt a. M. Nachdr. 2004
Frankenberg, Günter (Hg.): Auf der Suche nach der gerechten Gesellschaft, Frankfurt a. M. 1994
Günther, Klaus: Was heißt: „Jedem das Seine"? Zur Wiederentdeckung der distributiven Gerechtigkeit, in: Auf der Suche nach der gerechten Gesellschaft, hg. v. Günter Frankenberg, Frankfurt 1994, S. 151–181
Haller, Rudolf: Neopositivismus – Eine historische Einführung in die Philosophie des Wiener Kreises, Darmstadt 1993
Hare, Richard M.: The Language of Morals, 1952, dt. Die Sprache der Moral, Frankfurt a. M. 1983
Hauer, Peter: Leitbilder der Gerechtigkeit in den marktwirtschaftlichen Konzeptionen von Adam Smith, John Stuart Mill und Alfred Müller-Armack, Frankfurt a. M. 1991
Hayek, Friedrich August von: Recht, Gesetzgebung und Freiheit, Bd. 2: Die Illusion der sozialen Gerechtigkeit. Eine neue Darstellung der liberalen Prinzipien der Gerechtigkeit und der politischen Ökonomie, Tübingen 2003
Henrich, Dieter/Horstmann, Rolf Peter(Hg.): Hegels Philosophie des Rechts, Stuttgart 1982
Hoerster, Norbert: Verteidigung des Rechtspositivismus, Frankfurt a. M. 1989
Höffe, Otfried: Politische Gerechtigkeit – Grundlegung einer kritischen Philosophie von Recht und Staat, Frankfurt a. M. ³2002
Höffe, Otfried: Kategorische Rechtsprinzipien – Ein Kontrapunkt der Moderne, Frankfurt a. M. 1990
Höffner, Joseph: Statik und Dynamik in der scholastischen Wirtschaftsethik, Köln 1955
Höffner, Joseph: Kolonialismus und Evangelium, Trier ³1972
Hoffmann, Klaus Friedrich: Das Recht im Denken der Sophistik, Stuttgart/Leipzig 1997
Hofmann, Hasso: Legitimität und Rechtsgeltung – Verfassungstheoretische Bemerkungen zu einem Problem der Staatslehre und der Rechtsphilosophie, Berlin 1977

Hofmann, Hasso: Hugo Grotius, in: Recht–Politik–Verfassung. Studien zur Geschichte der politischen Philosophie, Frankfurt a. M. 1986, S. 31–57

Hofmann, Hasso: Gebot, Vertrag, Sitte – Die Urformen der Begründung von Rechtsverbindlichkeit, Baden-Baden 1993

Hofmann, Hasso: Verfassungsrechtliche Perspektiven – Aufsätze aus den Jahren 1980–1994, Tübingen 1995

Hofmann, Hasso: Bilder des Friedens oder Die vergessene Gerechtigkeit, Privatdruck der Carl Friedrich von Siemens Stiftung, München ^{2}2008

Hofmann, Hasso: Das Politische in Spinozas „Politischem Traktat", in: FS f. Alexander Hollerbach, hg. v. Joachim Bohnert u. a., Berlin 2001, S. 429–453

Hofmann, Hasso: Der Begriff des Gesetzes in der politischen Theologie von Thomas Hobbes, in: Der biblische Gesetzesbegriff, hg. v. Okko Behrends, Göttingen 2006, S. 151–196

Hollerbach, Alexander: Art. Rechtsethik, in: Staatslexikon der Görres-Gesellschaft IV, Freiburg ^{7}1988, Sp. 692–694

Honneth, Axel (Hg.): Kommunitarismus, Frankfurt a. M. ^{2}1995

Kaufmann, Walter: Jenseits von Schuld und Gerechtigkeit, Hamburg 1974

Kempski, Jürgen von: Recht und Politik, Stuttgart 1965

Kersting, Wolfgang: Die politische Philosophie des Gesellschaftsvertrags, Darmstadt 1994

Kersting, Wolfgang: Recht, Gerechtigkeit und demokratische Tugend. Abhandlungen zur praktischen Philosophie der Gegenwart, Frankfurt a. M. 1997

Koller, Peter: Die Idee der sozialen Gerechtigkeit, in: Gedächtnisschr. f. Ilmar Tammelo, Berlin 1984, S. 97–135

Koller, Peter: Soziale Güter und soziale Gerechtigkeit, in: Theorien der Gerechtigkeit, hg. v. H.-J. Koch u. a. (ARSP Beiheft 56), Stuttgart 1994, S. 79–104

Kriele, Martin: Einführung in die Staatslehre – Die geschichtlichen Legitimitätsgrundlagen des demokratischen Verfassungsstaates, Stuttgart ^{6}2003

Kunz, Karl-Ludwig: Die analytische Rechtstheorie, eine „Rechts"-theorie ohne Recht?, Berlin 1977

Kymlicka, Wilhelm: Politische Philosophie heute, Frankfurt a. M. 1996

Larenz, Karl: Richtiges Recht. Grundzüge einer Rechtsethik, München 1979

Maluschke, Günther: Philosophische Grundlagen des demokratischen Verfassungsstaates, Freiburg/München 1982

Marquard, Odo: Hegel und das Sollen, in: ders., Schwierigkeiten mit der Geschichtsphilosophie, Frankfurt a. M. ^{3}1992, S. 37 ff.

Martin, Michael: Legal Realism – American and Scandinavian, New York 1997

Miller, David: Social Justice (1976), Nachdr. Oxford 1998

Müller, Jörg Paul: Demokratische Gerechtigkeit – Eine Studie zur Legitimität rechtlicher und politischer Ordnung, München 1993

Nef, Hans: Gleichheit und Gerechtigkeit, Zürich 1941

Olivecrona, Karl: Gesetz und Staat, Kopenhagen 1940
Pöggeler, Otto/Lucas, Hans-Christian: Hegels Rechtsphilosophie im Zusammenhang der europäischen Verfassungsgeschichte, Stuttgart 1986
Popper, Karl R.: The open society and its enemies (1945), dt. Die offene Gesellschaft und ihre Feinde, Tübingen [7]1992
Pross, Wolfgang: „Natur", Naturrecht und Geschichte, in: Internationales Archiv für Sozialgeschichte der deutschen Literatur 3 (Tübingen 1978), S. 38–67
Raiser, Thomas: Das lebende Recht, Baden-Baden [2]1995
Ritter, Gerhard A.: Entstehung und Entwicklung des Sozialstaates in vergleichender Perspektive, in: HZ 243 (1986), S. 1–90
Röhl, Klaus F.: Die Gerechtigkeitstheorie des Aristoteles aus der Sicht sozialpsychologischer Gerechtigkeitsforschung, Baden-Baden 1992
Sandel, Michael: Liberalism and the Limits of Justice, Cambridge 1982
Schneiders, Werner: Naturrecht und Liebesethik – Zur Geschichte der praktischen Philosophie im Hinblick auf Christian Thomasius, Hildesheim 1971
Schwark, Eberhard: Wirtschaftsordnung und Sozialstaatsprinzip, Berlin 1996
Somló, Felix: Juristische Grundlehre ([2]1927), Teilabdr. in: Begriff und Wesen des Rechts, hg. v. Werner Maihofer, Darmstadt 1973, S. 421–457
Steinvorth, Ulrich: Stationen der politischen Theorie, Stuttgart [2]1983
Strauss, Leo: Natural Right and History (1953), dt. Naturrecht und Geschichte (1956), 2. Aufl. der Taschenbuchausg., Frankfurt a. M. 1989
Taylor, Charles: Negative Freiheit? Zur Kritik des neuzeitlichen Individualismus, dt. Teilausg. der Philosophical Papers (Cambridge 1985), Frankfurt a. M. 1988
Viehweg, Theodor: Topik und Jurisprudenz, München [5]1974
Vogel, Hans-Heinrich: Der skandinavische Rechtsrealismus, Frankfurt a. M. 1972
Wolf, Jean-Claude: John Stuart Mills „Utilitarismus", Freiburg i. Br. 1992
Wolf, Ursula: Das Problem des moralischen Sollens, Berlin 1984

3. Lehrbücher

Böckenförde, Ernst-Wolfgang: Geschichte der Rechts- und Staatsphilosophie – Antike und Mittelalter, Tübingen [2]2006
Bydlinski, Franz: Fundamentale Rechtsgrundsätze, Wien–New York 1988
Coing, Helmut: Grundzüge der Rechtsphilosophie, Berlin–New York [5]1993
Hassemer, Winfried/Kaufmann, Arthur: Einführung in die Rechtsphilosophie und Rechtstheorie der Gegenwart, Heidelberg [7]2004
Hoerster, Norbert: Was ist Recht?, München 2006
Kaufmann, Matthias: Rechtsphilosophie, Freiburg–München 1996
Koller, Peter: Theorie des Rechts, Wien [2]1997

Mahlmann, Matthias: Rechtsphilosophie und Rechtstheorie, Baden-Baden 2010

Radbruch, Gustav: Rechtsphilosophie (1914), Stuttgart [6]1963, neue Studienausg. Heidelberg [2]2003

Rüthers, Bernd: Rechtstheorie. Begriff, Geltung und Anwendung des Rechts, München [4]2008

Schapp, Jan: Freiheit, Moral und Recht – Grundzüge einer Philosophie des Rechts, Tübingen Nachdr. 2005

Seelmann, Kurt: Rechtsphilosophie, München [4]2007

Welzel, Hans: Naturrecht und materiale Gerechtigkeit, Göttingen [4]1990

Zippelius, Reinhold: Rechtsphilosophie, München [5]2007

4. Zu den aktuellen Diskussionen

Ekardt, Felix: Das Prinzip Nachhaltigkeit – Generationengerechtigkeit und globale Gerechtigkeit, München 2005

Fraser, Nancy: Die halbierte Gerechtigkeit – Schlüsselbegriffe des postindustriellen Sozialstaats, Frankfurt a. M. 2001

Fraser, Nancy/Honneth, Axel: Umverteilung oder Anerkennung?, Frankfurt a. M. 2003

Gosepath, Stefan: Gleiche Gerechtigkeit – Grundlagen eines liberalen Egalitarismus, Frankfurt a. M. 2004

Hinsch, Wilfried: Gerechtfertigte Ungleichheiten – Grundsätze sozialer Gerechtigkeit, Berlin/New York 2002

Hofmann, Hasso: Recht und soziale Ordnung, in: IZPH 17 (2008), S. 45–62

Kersting, Wolfgang: Kritik der Gleichheit – Über die Grenzen der Gerechtigkeit und der Moral, Weilerswist 2002

Kersting, Wolfgang: Theorien der sozialen Gerechtigkeit, Stuttgart/Weimar 2000

Kesselring, Thomas: Ethik der Entwicklungspolitik – Gerechtigkeit im Zeitalter der Globalisierung, München 2003

Krebs, Angelika (Hg.): Gleichheit oder Gerechtigkeit – Texte der neuen Egalitarismuskritik, Frankfurt a. M. 2000

Liebig, Stefan u. a. (Hg.): Verteilungsprobleme und Gerechtigkeit in modernen Gesellschaften, Frankfurt/New York 2004

Schefczyk, Michael: Umverteilung als Legitimationsproblem, Freiburg/München [2]2005

Namen- und Sachregister